JN064320

グローバル都市経営学会
ハンドブックⅡ

監　修　　田村　進一

編　著　　近　勝彦　阪西洋一　辰巳泰我　鈴木康宏

　　　　　増本貴士　林　浩一　但馬智子

編　纂　　一般社団法人グローバル都市経営学会

Global Urban Business Society

ふくろう出版

まえがき

　本書は、グローバル都市経営学会のハンドブックの二刊目です。前刊もそうでしたが、今号も多彩な内容や視点の論文集となっています。日本および世界の社会経済にきわめて大きな負の影響をもたらした感染症が収まった年（2023年）に発刊できたことを、編著者としてうれしく思います。

　本書の内容は、学会の目指す方向や考え方に基づいています。当学会のそれは、主に、3つの言葉（概念）に集約できます。第一は、総合性です。その対義語は、個別性や分析となりますが、ここに集積された論文自体は、個別課題を分析したものですが、全体としては、総合的であるといえます。さらに、発刊を継続することによって、時系列的な総合性も獲得できるといえます。さらにいえば、包摂性と言い換えることもできます。いろいろな諸現象や諸理論を、排除し純化するすることではなく、全体の中に取り込んでいくことを考えています。第二は、実践性です。社会科学は、理科系の諸科学に比して、現実的有用性が低いという評価もあります。当学会では、理論と実践をいわば車の両輪としてとらえているので、実務界で活躍されている方の参加者も多いのが特徴です。社会経済の発展のための有効な知見や理論に貢献することが目的であるからです。第三は、複合融合性です。それは、学会名自体に表れています。まず、グローバルという概念は、国際的であるという意味と全体的であるという意味がありますが、その両義的であるといえます。その価値評価として、グローバリズムに対しては反グローバリズムもありますが、ポジティブとネガティブの両面を考えることは必要でしょう。それはグローバリズムに限ったことではありません。つぎに、都市という言葉に関しても、いろいろな意味内容が含まれています。都市の規模性や構造性や関係性など様々に理解できますが、人や組織や企業などの社会経済主体に多大な影響を与えていることは事実です。まさに、主体の行動を規定する環境といってもいいでしょう。さらに、経営という言葉ですが、それは、なんらかのシステムの制御やマネジメントを表す言葉です。外部環境への適応行動ともいえます。

　最後に、ハンドブックの意味は、辞書によると、便覧や手引書のことを指します。上記のような認識や内容を、1冊や2冊で記述・体現することは不可能ですが、出版を長期的に継続することによって、その時代性と世界性を表現し、その小書ながら少しで現代社会経済の改善・発展に貢献できれば幸いです。

大阪公立大学大学院都市経営研究科・教授

近　勝彦

目　　次

序　章

科学と経済社会

死後の世界はあるのか

－サンタとの対比－

田村　進一

1. はじめに

　古来、洋の東西を問わず、死後の世界、冥界、があると信じられ、本大会でも、その先導役を担うカロンや方相氏について、先達が遺した絵画・記述・資料が、河野博士によって紹介されている[1]。一方、臨死体験をもとに、垣間見た死後の世界の様子がしばしば語られる。本稿では、死後の世界は存在しえないが、論理の尻尾切り・神頼み、悲しみの抑制など、便利機能の立場から、サンタクロースとの比較を背景に、死後の世界を考えてみたい。

2. 死後の世界観

　死後の世界観については、たとえば次のように分類される[2]。

　(a) 宗教をベースに、死ねば神仏の住む天国や極楽浄土（または地獄）へ行き、他の死者達との楽園的生活（またはその反対）が待っている。

　(b) 我々の意識は、肉体の一部である脳の活動にすぎず、もし、この肉体が生命活動を終えれば、それに伴って、脳も機能を停止し、意識も消え去っていき、すべてが「無」に帰する。

　(c) 医学的な臨床観察の報告として、死に瀕して生還した患者が、意識の回復後、「死後の世界」の入口で神のような存在と対話したという体験や、花に囲まれた楽園を垣間見た、すでに亡くなった肉親に再会したという体験、意識が自分の肉体から離れて自分の体を見下ろしていたという「幽体離脱」の体験、意識が肉体を離れて動き回り、普通では見ることのできないものを見てきたという体験など、様々な「不思議な体験」を報告しており、それを死後の世界の一端とするもの。多くは"幸せ"な臨死体験を報告している。中には強い恐怖や苦しみ・孤独の例もあるが、外聞が悪いというバイアスで、報告数は抑えられている可能性がある[3]。典型内容的には、一生の経験が逆時間的に走馬灯のように短時間に現れ、強い印象記憶を残す。これは脳手術時に後部皮質ホットゾーン（頭頂葉と後頭葉、側頭葉）を刺激したときに生じる様々な異なる感覚に類似している。それらはたとえば、閃光や図形が見える、

顔が歪んで見える、幻聴や幻覚が生じる、見慣れたものや実在しないものを感じる、手足の
どれかを動かす衝動に駆られる、などである。なお、後部皮質ホットゾーンの活動は、PCI
（perturbational complexity index）として、意識状態の定量指標に用いられるようになって
きている [3-5] 。

3. 矛盾の解消策としての神の力

　上記分類（a）は、大脳活動の一環として、脳が作り出した世界観である。「科学的な根拠」
はない。想像するのは自由であるが、これが霊感商法に利用される。また、大人でも嘘を100
回聞けば、なんとなく本当に思えてくることがある。プロパガンダなどの情報戦では、それ
が利用される。一方、サンタクロースは子供が成長すれば、大人が作った空想の話であるこ
とは自然に分かる。子供の知能に合わせた空想話であるが、親子のコミュニケーション・一
体感の醸成・涵養に役立つ。

　一方、成人でも、理解不可能事象は「神の力」として処理し、矛盾があっても神頼みで解消
できるので、"便利"である。その神や死者の居所が話の筋として必要となるが、点検・証明で
きない天国の存在が、また"便利"である。サンタの存在は知恵がつけば容易に否定できても、
霊感商法となると、論理的思考ができない人がでてくる。

4. 超能力・不可思議現象の裏側と神頼み

　昔、ユリゲラーという自称"超能力者"が念力でスプーンを曲げるテレビ番組が流行った。
これは"超能力"を謳う三文手品師にテレビ局が飛びついたのが実態である。今ではその種明
かしはネットに多々出ている。麻原彰晃という宗教組織の代表は空中浮遊をして見せた（写
真を見せただけであろうが）。物理学の法則を否定する現象を疑うことをできない人たちがい
るようである。麻原彰晃はだましていることを知りながら"浮遊"を行ったのは疑いない。こ
れで周囲の人間を洗脳しようと思ったのであろう。ネットにはインド・日本で"浮遊"する（し
ているように見せる）手品の仕掛けを種明かしするページも数多くある。

　最近、岡山の寺で、顔は猿、尻尾は魚のミイラが保存されていると山陽放送の報道があっ
た。口の歯は魚の風である。近くの大学の先生が大層にもこの不思議なミイラをCT装置で
解析した（図表1）とのことである [7]。実はこの話は昔からある。和歌山付近の漁師の副業で
猿と魚をくっつけたのである。西洋にも伝わっているくらいであり、寺の住職も細工物であ
ることを知っているが、不思議のままに価値があるので、黙っていると考えられる。因みに、

歯は猿版と魚版の２種が出回っている。

図表1　人魚のミイラ

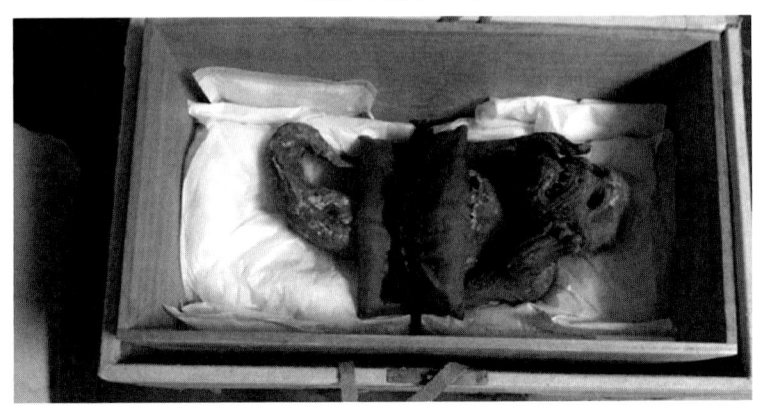

（出所：倉敷芸術科学大学　圓珠院所蔵『人魚のミイラ』研究最終報告）

図表1には、魚のような尖った歯、毛髪や眉毛らしきもの、指先には爪がある。

情報科学的見地より、世には定義できない事象、解のない（または無限の時間を要する）問題などが多々ある[8]。量子コンピュータは実効的に解が得られる時間を革新的に短縮するが、本質的に解が存在しないものは解けない。理解できない・解が存在しない現象に遭遇した時、人は神の力として矛盾解消し、AI等ソフトでも人に助けを求める、乱数で運を天に任せるなどが論理の"尻尾切り"として、必要となることもある。

5. 脳の防衛機能としての冥界

死は避けられないことは分かっていても、親しい人の死に接すると、別れは悲しいものである。そこで、あの世を設定し、死者がそこで暮らすということが想像できれば、悲しみは少し救われる。防衛反応と考えることができる。あの世の実在性を厳しく追及しないことも悲しみを抑えるために必要である。

極端な防御機能としては、PTSDや解離性同一症（多重人格）がある。強い苦痛を脳が継続して受けた時には、人格を分け、苦痛を引き受ける別の自我を形成し、その間の記憶や意識をその別の自我が引き受けて苦痛を抑制する機能が脳には備わっている。解離性同一症（多重人格）である。合理的と言えばそうであるが、罹患すれば社会生活上障害ともなる。

このような行き過ぎは別として、人々の頭の中には死者に会いたいという感情があるから、それを肯定して、冥界化、空想化する。生者間で同じ意識を持つことによって、連帯感が生まれ、positive 指向が生まれ、協力関係・集団力が涵養される。

6. 幽体離脱・体外離脱 9-11)

臨死体験では、典型例では皆に看取られながら自分が手術台に横たわっている光景を自分が上から見ているなどである（図表2）。

図表2　夢の中などで身体から離れた"幽体"（体外離脱；意識なし）

覚醒時は身体と意識を一体化する脳回路あり。臨死状態等ではそれが働かず、解離が出現

（出所：　イラスト AC）

しかしながら、ICL（Imperial College London）の Robin Carhart-Harris 医師は、臨死体験でなくても幻覚剤 DMT（N、N-ジメチルトリプタミン）が同様の幻覚を引き起こすことを示した。また、半覚醒時や睡眠時、さらには訓練によって幽体離脱が起こりうることも知られている（図表3）。

図表3　幽体離脱のイメージ

（出所：　iStock ）

7．視覚認識研究の視点から

　以下は、視覚認識を研究してきた筆者の説明である。

　高等動物の視覚系では眼球から入力された外界の情景は、そのままでは揺れすぎてよく分からない。丁度カメラを落とした時の映像はよくわからないことが多いことに相当する。そこで、眼球画像はそのままの画像ではなく、別途検知された眼球の動き情報をもとに身体から見た画像に変換・補正し、さらにまた身体の動きを検知してそれにより静止周囲画像に変換補正し、地面に固定された周囲静止環境（認知空間）の中を自分（身体）が動いているように認識する（図表4）。

図表4　ヒトなどの視覚系

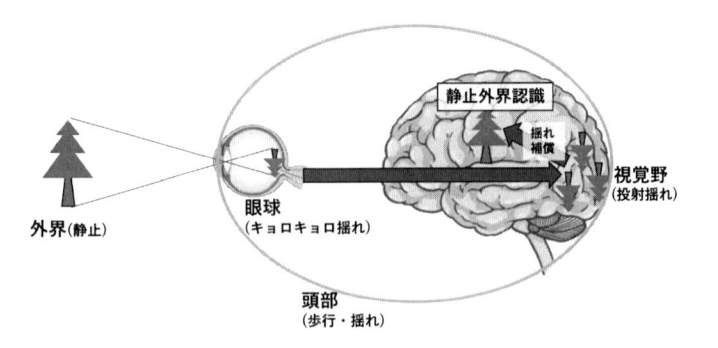

頭部と眼球の動作に従って、脳後部視覚野に投射された外界画像はキョロキョロ動くが、脳内補正により、外界静止環境が認識される

（出所：　筆者作成）

　半覚醒や臨死状態では、その補正機構が十分機能せず、認知空間中に自己身体がうまく配置されずに、切り離されてしまう。であれば、臨死状態ではしばしば幽体離脱が経験されることになる。その原理から、死後の世界を垣間見たわけではなく、生前の補正不足・錯覚視がその原因であるといえる。

8．おわりに

　ヒトが死ねば、肉体的死とともに意識主体が無くなるので、すべて無に帰する。しかしながら、ヒトは仮定をもとに空想を展開する能力をもっており、仮想世界を組み立てたり、シミュレーションを行ったりできる。そのような能力のもとに、小説・物語などを組み立てることができる。生存者の頭の中では死者も生存・活動ができる。

　残された生存者にとって、無に帰した死者も冥界にいてくれた方が都合のよいことが多い。不可解部分を理屈抜きの神の力と解釈し、それ以上の労力を使うことなく、また悩むことなく納得できる便利さがある。神は、人の頭の論理で理解できないこと・ヒトの思考を越えた存在であり、死者はその元で安らかに過ごせる。神はいわば大人用のサンタであると解釈できる。

　しかしながら、霊界の存在に惑わされる人々も多く、また騙しを生活手段とする人もいることから、付け狙われて霊感商法などが社会問題化している。

　AIにおいては、リアルデータと自動生成フェイクデータとを識別させることにより、少ない学習データで識別能を向上させる GAN（Generative adversarial network; 敵対的生成ネットワーク）手法が用いられる。たとえばこのような高度 AI 手法の発展と脳機能の科学的解明の進展とで、"神の領域"も減少し、霊感商法に代表される死後の世界への惑いも減少することが期待される。しかしながらその一方で、最近の ChatGPT で代表される実在空間と区別が困難な"リアルなフェイク"仮想空間・AI 生成空間が生成されるようになり、隙のある人知と AI の競合・せめぎあい・乱用・規制という新たな局面・課題がでてきた。

　AI は、人の頭の中にある囲碁の解空間を広げたように、仮想空間・メタバース空間の発展とともに、死者を入れた霊界の物語も大きな変遷を経ていくことであろう。

注釈および参考文献

1)　　河野一隆（2022）「方相氏とカロン」『グローバル都市経営学会　ハンドブックI』pp.45-49　ふくろう出版

　　　http://www.nbl-technovator.jp/NBL_Tech/paper/GUBS2021/Kawano2021Charon.
　　　pdf

　　　http://www.nbl-technovator.jp/NBL_Tech/paper/GUBS2021/Kawano2021Charon
　　　ppt.pdf

2)　　文春オンライン　https://bunshun.jp/articles/-/58348

3)　　C.コッホ（2022）「臨死体験 死に瀕した脳が見せる世界」『別冊日経サイエンス 252』
　　　pp.6-11

4)　　C.コッホ（2022）「意識とは何か」『別冊日経サイエンス 255』pp.32-36

5)　　C.コッホ（2021）「意識の有無を見分けるテスト」『別冊日経サイエンス 243』pp.50-55

6)　　Silvia Casarotto et. al.（2016）, *Annals of Neurology*, vol.80, no.5, pp.718-729

7)　　Geika News, 人魚ミイラの実態解明/圓珠院所蔵『人魚のミイラ』研究最終報告,
　　　2023.02.07.　https://www.kusa.ac.jp/news/2023/02/20230207mermaid.html

8)　　田村進一（1992）『情報工学基礎論』第 10〜11 章　培風館
　　　http://www.nbl-technovator.jp/NBL_Tech/joho-kisoron.pdf

9)　　ウィキペディア「体外離脱」
　　　https://ja.wikipedia.org/wiki/%E4%BD%93%E5%A4%96%E9%9B%A2%E8%84%B1

10)　　"幻覚体験"の真実 ——LSD などの幻覚剤，超微量薬物投与（マイクロドージング）の
　　　研究成果　https://www.businessinsider.jp/post-638

11)　　駒ヶ嶺朋子，"臨死体験は「真っ赤なウソ」ではなかった！「自分を高い所から見てい
　　　る」状態を生むものとは？", mi-mollet NEWS FLASH，2022.4.3.
　　　https://mi-mollet.com/articles/-/35269?per_page=1

12)　　講演 ppt
　　　http://www.nbl-technovator.jp/NBL_Tech/paper/GUBS2023/LifeAfterDeathPPT.pdf

日本はマッチポンプ弁護士の活躍社会

河野　摩耶・西野　義則

1. はじめに

　民主主義の法治国家は平等原則の法則で成り立っている。さらに、3権の分立で司法がその公平な判定を行うことで社会運営秩序が保たれる仕組みである。しかし、高度な情報社会はこの方程式が絵に描いた餅といわれる多くの問題を露呈する。司法手続きを司る官営の裁判所判事、民事訴訟では弁護士が代理人となり、裁判所で当事者の裁定が法律により判定される。結果として相続の資産分割など合理性で平等の利益が守られ、社会秩序が成り立っている。高度化社会では、裁判所での裁定をせずに代理人弁護士間で合意形成が図られる場合が多い。これらは日常の常識の世界を認知して、遺言書など事前契約行為でトラブルを未然に防止する仕組みで社会秩序が保たれている。この社会制度は代理人業務が仕事の司法書士・弁護士などの資格取得者業務である。一方、業務である以上は当然費用が発生する。弁護士にも自主規制団体加入義務があり料金秩序などが公開されているが、業務である以上、競争原理が作用する。すなわち、プロの弁護士は、聖職者ではなく利益を得るための許される代理費用を高める営業展開を行うのも経済の原則に合致する。

　本調査研究は、司法の場で争いの判定を行う業務を取り扱う事業者が、本来あってはならない争いを作り、その争いから、より多くの代理人依頼業務を得ることで利益を得る"マッチポンプ"とここでは表現する行き過ぎた事例の研究である。

2. マッチポンプの由来

　巨額な遺産の相続など抱える相続分割家族に接近し、本来、当事者家族間で争いのない相続金銭決済に、独自の法的解釈をアドバイスするなどの形態で、税制の違法性や資産現金化が得策などと、時には他方の悪意論捏造の疑いを持たせ、相続人に争いごとを作り出す。その結果、相続人から依頼を受け、代理人を獲得する。次に火付け役から火消し役にチェンジして、さらなる取扱額の増大を図る仕事へと拡大する。

　これらの仕事は、本来なら不要の仲介業務である単純な遺産分割合意書作成業務であるが、

相続人が老齢化し、その子孫である相続継承者に争いとなる思考を植え付ける。事例では相続人 2 名が推進していた節税対策に違法性を指摘、結果として推進してきた合意形成を破談にする。手法は法律の専門家・権威者の立場で問題解決には専門家への依頼が必要と説明して、片方の代理権を取得する。そして、相続資産すべてを現金化するなどエスカレーションを相続後のわずらわしさから解消されるなどと説き、より大きな介入へと拡大した。結果としてマッチポンプ介入により他方の分割不動産すべてが超安価で現金化され、さらに火のないところに火をつけ、相続人当事者家族に話をさせない（分離する行為）法的代理人権を主張して、家族破壊に至る。その結果 2 分割された遺産の留保価値は、支払い税額が 2 倍で不動産がゼロとなり、所有株式が半減する総資産が 2 ～ 3 倍の差となった。さらに、依頼人弁護士などへの支払い請求が未だに明らかにされず、銀行預金など解約分割金を保持された状態が続いたマッチポンプ事例がある。すなわち、相続人は莫大な損が生じているが、本人同意の原則から、責任追及できない。すなわち、相続代理できる争いを作り、当事者に幸せを作るのとは反対に、当事者から代理費用をいただき、当事者に金銭的な損害を与える行為、"マッチポンプ商法"は実際に存在することを確認した。この当事者に損害を与える結果となる行為は、新興宗教の信者が不幸でもないにもかかわらず、寄付行為で幸福になると信じさせて、金銭を取得する行為と同じ、詐欺的行為と言える。本研究は、前者の争いのない当事者に、争いを作り、代理することで当事者間に割り入り、解決に金銭を要求する行為。すなわち、マッチポンプ弁護士稼業と言われる実態を調査した事例研究報告である。

3．老齢化がマッチポンプの活躍社会

　少子化と核家族化で、稼業（事業経営、農業・漁業経営）を営む家系に事業継承者がいない社会現象の日本。年商数十億円価値の収益が大きな事業体は M&A など事業体の証券化、継承斡旋が新たな事業となっている日本。事業体規模が 1 億円以下の稼業（サービス業・農業・など）では、組織による会社証券化が難しい。相続人が複数では、先祖からの稼業継承に努力する思考と、生活圏が核家族化で異なる継承否定の異なった思考の対立ができ、図表 1 に示す土壌が生まれる。

図表1　発生構図

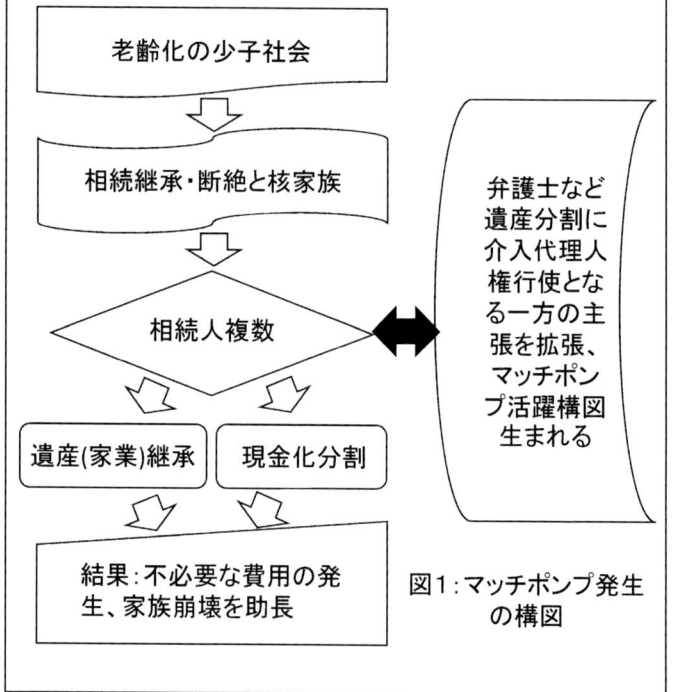

老齢化の少子社会

↓

相続継承・断絶と核家族

↓

相続人複数

弁護士など遺産分割に介入代理人権行使となる一方の主張を拡張、マッチポンプ活躍構図生まれる

↓　↓

遺産(家業)継承　現金化分割

↓

結果：不必要な費用の発生、家族崩壊を助長

図1：マッチポンプ発生の構図

（出所：筆者作成）

　すなわち、まったく対立のない複数の相続人に対して、稼業継承派と非継承派を比べれば、本来信頼関係にある家族の関係も違いが表面化する。この関係は敵対化していない場合は第3者の公平な法的な代理人1名に遺産分割協議を委託することで解決が生まれる。さらに、相続人が高齢者ともなれば、次世代の子供の意見が反映されて、事業継承の困難性より、現金化の思考がとかく生まれるのも現実社会である。

　ここで、一般的な相続では、相続人が共同して弁護士・司法書士・税理士などに委託する場合が大多数であるが、遺産が数億円以上ともなると、手数料が莫大となるため、相続処理を行うこれらの事業者は、自己利益拡大を求める行動に出るのも、社会通念から想像できる。ここで、マッチポンプの土壌が生まれ、火のないところに対立を作り出す実態が容易に判明する。マッチポンプの作動を防止するには、相続人の代理人指名獲得行為に同調しないこと

がまず必要。対立を作り出す基本構図ができないように、相続人はコミュニケーションを行うことが重要である。一方、マッチポンプ側から見れば複数相続人の意見の対立を作り出すためには、対立を生むための論理、宗教では天の声と同等の法律解釈、地域ルールなど、時には感情をも対立基盤として、火種を作り出す必要性がある。目的は対立を構築するためであり、必要とするのは相続人のコミュニケーション断絶を図らねば、対立が生まれない。すなわち、マッチポンプ対策には、本来相続人の対立がないところに、マッチで火をつけている。その基本はコミュニケーションを保つことである。

　一般には、マッチポンプ状態とみなせる形態は、複数の相続人に複数の弁護士が代理介入する相続案件がマッチポンプ案件と認識されている。残念ながらこの業務を専門に行っている事業者もいるのも事実である。

4.　本来の必要とされる法曹界

　マッチポンプの介入事例：冠省　当職は・・・依頼人から、委任を受けた弁護士です。これまでのことは、委任を受けた弁護士として、民法651条1項に基づき、すべてを解除します。一切の権限の委任を受けた関係上、今後依頼人に対する直接のご連絡はお控えください。から始まります。

　すなわち、今まで合議形成してきた事実は、印鑑証明付きの合意書がない限り無効であるとの主張などを展開して、対立のない相続人間に対立を作り、他方の相続人も内容不明から、代理弁護士に依頼せざるを得ない構図となり、相続人の意思とは無縁の法的な説明が優先される相続分割がなされる。

　本来必要な相続の遺産分割は、遺言状や生前の稼業継承の遂行が基本であるはずが、価値評価額による遺産均等割りなどの合意形成が進行、被相続人の稼業継承思考など、違法性の疑いなど主張して無視するなど、高齢者相手に特権者の裁定のような行為を行う。その目的は明らかで、依頼者の報酬額の増加につながる推進である場合が一般的である。すなわち、本来の目的業務であるはずの図表2に示す専門家としての対立を作らない合意形成業務とは正反対に、対立を作り出して、さらなる拡大依頼案件を作る。そしてその火消し処理を行うことで、業務収入を得ている事例を見た。これは、許されないことであるが、攻められるとマッチの論理を撤回、しかし代理業務は撤回しない戦術で、高齢者が対立を好まない相続人から、本来何の対立もない案件の依頼者に対して多額の請求額を要求できる仕組みを作り、金銭を預かり後日清算形式の一般商業社会では、存在しない現金担保の法曹界の遺憾な事例

を見た。ここで、この事例の管理監督権者である弁護士会に調査を求めたが、事例のケースの実態調査実績は見当たらないとのことで、世に伝わる弁護士による預かり金の使い込み事件など本件類似案件が多いことに驚く。

図表2　合意形成プロセス

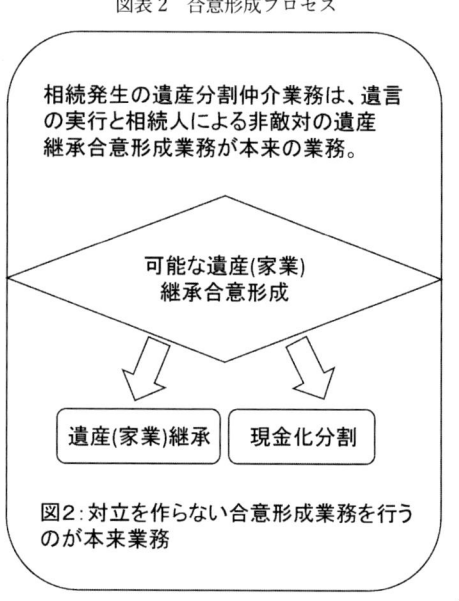

（出所：筆者作成）

5.　おわりに

　本事例報告は、アメリカ社会では弁護士のための弁護士による紛争と言われる事案が多い先進国に、わが日本も、高齢化社会到来と少子化で核家族化から、稼業継承が薄れる社会秩序となり、先祖の生きた証すら求めない次世代の若者文化、さらに宗教団体、地域生活団体、近隣住民の申し合わせなど伝統文化を含めた継承環境は重大な局面である認識が必要である。特に資産継承は、大きな問題を抱える実態が、ここで報告したマッチポンプ弁護士の事例から明らかである。さらに、本来合法の世界が重大な非合理の世界に変貌していることが判明した。特に、法律を取り扱う専門事業者は、医者同様に専門知識を持ち、社会的に認知を受けた業務を行う立場であるにもかかわらず、非社会的な行為が確認されたが、その実態を抑止する、取り締まる社会的な基準がないことを知った。これは、新興宗教の天の声を信じた

信者は、何を説明しても受け入れず、ひたすら信じた道を邁進して、気づいたときには、人生が終わっている事例と類似する。その基本は、民法651条1項記載の依頼者の代理権優先など、マッチポンプ土壌を形成する基盤の刷新が必要と思われる。さらに、本来の目的と異なる弁護活動で、依頼者が損害を被った場合に、医療機関での誤診による損害賠償同様の機能が必要ではないかと感じられた事例であった。

概要

　法治国家の民事法は、経済活動の平等原則が民主主義の法則で成り立っている。さらに、3権の分立で司法がその公平な判定を行うことで社会運営秩序が保たれる仕組みから成り立っている。しかし、この方程式は絵に描いた餅といわれる多くの問題を含んでいる。司法手続きを司る弁護士の役目は、代理人となり、当事者の正当な利益を守る仕事であるが、それには当然費用が発生する。プロの弁護士は、多くの利益を得るための許される代理費用を高める営業展開を行うのも経済の原則に合致する。司法の場で争いの判定を行う業務をより争いを作ることをして、その争いから、利益を得る営利事業も当然発生する。本来、当事者間で争いのない金銭決済に、代理できる争いを作り、当事者に幸せを作るのとは反対に、当事者から代理費用をいただき、当事者に金銭的な損害を与える行為、結果的に、"マッチポンプ商法"による当事者に損害を与える結果となる行為は、新興宗教の信者が不幸でもないにもかかわらず、寄付行為で幸福になると信じさせて、金銭を取得する行為と同じ、詐欺的行為となる。本研究は、前者の争いのない当事者に、争いを作り、代理することで当事者間に割いり、解決に金銭を要求する行為。すなわち、マッチポンプ弁護士稼業と言われる実態を調査した報告書である。

古代都市と災害・戦争

河野　一隆

1. はじめに

　現在、都市の過密集住や地球規模の環境変化を一因とした、災害に対するレジリエンス（強靭性）が人類共通の課題になっている。災害には地震・洪水などの自然災害と火災・戦争などの人為災害がある。そのルーツを紀元前 3000 年に築かれたメソポタミア文明の古代都市からたどってみたい。

　漫画の神様、手塚治虫に 1955 年 8 月に発表された『大洪水時代』という作品がある。大洪水によって文明が海底に沈んでしまうという旧約聖書のノアの箱舟伝説を近未来の日本に置き換えたものだ。1955 年（昭和 30 年）と言えば、戦後復興から高度経済成長に転換する「神武景気」の真っただ中。政府は、翌年 7 月に経済白書の中で「もはや戦後ではない」と宣言した。しかし、手塚治虫は経済優先の社会風潮に警鐘を鳴らし、「災害」と「戦争」を作品のテーマとした。その視点は、半世紀以上経った今でも色褪せていない。それどころか、日本列島を毎年のように襲う洪水、昨年勃発したウクライナ戦争など、一層の現実味をもって私たちに突き付けてくる。

2.　旧約聖書「ノアの方舟」のルーツ

　そこで、イラクの古代都市遺跡ウルの発掘調査成果に私は着目した。メソポタミア文明は、ピラミッドを築いたエジプト文明と計画的な都市を誕生させたインダス文明に挟まれ、楔形文字による文書行政を達成し両文明との交易を活発化させ繁栄した。この都市は、楕円形プランで北西隅に王宮が営まれ、とくに聖塔（ジグラット）が築かれた。現在、このモニュメントはフセイン政権時の改造とその後の内戦で危機に瀕しているという。この遺跡を、本格的に発掘調査したのが、英国の考古学者、レナード・ウーリーであった。ある日、発掘現場を掘り下げたところ、都市の下層に何も出ない土層を検出した。古代都市を襲った「大洪水」の発見である（図表 1）。メソポタミア文明では、イラクのニネヴェ（クユンジク）遺跡で新アッシリア時代の楔形文書から「大洪水」が想定されたが、遺跡で実証されたのは初めてだった。こうして、旧約聖書に登場する「ノアの方舟」は全くの創作された物語ではなく、実際に

あった自然災害と考えられるようになった。

図表1　メソポタミア・ウル遺跡で発見された大洪水の痕跡

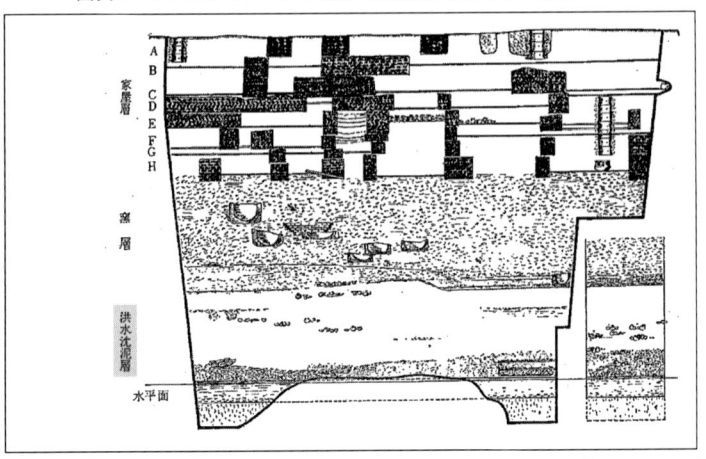

（出所：ウーリー『ウル』,1958.）

3．古代都市ウルの戦争と平和

　ウルなどメソポタミア南部に居住したシュメール人は王名表を残している。それによると「大洪水」は初期王朝時代ⅠとⅡの間に起ったことになっている。しかし、初期王朝時代Ⅰに在位した諸王は、治世期間が異様に長く歴史事実とは思われない。とすれば、大洪水後に王朝がメソポタミアに樹立したことになる。メソポタミアでは、王権が都市国家間で輪番制として受け継がれるが、はじめてウルに王朝が建てられた時に築かれたのが「王墓」である。その一つから、大英博物館が誇る人類の遺産が出土した。「ウルのスタンダード」である。スタンダードとは「軍旗」の意味だ。進軍する時に先頭に立てられる軍旗で、本品はぺちゃんこで出土したため、そのように名付けられた。しかし、復元してみると箱形となり、決して旗ではない。しかし、用途が何か、今でも定説はない。

　このスタンダードには戦争と平和の場面が表された。平和場面では椅子に座る剃髪した王に向かって杯を掲げる家来が対面している。戦勝祝賀の場面だろうか？　対して、反対側にはひときわ大きな王の後ろに槍を抱えた兵士、4輪の戦車に乗った兵士が、敵を踏みつぶしている。王の前には、裸にされた敵が引き出されている。ここから分かるのは、古代都市ウルでは平時も有事も社会の中心には王がいたということだ。しかし、古代における王は、私

たちが近代国家から想像される君主像とはまったく異なるものであった。

4. 古代の王と災害

　英国の人類学者、ジェームズ・フレイザーには『金枝篇』という大著がある。これは、イタリアのとある村に伝わる「森の王」伝説を下地に王殺しの社会的な意味について、事例を収集し追究したものだ。メソポタミアにもこれほど露骨な殺人の証拠は知られていないが、王の死と共に家来が殉死させられた考古学的な証拠がある。ウルの王墓では、単に廷臣たちだけでなく、女官や楽人、戦車の御者や動物たちまでも。それぞれは土器か金属の杯で毒をあおり、死を待ち受けた。

　大洪水も王墓の築造も社会を構成する人々が求めた記憶である。大洪水伝説も王墓を具えた社会には、文字による記録がいち早く根付いている。古代都市文明にとって災害と王は、密接不可分な文明の記憶遺産と言えるかもしれない。

全体の参考文献

[1]　ウーリー（瀬田貞二・大塚勇三訳）（1958）『ウル』　みすず書房

[2]　講演スライド

　　　http://www.nbl-technovator.jp/NBL_Tech/paper/GUBS2023/FloodTombPPT.pdf

もみ殻シリカによる樹脂改質

辰巳　泰我

1. はじめに

　プラスチックやゴム、塗料などの原料となる熱硬化性樹脂において、フィラー添加がコスト低減目的で行われていた。フィラーによる改質の初期代表例が製靴材料として塩化ビニル樹脂にカーボンブラックなどを添加した事例である。1937 年以降用いられた P-Sole が代表例である。

　カーボンブラック以降も、現在に至るまで、炭酸カルシウム、タルク、カオリン、クレー、シリカ・ガラス等、数多くの無機系フィラーが上市されている。中でも有名なもののひとつはシラスバルーンであり、比重の軽さと不燃性の点で高付加価値の軽量フィラーとして、これまでのカーボンブラック等を代表とするコスト低減目的に加えて、高付加価値の改質剤として、単にフィラーそのものだけでなく、表面改質を施したフィラーが登場するようになった。

　一方で、食品廃棄物を樹脂原料の一部もしくは改質剤として使用されることが近年増えてきている（図表1）。青汁残渣、みかんの皮、卵の殻、野菜くず／小麦ふすまなどを樹脂改質剤として用いた例がいくつか登場してきている。

図表1　廃棄物を原料もしくは改質剤として使用した樹脂開発の例

青汁残渣[注2]　　みかん残渣[注2]　　卵の殻[注3]　　改質リグニン[注4]　　セルロース[注5]
ナノファイバー

（出所：注2－5）

　筆者らは以前に、大阪大学産業科学研究所の小林光教授を通して、ソーラーパネルに用いられるシリコンウエハーの切りくず（シリコン切粉）のリサイクルの一環としてシリコンナノ粒子を樹脂添加剤として少量添加することにより高伸度樹脂への改質を試みた。

図表2　シリコンナノ粒子の粒径分布

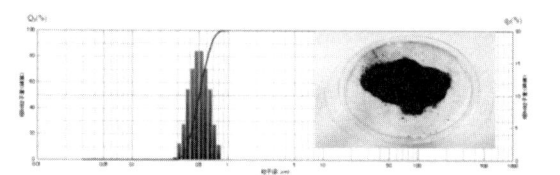

平均粒径500nm　　シリコンナノ粒子

（出所：論文6）

その結果、元の樹脂と比較して伸び性能が32%向上した。

図表3　樹脂伸度比較［6］

	元の樹脂	シリコン切粉 0.2%添加	カップリング剤 KBM-503 1%添加
伸度 (%)	7.6	10.1	13.2

（出所：論文6）

伸び性能の向上は、後述する通り壊れにくい FRP 材料を製造するうえで重要である。

樹脂にノッチが入ると、樹脂の伸び特性が 10 分の 1 まで劣化してしまう。ガラス繊維の伸び特性は 2.5%であるため、樹脂伸び特性は平行配列では劣化すると 4 分の 1 になるため、約 10%必要、直交配列では劣化すると 10 分の 1 になるため、約 18%（できれば 20%）必要である。

本研究では、食品から出る廃棄物のひとつであるもみ殻を樹脂改質剤に用いるべく電気炉で焼成した後食品用電動ミルで粉砕した。もみ殻シリカ粉砕物を不飽和ポリエステル樹脂に 0.2%（前報で用いたしシリコンナノ粒子と同量）添加して、樹脂の伸び性能及び密度測定を行い、樹脂の改質具合を評価した。

本研究では、食品廃棄物のひとつであるもみ殻について、肥料以外の新たな利用法を検討する。

図表4　test piece A：ノッチ無

　　　test piece B：ノッチ有(ノッチで伸び・引張強度が7-10分の1に減少)

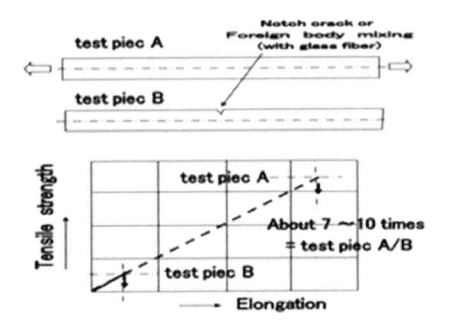

（出所：論文7）

図表5　もみ殻くん炭

（出所：注6）

2. 実験
2.1　もみ殻シリカの焼成

　もみ殻シリカ焼成は、平成18年度（2006年）環境省廃棄物処理等化学研究助成事業による大阪大学接合科学研究所の梅田純子らの研究成果報告を参考にして行った。

　もみ殻に10倍量の5%クエン酸水溶液を加えて60℃で20分間浸漬処理後、得られたもみ殻シリカはクエン酸に対して等モル量の炭酸水素ナトリウム水溶液を同量加えて中和（pH6.0以上）した。110℃で1時間水分除去した後、電気炉（アサヒ理化 AMF-20N）を用いて710℃で3日間焼成した。1000gのもみ殻シリカを焼成した結果得られたもみ殻シリカの回収量は200gであった。

図表6　もみ殻シリカの焼成

（出所：筆者作成）

2.2　もみ殻シリカの分析及び粉砕

　もみ殻シリカの簡易元素分析はキーエンス社レーザ元素分析ヘッド EA300 により行い、ケイ素：酸素の構成比を得た。また、大阪産業技術研究所に測定を依頼してエネルギー分散型蛍光 X 線分析を行った。そして、もみ殻シリカを食品用電動ミルにより粉砕する前後の画像は Hundnsney 148042 USB camera (500x)により行った。

2.3　もみ殻シリカ粉砕物による不飽和ポリエステル樹脂の改質

　不飽和ポリエステル樹脂 TH-450(上海天和樹脂)に対して 0.2%のもみ殻シリカ粉砕物を添加した後、促進剤として 0.3%の 6%ナフテン酸コバルトを加えて攪拌した後、1.2%のパーメック N（日油）を更に加えて、室温下で 2h 硬化させて、5mm 厚程度の試験片を得た。

　比較の為、同様の条件でもみ殻シリカの代わりに 0.2%シリコンナノ粒子及び、１％のシランカップリング剤(KBM-503、信越化学工業)についても同様に樹脂硬化物試験片を調製した。

3. 結果と考察

3.1　もみ殻シリカの性質

　キーエンス社レーザ元素分析ヘッド EA300 により、粉砕前のもみ殻シリカについて簡易元素分析を行った結果、図表 7 の 4 枚の写真から得られた平均値より、Si1:O1.68 状態であることが判明した。

図表 7　もみ殻シリカ粉末の顕微鏡写真(500x)

（左）焼成直後（右）食品用電動ミルで 1 分間粉砕後

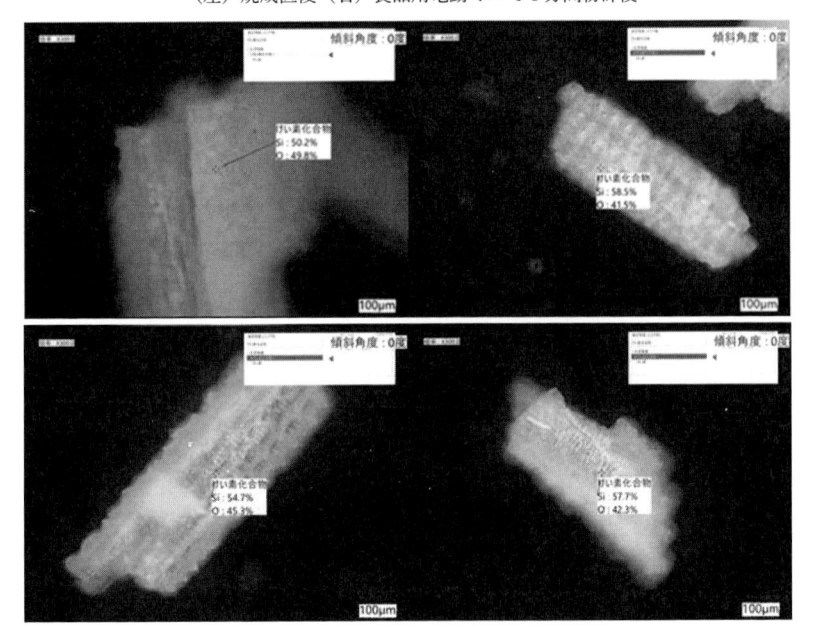

（出所：株式会社キーエンス マイクロスコープ事業部）

　焼成したもみ殻シリカについてエネルギー分散型蛍光 X 線分析を行った結果を図表 8 に示す。

図表8　エネルギー分散型蛍光X線分析による元素分析

元素	Si	Ca	Mn	Fe	Cu	Zn
含量(wt%)	86.8	7.0	2.3	1.7	1.2	1.0

（出所：大阪産業技術研究所）

　もみ殻シリカの成分は（当然ながら）ケイ素が80%強であり、梅田先生の先行論文（ケイ素含量97%超）には及ばないものの、高いケイ素含量であった。

　得られたもみ殻シリカを、食品用電動ミルで1分間、30μm程度まで粉砕した。後述する不飽和ポリエステル樹脂への添加は粉砕後のもみ殻シリカ粉末を用いた。

図表9　もみ殻シリカ粉末の顕微鏡写真(500x)

（左）焼成直後（右）食品用電動ミルで1分間粉砕後

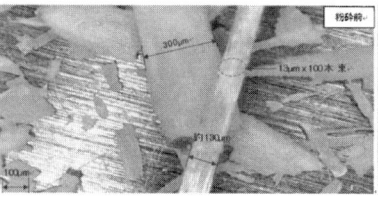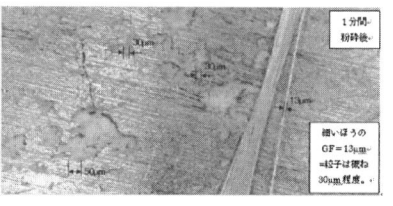

（出所：筆者作成）

3.2　もみ殻シリカを用いた不飽和ポリエステル樹脂の改質

　図表9で得られたもみ殻シリカ粉砕物を不飽和ポリエステル樹脂 TH-450（上海天和樹脂）に0.2%添加して、元の樹脂と伸び性能を比較してみたところ、図表10の通り、元の樹脂の伸度が5.7%だったのに対して、もみ殻シリカ添加樹脂は8.2%と、元の樹脂と比較して42%の伸度向上がみられた。

図表 10　もみ殻シリカ添加系と元の樹脂（非添加系）との樹脂伸度比較

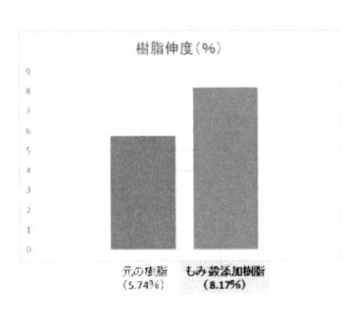

（出所：筆者作成）

　さらにシランカップリング剤 1％添加樹脂及びシリコンナノ粒子 0.2％添加樹脂についても同様に樹脂伸度ならびに樹脂密度を測定した結果、もみ殻シリカとシリコンナノ粒子の場合は、平均粒径が異なるにもかかわらず、40％台の樹脂伸度向上並びに 1％強の樹脂密度向上といった同傾向の物性を示した（図表 11）。

図表 11　他の材料を添加した樹脂との伸度（左）・密度（右）比較

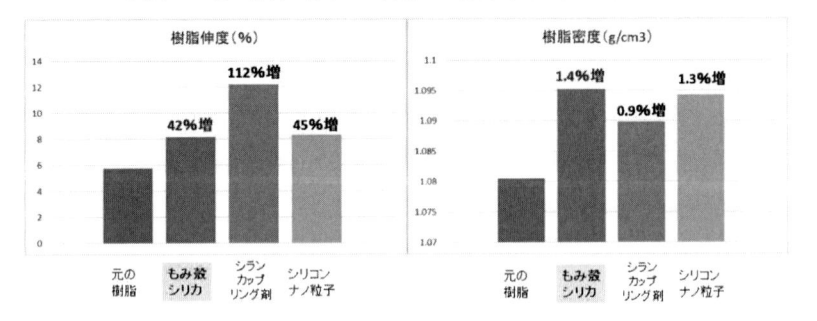

（出所：筆者作成）

　図表 11 より、一方でシランカップリング剤 1％添加系については樹脂伸度 112％、樹脂密度 0.9％増加だったことと併せて考えると、本来のシリコンナノ粒子の粒子径であればシランカップリング剤の物性に近い樹脂伸度を示したはずである。

　実際にはシリコンナノ粒子添加系で水分など何らかの凝集が起きていて、樹脂中での粒子径はもみ殻シリカと同等になっていることが考えられる

4. おわりに

　本報告において、広義の食品廃棄物であるもみ殻シリカを用いることによって、プラスチックの原料となる不飽和ポリエステル樹脂の伸び性能を40%程度改善が可能となることが判明した。

　もみ殻シリカの原材料費は、元々廃棄物でありタダ同然で、経費はせいぜい 700℃までの焼成にかかる電気代くらいのものである。

　一方、シリコンナノ粒子については日新化成株式会社が取り扱っている（希望価格4000円/kg、2017年当時）。また、信越化学工業のシリコーンオイルが3112円/kgである（2022年当時）。

図表12　ケイ素含有材料の原材料費比較

もみ殻シリカ	シリコンナノ粒子	シリコーンオイル
材料費：タダ	4000円/kg	3112円/kg

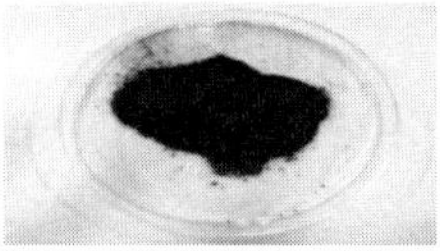

（出所：筆者及び信越化学工業）

　シランカップリング剤の価格は確実にシリコーンオイルより高価であることを考えると、もみ殻シリカを用いた樹脂改質は経済的効果が大きい。

　今後はより微細なもみ殻シリカ粉末を得て更なる検討を行う。

註

1)　　"Functional Fillers for Plastics",

　　　https://phantomplastics.com/functional-fillers/　（閲覧日：2023年4月15日）

2)　　https://www.pref.ehime.jp/h30103/sangiken/alls/kenkyu/panel/documents/2009-

06.pdf　（閲覧日：2023 年 4 月 15 日）

3)　http://www.terabo.co.jp/pdf/caracle.pdf　（閲覧日：2023 年 4 月 15 日）

4)　https://www.maff.go.jp/j/pr/aff/2209/spe1_03.html#cts_1　（閲覧日：2023 年 4 月 15 日）

5)　https://www.shinshu-u.ac.jp/institution/suirlo/research-seeds/post-132.html　（閲覧日：2023 年 4 月 15 日）

6)　https://hosuki.net/how-to-make-rice-husk-charcoal/　（閲覧日：2023 年 4 月 15 日）

参考文献

[1]　小無田茂（1949）「ポリ塩化ヴィニールの製靴材料としての用途」、日本ゴム協会誌 22 巻 8 号 pp.200-201

[2]　永田員也（2009）「白色フィラーの特徴」日本ゴム協会誌 82 巻 2 号 pp.61-69

[3]　須田高史、白柳爛、沈得正、佐藤浩一郎、寺内文雄（2020）「フィラーとプラスチックによる複合材料の経時変化に伴う質感変化」デザイン学研究 67 巻 1 号 pp.29-38

[4]　宇尾基弘（2022）「樹脂複合用フィラーの種類と表面処理」日本歯科理工学会誌 42 巻 2 号 pp.125-129

[5]　袖山健一、吉村幸雄、塚本翔悟、永野三郎（2018）「シラスバルーンの表面改質による高強度化」鹿児島県工業技術センター32 号 pp.61-66

[6]　辰巳泰我、金谷弥生、塚本修、松本健俊、肥後徹、植村正、小林光。田村進一、西野義則(2016)「シリコン切粉由来ナノ粒子を用いた高伸度樹脂の開発」GPI Journal 2 巻 1 号 pp.117-120

[7]　辰巳泰我(2015)「新規ハイブリッド樹脂の開発」グローバル経営学会第 6 回シンポジウム　C-10

[8]　梅田純子、近藤勝義、道浦吉貞(2007)「籾殻からの高純度非晶質シリカの生成プロセスに関する研究」第 18 回廃棄物学会研究発表会 セッション ID: B4-12
https://doi.org/10.14912/jswmepac.18.0.129.0

[9]　東畑平一郎、関口勲(1970)「粉体の特性と凝集造粒」粉体工学研究会誌 7 巻 2 号 pp.133-143

第 2 章

情報と経済的価値創出

NFT の経済的価値の考察

金野 和弘

1. はじめに

　近年、web3[1]、ブロックチェーン、NFT などの用語が、新聞や雑誌、インターネット上で頻繁に目にするようになった。それらの機能や用途、今後の展望について活発な議論がされている。NFT についても、アミューズメントや出版、美術、芸能などの分野において発行され始めており[2]、その用途は拡大しつつある。

　NFT 自体は無形のデジタルデータであり、ほとんどの場合においてデータ容量は決して大きくない。NFT には複雑で高品質の画像や映像、音楽などのデジタルコンテンツが含まれているわけではない。データ自体は単純で軽量であるにもかかわらず、それに期待される役割が大きいことは昨今の注目度からも読み取ることができる。では、NFT が生み出す価値とは何であろうか。NFT を経済学の視点で分析した研究は十分になされているとはいいがたい。

　そこで本稿では、NFT の経済的価値について検討することを目的とする。ブロックチェーンがもつ特徴に焦点を当てることによって、NFT が生み出す経済的価値を明らかにする。

　本稿の結論は以下のとおりである。すなわち、NFT の経済的価値は取引費用の削減効果に集約できることである。ブロックチェーンがもつ特徴は、交渉や監視、強制に関わる取引費用の削減に貢献することを示す。

2. NFT の概要
2.1 NFT とはなにか

　NFT は「Non-Fungible Token」の頭文字をとった略称であり、日本語では「非代替性トークン」や「代替不可能なトークン」などと訳される[3]。非代替性とは、「他に代えることができない性質をもつ」という意味であり、唯一性を示す表現である。

　この反対概念は「代替可能」もしくは「代替性」である。代替性とは、「自由に交換できる性質や種類であること」[4]、「他のものと代えが利くこと」を意味する。代替性があるものの代表例には円や米ドルなどの通貨があり、代替性トークン（Fungible Token：FT）の代表的なものとしては Bitcoin や Ethereum などの暗号資産がある[5]。自分が持つ暗号資産と、他者

が持つ同じ単位の暗号資産とを代替できることから、FT に属する。

　NFT は「替えがきかない保証書」と表現されることがしばしばある。このように表現される場合、被保証対象物であるコンテンツは別に存在し、NFT は当該対象物の真正性、唯一性を保証するものとしての役割を果たす。「トークンの内部にはアート作品の情報がどこにあるのか（簡単に言えば、URL）が記載されて」[6]おり、「その場所（Web サイト）を見に行けば、作品の名前や作者、説明などを見ることができ、さらに作品（オリジナルデータ）を見ることができ」[7]る。この「本物（オリジナル）と複製物（コピー）とを区別する」[8]という NFT の重要な機能は、NFT が「ブロックチェーン上に記録されるトークン」[9]であることに起因する。

2.2 「NFT 化」という表現のあいまいさ

　NFT アートや NFT 音楽、NFT 書籍など、デジタルコンテンツの「NFT 化」という表現をよく目にする。しかしこれらの表現は、誤解を持たれる可能性があるため注意が必要である。美術や音楽、書籍などのデジタルコンテンツ自体を NFT に含めていると理解している人が多いように思われるが、ほとんどの場合はそうではない。24 pixel×24 pixel の小さなドットで描いた顔の画像である「CryptoPunks」[10]のようなごく一部の容量の小さいデジタルコンテンツであれば、画像自体を含めた NFT を発行する場合がある[11]。しかし、高精細な画像や高音質の音楽、挿絵や写真を含む長い文章の書籍などのほとんどの場合、NFT は証明書、鑑定書の役割を果たす小容量のトークンであり、デジタルコンテンツとは別に発行される。ほとんどの場合、コンテンツの NFT 化とはデジタルコンテンツとは別に証明書の役割を果たすトークンを発行し、デジタルコンテンツと一緒に取引できる状態にすることを指す。

　この点に関して、増田-古市(2021)はアートを例にとって、「NFT アート」と「アート NFT」との違いについて図表 1 のようにまとめている[12]。

図表 1　「アート NFT」と「NFT アート」の概念整理

アート NFT	（おもにデジタル）アート作品を NFT 化した当該トークンであって、ブロックチェーン上で実際にやりとりされるものを指す。
NFT アート	NFT の取引を通じて扱われる（おもにデジタル）アート作品を指す。通常、ブロックチェーン上で作品それ自体が記録され流通されるわけではなく、よってアート NFT とは区別される。

（出所：増田-古市(2021), p.185 の表 2 をもとに、筆者作成）

　増田-古市(2021)も指摘しているように、「例外的な場合を除いて、『アートNFT』と『NFTアート』は一致しない」[13] ことになる。NFTに関して記述した多くの文献においてこの2つを混同させかねない表現がみられるため、注意が必要である。

　一方、チケットNFTやメンバーシップNFTはチケット情報やメンバーシップ情報を含んだトークンである。このようなNFTは、それが指す「権利」を持つことを保証するものである。ほとんどの場合においてチケットや会員証の画像はNFTに含まれておらず、NFTに記述されている「権利」情報をもとにアプリケーション側で画像を作成しているに過ぎない。

　これまで述べたように、デジタルコンテンツとNFTとを分離させてNFTの取引履歴等の限られた情報のみをブロックチェーンに記述するのが一般的である。その理由は、取引手数料（以下、ガス代[14]）や処理時間を抑制するためである。NFTの処理記録をブロックチェーンに書き込むためには、トークンの容量（データ容量）、処理速度、処理を行なう時刻により変動する取引手数料（以下、ガス代）を支払う必要がある。ガス代は近年、取引量の急激な増加に伴って高騰している[15]。トークンの容量が小さいほど、処理速度が遅いほど、混雑の少ない時刻に処理するほど、ガス代を少なく抑えることができる。そのためNFTの容量を小さくすることは合理的な選択である。さらにトークンの容量が大きいほど処理時間もかかるため、即時的な処理を求めるならば容量を抑える必要がある。

　次節では、NFTに対してブロックチェーンがどのような影響を与えているかを明らかにするために、ブロックチェーンの概要とその特徴を概観する。

2.3　ブロックチェーンの概要と特徴

　ブロックチェーンとは「公開された情報を複数のユーザーが相互認証して信用を付加していく『分散型台帳』という技術」[16] に基づいたデータ管理の仕組みの1つである。より簡潔に表現すると、「データを格納したブロックをチェーンのようにつないで保存する技術」[17] である。「ブロックには、保存したいデータの他に、『ハッシュ値』などの改ざんを防止する文字列が格納されており、これによって、改ざんが極めて困難に」[18] なっている。

　大和総研フロンティア研究開発センター(2022)によると、ブロックチェーンの特徴は図表2のとおりである。

　図表2について、若干の説明を加えておこう。①非中央集権については、「ネットワークの参加者全体で分散してデータを管理する」方法である。非中央集権のデータ管理には、「パブ

リック」「コンソーシアム」「プライベート」の 3 種類がある [19)]。②高い可用性によって、「同じデータを複数のノードが保持しているため、あるサーバーがダウンしてもネットワーク全体が停止する」[20)] ことを防ぐことができる。③高い改ざん耐性については、「ハッシュ値のしくみにより、ブロックを後から改ざんすることは困難」[21)] である。④高い透明性によって、「ブロックの内容は誰でも見ることができ」[22)] る。⑤相互運用性については、ERC [23)] などの共通規格によって運営されることにより、「複数のプラットフォームを横断するトークンの取引が可能に」[24)] なる。⑥スマートコントラクトとは、Ethereum などの暗号資産に記録することで、ブロックチェーン上で実行できるようにするプログラムを指す [25)]。「スマートコントラクトを使用することで、管理者や仲介者の存在なしに任意の処理を自動で実行」[26)] することができる。

図表 2　ブロックチェーンの特徴

① 非中央集権	中央の管理者は存在せず、分権型のネットワークで管理
② 高い可用性	分散管理により、ネットワーク全体が停止するリスクが小さい
③ 高い改ざん耐性	取引記録を後から改ざんすることが困難
④ 高い透明性	取引記録は誰でも見ることができる
⑤ 相互運用性	共通規格による設計で、プラットフォーム間での相互利用が可能
⑥ スマートコントラクト	ブロックチェーン上で契約を自動的に実行するしくみ

（出所：大和総研フロンティア研究開発センター(2022)，p.19 の図 1-6 をもとに、筆者作成）

2.4　ブロックチェーンが可能にすること

　前節では、ブロックチェーンの特徴を挙げた。本節では、それらの特徴からブロックチェーンが実現できることを 3 つ挙げる。

　1 つは、記録保持（Record Keeping）である。非中央集権、高い可用性、高い改ざん耐性、高い透明性により、改ざんが不可能に近い状態で途切れることなくデータを記録、保持し続けることが可能である。

　2 つめは、価値の経済圏（Token Economy）である。不特定多数の人が、トークンの価値を信用して、人と人との間でトークンが流通する環境を提供できる。その環境下では、独自のトークンの発行および流通させることができる。

　3 つめは、契約の自動化・自律化（Smart Contract）である。先述のとおり、ブロックチェーン上に載るスマートコントラクトは不変なプログラムであり、高い信頼性と高い透明性を

兼ね備えている。

　以上3点の共通点として、図表2に示した特性が影響を与えており、これら6つの特徴はそのままNFTに反映されている。言いかえれば、NFTの特徴のほとんどはブロックチェーンの特性に起因する。

2.5　NFT の経済学的意味

　NFTを発行する経済的意義は何であろうか。合理的、経済的理由がなければ、NFTを発行する意味がない。なぜならNFTを発行、取引し、デジタルコンテンツを保管するためには、相応の金銭的費用がかかるからである。先述のとおり、NFTを取引するためにはガス代がかかる場合が多く[27]、ガス代はトランザクション量、処理速度、取引時刻によって変動する。NFTの購入時ばかりではなく、二次流通する場合にもガス代が必要である。これらの費用を上回る便益が得られない限り、NFTを発行し保持する意味はない。

2.6　希少性を持たせられないデジタルコンテンツに対する NFT の活用

　近年は、音楽や電子書籍などのデジタルコンテンツにNFTを付して販売する事例もみられる。ただし、これらは「多くの人に聞いてもらい、読んでもらって売り上げにつなげるビジネスなので、美術作品のNFTの希少性とは違っ」[28]た販売戦略を採らざるをえない。音楽や電子書籍の希少性を高めるためには売り上げを自ら縮小させなければならないため、個々の作品の価値がよほど高くない限りビジネスとして成り立たない。そのため、音楽や電子書籍にNFTを付して販売する場合、デジタルコンテンツに「特典」を加えて販売される場合がほとんどである。たとえば、米国のロックバンド「Kings of Leon」がNFTマーケットプレイスに出品した音楽アルバム「When you see yourself」のNFT版には、「メンバーが撮影した写真、限定盤のレコード、さらには生涯ずっと彼らのライブを最前列で楽しめる『ゴールデン・チケット』といった特典をつけた」[29]という。電子書籍についても、NFTを付した企画原稿や印刷前の原稿（ゲラ）、著者と交流する権利などの特典を付けるなどが想定される[30]。これらの場合には、音楽や電子書籍のデジタルコンテンツをNFT化するというより、付録をNFT化する、メンバーシップNFTを付したデジタルコンテンツを販売する、という表現の方が適当であろう。

3. 取引費用について

取引費用（transaction cost）とは、大まかにいうと経済取引を行う際に要する費用である。モノを取引する際に要する、生産および流通以外の費用全般を指す。中村(2004)によると、取引費用という用語を最初に用いたのは Alchian-Allen(1964)であるという[31]。当初はこの用語を使用していないものの、その重要性を強調し、取引費用の概念を経済分析に取り入れた文献は、Coase(1937)および Coase(1960)である[32]。その後、O. E. Williamson が R. Coase が確立した取引費用理論を継承し発展させた。

3.1 取引費用の構成要素

Dahlman(1979)は、取引費用を「探索と情報の費用、交渉と意思決定の費用、監視と強制の費用」[33]と定義し、それぞれについて以下のような説明を加えている[34]。探索と情報の費用は、「取引相手や取引条件を知る、あるいは相手に知らせるための費用」、交渉と意思決定の費用は「取引相手と交渉し、取引条件を決定するための費用」、監視と強制の費用は「合意した内容を確認し、また確実に履行するもしくはさせるための費用」である。

Dahlman(1979)がいうように、Coase の取引費用概念は「不完全情報によって生じた取引費用」[35]といえる。もし完全情報であれば完備契約（complete contract）が締結可能であるため、上記のような取引費用は発生しない。しかし現実では完備契約を締結することは不可能であり、不完全情報であるがゆえに情報の非対称性が存在する。そこに、取引費用が発生する余地が生まれる。

以下では、デジタルコンテンツに付された NFT の経済的価値は取引費用の構成要素である上記の 3 つの費用を削減することにあることを示す。加えて、付加価値を生み出すための源泉となるのがブロックチェーンの特徴であることを示す。

① 探索と情報の費用（search and information costs）

一般的な市場取引では、取引相手を探索するための費用および取引相手の情報を入手するための費用は決して小さくない。NFT が付されているモノとそうでないモノとを比較した場合、前者が市場取引において優位性を持つことは明らかである。NFT により製造元（作者）や取引履歴、取引価格などの情報の改ざん可能性が極めて低いため、さまざまな情報を確認するための時間的、金銭的費用を省くことができる。NFT は情報の非対称性を緩和する役割を果たす。

② 交渉と意思決定の費用（bargaining and decision costs）

一般的な市場取引では、取引相手と交渉し、契約を締結するか否かの意思決定に要する時間的、金銭的費用は決して小さくない。NFT には ERC-721 などの標準規格が整備されており、記述方法も定型化されているため契約内容は明確である。それゆえ交渉の余地は狭く、交渉費用は小さい。さらに、NFT はスマートコントラクトを記述しておけば自動的に実行することができるため、契約締結費用は極めて小さい。

③ 監視と強制の費用（policing and enforcement costs）

NFT の取引履歴はブロックチェーンに逐一記述され、誰でも履歴を確認できることから、監視費用は極めて小さい。またスマートコントラクトの仕組みにより契約内容は自動的に実行され、万が一契約内容の不履行をした場合にも透明性が保証されるため、強制費用も小さい。

コンテンツに付されたもの以外にも、チケット NFT やメンバーシップ NFT などのそれ自体が付加価値をもつ NFT も取引費用削減効果をもつ。前者に関しては、NFT によって真正性を担保することで偽造チケットを排除すること、入場ゲートでの厳格なチェックを不要とすること、合法な譲渡が可能となること、ダフ屋行為を撲滅できること、などの効果が期待され、監視と強制の費用などの取引費用を削減することにつながる。後者に関しては、メンバーであることの認証および確認作業が軽減されること、メンバーシップの特典を提供方法が簡素化可能なこと、メンバーシップの譲渡が容易になること、などが実現し、その結果、それに関する取引費用の削減が可能になる。

以上のように、NFT は取引費用を削減する効果を生み出すことが確認された。

4. NFT が抱える問題点

前節までの議論において、NFT は取引費用を削減する効果があることが確認された。しかし、発展の途上にある NFT は多くの問題を抱えていることもまた事実である。本節では、NFT が抱える代表的な問題点を 3 つ挙げておく。

① ガス代の負担増大

これまでみてきたように、NFT の取引はブロックチェーン上に逐次記録され、そのデータは非中央集権的に保管される。誰でも閲覧可能な状態に置かれているため改ざんが極めて難

しい。一方で、このような状況を維持するためには、相応のコストがかかることもまた事実である。ブロックチェーンにおいて 10 分ごとに新しくブロックが追加されるといわれており、記録をし続けるにはその膨大な作業を担うマイナーに対する対価としてガス代を支払わなければならない。このガス代は、トランザクション量が増大するに従って高騰している。先に触れたように、ガス代はトークン量、処理速度、処理時間によって変動するため、ガス代の負担を軽減しようとすれば、処理が増加する時間帯を避け、トークン量を可能な限り小さくし、処理速度を落とすことが有効である。

加えて、デジタルコンテンツを二次流通させる場合にも相応のガス代がかかる。

さらに、PoW（Proof of Work）はガス代を上昇させる効果をもたらす。PoW とは「コンセンサスアルゴリズムの技術要素の 1 つ」[36]であり、マイナーは「ブロック作成権の獲得を目指し、マイニングと呼ばれる作業を行」[37]っている[38]。

② 決済手段の未成熟

2 つめは、決済手段の未成熟である。NFT 購入未経験者は、NFT の購入代金やガス代を支払うためには暗号資産を保有する必要がある場合が多く、現状では参入障壁が低くない。なぜなら、現状では自国通貨を指定された暗号資産に両替するコスト、ウォレットを保有および管理するための手間や心理的な費用が大きい。加えて、「近年はトランザクション単価の高い DeFi（Decentralized Finance＝分散型金融システム）の拡大によりガス代が高騰し」[39]ており、かつ暗号資産の価格変動リスクが高い。以上のような状況は、現状において NFT の取引が予想されていたほど活性化していない理由の 1 つであろう。

③ 法制度の未整備

3 つめは、暗号資産や NFT、DAO[40]などに関する法制度が未だ整備されていない点である[41]。とりわけ NFT に関していうと、現行の法律上はデジタルコンテンツの所有権は確立されていないことは問題である。現行の民法では所有権の対象は「有体物」であり、「無体物」であるデジタルコンテンツに対する所有権は確立していない。

5. おわりに

本稿では、NFT の経済的価値について検討した。その結果、NFT は取引費用を削減する効果を生み出すことが確認された。情報技術の急速で絶え間ない発展にともない、デジタルプ

ラットフォーム上でデジタルコンテンツやサービスなどのさまざまな無形資産が取引される
ようになった。このような状況は、情報技術が取引費用を大きく低下させたことで実現した
と捉えることができる。情報技術が取引費用を低下させることによって、以前は経済的に不
可能であったことが、経済的に可能になる現象が発生することが今後も予想される。

　先述したように、NFT の発展は道半ばであるといえよう。関係する情報通信技術の発展は
日々進行中であり、その速度に制度設計が追いついていない状態が続く限り、NFT の真価が
発揮されることは期待できない。最初から完成された制度を目指すことを諦め、未完成なが
らまずは未完成の制度を構築した上で逐次改善を加えてゆくことが、情報通信産業から得ら
れる教訓であろう。

註

1) web3 とは確立した定義が存在しない用語の1つであるが、大和総研フロンティア研究開
　発センター(2022)は「データや意思決定がすべて中央機関の管理下にある状況を脱却し、
　これらを分散して管理するインターネットのあり方」(大和総研フロンティア研究開発セ
　ンター(2022), p.22) と表現している

2) NFT をはじめとするトークンを発行することをミント（mint）と呼ぶ

3) トークンとは、「しるし」や「象徴」などの意味を持つ用語であるが、ここでは「ブロック
　チェーン上に記録されるデータ単位」(大和総研フロンティア研究開発センター, 前掲書,
　p.16) を指す

4) フォートナウ-テリー(2022), p.32

5) 現在では「暗号資産」という用語に表現が統一されているが、2019 年 5 月の資金決済法
　および金融商品取引法の改正法の成立以前は「仮想通貨」という用語が一般的に用いられ
　ていた（高松(2020), p.11）。後者の方がイメージの湧きやすい表現であるかもしれない

6) 足立(2021), p.43

7) 同上

8) 大和総研フロンティア研究開発センター, 前掲書, p.18

9) 同上

10) CryptoPunks web サイト

11) このような方式を「フルオンチェーン」と呼ぶ

12) 増田-古市(2021), p.185

13) 同書，p.186

14) ガス代とは、取引情報などをブロックチェーンに書き込む際にマイナー（註 38 参照）に
支払う取引手数料である。また、ガス（Gas）とは「トランザクションを処理するために
必要なエネルギー消費量のことを指す用語」（大和総研フロンティア研究開発センター，
前掲書，p.62）である

15) データ処理量の増大によって「データの処理時間や処理に必要なコストが上昇」（大和総
研フロンティア研究開発センター，前掲書，p.48）することで引き起こされる問題を「ス
ケーラビリティ問題」という

16) 天羽(2021)，p.16

17) 大和総研フロンティア研究開発センター，前掲書，p.20

18) 同上

19) 同書，p.23

20) 同書，p.44

21) 同上

22) 同上

23) ERC は「Ethereum Request for Comments」の頭文字をとったものである。NFT の多く
は、ERC-721 という NFT 用の規格に準拠して記述されている

24) 大和総研フロンティア研究開発センター，前掲書，p.40

25) 同書，p.52

26) 同書，p.72

27) 一部の NFT マーケットプレイスやプライベートブロックチェーンではガス代がかから
ない場合もあるが、ほとんどの場合は相応のガス代がかかる

28) 足立，前掲書，p.71

29) 同書，pp.71-72

30) 同書，p.72

31) 中村(2004)，p.158

32) 前者では、価格メカニズムを使用するコスト（cost of using the price mechanism）、公開
市場において取引を行う際に発生するコスト（costs involved in carrying out the
transaction in open market）、マーケティングコスト（marketing costs）という用語が使
われている。また後者では、市場取引のコスト（cost of market transaction）という用語

が使われている。Coase が明確に「取引費用」という用語を用いたのは、Coase(1922)である

33）Dahlman(1979), p.148

34）同上

35）同書, p.158

36）大和総研フロンティア研究開発センター, 前掲書, p.66

37）同上

38）マイニング（mining）とは「一定の難易度の計算を行い、ナンスと呼ばれる値を求め」（大和総研フロンティア研究開発センター, 前掲書, p.66）ることを指す。マイニングを行うノード（人）のことをマイナー（miner）と呼ぶ

39）吉田(2021), p.158

40）DAO とは Decentralized Autonomous Organization の頭文字をとったものであり、日本語では「分散型自律組織」と呼ばれる。ブロックチェーンを利用しているサービスを運営する組織であり、「サービスの運営自体も非中央集権で行」（大和総研フロンティア研究開発センター, 前掲書, p.22）い、「組織の意思決定は参加者の提案と投票によって行われる」（同上）のが特徴である

41）これについては、自由民主党の「web3 プロジェクトチーム」（座長：平将明衆議院議員）が 2022 年 3 月に「NFT ホワイトペーパー（案）」を公表しており、加えて政府は同年 6 月に web3 の環境整備を本格化する骨太方針を閣議決定した。これらのことから、web3 に関係する分野の法整備に向けて前進しているが、その実現にはもう少し時間がかかるとみられる

参考文献

（以下の URL の最終確認日は 2023 年 6 月 20 日である）

[1]　足立明穂（2021）『だれにでもわかる NFT の解説書』ライブ・パブリッシング

[2]　天羽健介（2021）「コンテンツ・権利の流通革命、なぜ、いまデジタル資産 NFT が注目されているのか」天羽健介，増田雅史『NFT の教科書』朝日新聞出版, pp.12-27

[3]　Alchian, A. A., and Allen, W. R., (1964), *University Economics 2nd.*, Belmont: Wadsworth Publishing Company

[4]　CryptoPunks web サイト（https://www.larvalabs.com/cryptopunks）

[5]　Coase, R., (1937), "The nature of the firm", *Economica*, Vol.4, Issue.16, pp.386-405

[6]　Coase, R., (1960), "The problem of Social Cost", *Journal of Law and Economics*, Vol. 3, pp. 1-44

[7]　Coase, R., (1988), "The nature of the firm: Influence", *Journal of Law, Economics and Organization*, Vol. 4, pp. 33-47

[8]　Coase, R., (1992), "Comment on Cheung", in Werin, L., and Wijkander, H.(eds.), *Contract Economics*, Oxford: Blackwell

[9]　自由民主党 デジタル社会推進本部 web3 プロジェクトチーム（2022）「NFT ホワイトペーパー（案）〜Web3.0 時代を見据えたわが国の NFT 戦略〜」（https://www.taira-m.jp/NFT ホワイトペーパー案 20220330.pdf）

[10]　大和総研フロンティア研究開発センター（2022）『図解まるわかり NFT のしくみ』翔泳社

[11]　高松志直（2020）「仮想通貨から暗号資産へ－暗号資産をめぐる法改正の動向（利用者保護のためのルール整備）－」,『国民生活』, 2020 年 2 月号, pp.11-14

[12]　Dahlman, C. J., (1979), "The Problem of Externality", *The Journal of Law & Economics*, Vol. 22, No. 1, pp. 141-162

[13]　中村竜哉（2004）「取引コストの定義について」, 小樽商科大学『商学討究』, 第 55 巻, 第 1 号, pp.157-169

[14]　フォートナウ, テリー(著), Pivot Tokyo(訳)（2022）『NFT のすべて 歴史・仕組み・テクノロジーから発行・販売まで』翔泳社（Fortnow, M. and Terry, Q., (2021), *The NFT Handbook: How to Create, Sell and Buy Non-Fungible Tokens*, New Jersey: John Wiley & Sons）

[15]　増田雅史, 古市啓（2021）「NFT の発行（NFT 化）とは何か？NFT の保有・移転の法的意味や販売での実質的取引対象とは」天羽健介, 増田雅史『NFT の教科書』朝日新聞出版, pp.180-203

[16]　吉田世博（2021）「国内の NFT の普及を支える NFT 特化型ブロックチェーンとは何か」天羽健介, 増田雅史『NFT の教科書』朝日新聞出版, pp.156-163

観光・旅行（ツーリズム）と情報活用

島　　浩二

1. はじめに

　旅行・観光（ツーリズム）の分野において、従来のアナログ時代においては、情報探索の対象となる旅行商品や地域の観光に関する情報については、旅行会社のパンフレットや地域別の旅行雑誌などが発行する紙媒体、新聞、テレビなどのマス・メディアに限定されていた。しかし、デジタル時代を迎え、インターネット上にはいつでもどこでも情報が満ち溢れ、顧客の受け手である観光施設や宿泊施設が自ら発信できるようになった。さらには、アナログ時代から、旅行者が旅行や観光の記録として写真に残しておく習慣が浸透しており、カメラ機能が付属する携帯端末の登場は、これまで記憶に留めておくためだけの現像、アルバムの整理に限られていた購買後の行動を大きく変えた。それは、携帯端末が検索サイトやSNSなどを使えば即時に情報発信する機能を持ち合わせているので、他者による経験的情報がインターネット上に溢れることになった。

　パソコン（PC）の機能を併せ持ち、インターネットとの親和性が高い多機能携帯電話であるスマートフォンの普及により、情報のデジタル化が急速に進み、個人の消費行動が大きく変化した。それは、膨大なインターネット上に存在する情報探索（検索）だけでなく、申込、決済、ポイント加算、特典利用などの機能をもった購買決定、消費経験の中で得た評価をクチコミとして投稿する等の新たな諸行動を生み出した。スマートフォンを使えば撮影した写真や動画を経験的情報として投稿する購買後の情報発信ができ、小学生から高齢者に至る幅広い年齢層がスマートフォンを保有するまでに至っている。これらの変化が、旅行・観光（ツーリズム）といった非日常を求める消費行動、特に購買プロセスの各段階に大きく影響を及ぼしているといえる。

　今回、これまで消費行動として継続してきた研究対象である外食に加え、宿泊、移動手段、さらには風景・史跡・特有の風習や風俗などを見聞、体験する観光行動を含む旅行・観光（ツーリズム）に焦点を当て、消費行動と情報活用との関連性について論じることとする。

2. 旅行・観光（ツーリズム）の変遷

　観光産業における旅行商品も、旅行の個人化に伴うニーズの多様化に伴い、多くの製品・サービスが歩んできた道筋と同じく少品種大量生産から多品種少量生産へと移行した。さらに、消費者の嗜好の成熟化に伴い、より本物志向が強まった結果、観光産業においても消費者のニーズへのきめ細やかな対応が求められるようになった。旅行商品も、単一商品の団体・グループ旅行を対象としたパッケージ旅行といわれる募集型企画旅行から、多彩な商品の個別・個人旅行を対象としたオーダーメイドの受注型企画旅行や旅行者が自己責任において対処する手配旅行へシフトしている。また、観光の形態も従来のパッケージ旅行に代表される、旅行者の居住地や旅行会社を出発地点に複数か所の観光地の周遊と宴会を組み合わせた発地型観光から、到着地点の観光地の中心となる観光・宿泊施設を組み合わせた着地型観光に変化している。

　このように、消費者の嗜好の高度化、そして成熟化に伴い、消費者が団体から個人へ、ニーズがパッケージ旅行から経験的消費に重点が変化した。これに伴い、従来の旅行会社が中心に企画をおこなう複数の地域の風景・史跡などを訪ねて巡回する物見遊山的要素が多い旅行商品から、小グループや個人の多様化したニーズを満たすべく、多彩で選択肢の多い旅行商品が用意されることとなった。さらには、限定された地域のテーマ性が強調され、地域の人々と交流しながら共に地域特有の自然、歴史・伝統、産業、生活文化などについて体験する新たな体験型・交流型の旅行スタイルが脚光を浴びている。地域ならではの資源や文化を護り

図表1　ツーリズムの変遷

旅行商品：	少品種大量生産　➡多品種少量生産
消費者：	団　体　➡　個　人
ニーズ：	物見遊山　➡　嗜好高度化・成熟化　本物志向
商品形態：	募集型企画旅行　➡　受注型企画旅行・手配旅行
観光形態：	発地型観光　➡　着地型観光
重　点：	パッケージ旅行　➡　交流型体験型消費

消費者のニーズへのきめ細やかな対応
↓
多彩な、選択肢の多い旅行商品
↓
新しい自分への変化を求める自己変革型商品の出現

（出所：筆者作成）

育てようという取り組みを通して、新しい自分への変化を求める自己変革型商品の出現は、経験経済の指摘する系譜を辿っているといえる。これらのツーリズムの変遷について図表1に示した。

3. 旅行・観光（ツーリズム）のテーマ

2007年（平成19年）、観光庁は観光立国推進基本計画[1]において、地域特性のクローズアップが地域産業の掘り起こしに、地域活性化にもつながる新たな旅行分野を開拓するため、商品創出・流通システムの構築に向けたニューツーリズムのひとつとして地域密着型のツーリズムを提唱した。そのカテゴリーは、着目した対象ごとに、工場や技術の産業観光、自然観光資源のエコ、農林水産業のグリーン、健康・医療（高度・最先端）のヘルス・メディカル、長期滞在型のロングステイ、歴史・伝統の文化観光の6つのツーリズムを挙げている。

また、これまで大手旅行会社に限定されていた旅行業務の見直しが図られ、地域の観光資源を熟知した地域密着型の中小旅行業者が営業所の存する市町村やその界隈において企画旅行の造成・募集を行いやすくするため、第3種旅行業者の業務範囲を拡大するなど規制緩和を実施した。

さらに、2018年、観光庁は「ニューツーリズムの振興」から、「テーマ型観光による地方誘客事業」[2]による継続した観光地域づくりに取り組む担い手の育成、自律的経営への誘導によるビジネス化への支援に転換した。公募により選定された45地域において、各観光地に観光資源の「目利き」を派遣し、ビジネスモデルの構築の支援や研修、商談会の開催をおこなうものである。

この事業の支援テーマとしては、まず、歴史・文化的なものとして、江戸時代の地域と江戸を結ぶ街道観光、日本酒の蔵や蒸留所を拠点にお酒や郷土食、伝統文化を楽しむ酒蔵、修験道や宿坊をテーマとして神社・仏閣を対象とする社寺観光、西国三十三所観音巡礼をはじめとする日本巡礼文化発祥の道、古くからの生活様式が反映された伝統的建築物である古民家、忍者等の歴史的資源などに関するものなどがツーリズムとして支援されている。

さらに、現代に生まれたものとしては、2015年に世界遺産に登録された明治日本の産業革命遺産、映画・ドラマのロケ地を拠点とするロケ、舞台やクリエーターのゆかりとなるアニメ、観光の移動手段である自転車を組み合わせたサイクル、スポーツイベントや庶民化している地域のマラソン大会への参加を組み合わせた全国ご当地マラソンなどのスポーツ、百年以上続く料亭を拠点とする百年料亭などがツーリズムとして支援されてきた。

　特に、産業文化財産を対象とした産業訪問、温泉地を拠点とした食などの観光資源を体感する ONSEN・ガストロノミー、地域に根差した郷土食を探訪し、伝統文化に触れるフード、星空や天文現象やロケット打ち上げなど宇宙にまで対象を広げた宙（そら）の 4 つのツーリズムは支援が継続されている。

　このような施策とともにスマートフォンが普及するにつれ、旅行業者だけでなく、宿泊・飲食業や地域産業の担い手など地域資源のステイクホルダーによる情報発信、旅行者自身による情報探索、情報発信などの情報活用が活発に行われるようになった。訪日外国人の誘致が拡大するにつれ、インターネット上の旅行・観光（ツーリズム）に関するネットワークは世界に広がりつつあった。日本国内では下火だと思われていた観光資源が息を吹き返し、観光資源として認知されていなかった地域や建造物、サービスなどが新たなテーマとして脚光を浴び、ツーリズムとして注目されるようになった。

　同時に、訪日外国人観光客を対象とするインバウンドビジネスの活性化に伴い、観光地が各自の特色や観光資源を生かして企画した旅行・観光プログラムに、観光客が現地集合や現地解散をする着地型観光が注目されはじめた。着地型観光は、地域の独自性を重視しており、体験・交流型のプログラムを構築しているので、テーマ型観光と共通する動向であるといえる。

　また、地域の美食を目的としたガストロツーリズム、食物・飲料の熟成過程を経験する発酵ツーリズム、本格的な自転車の移動を組み合わせたサイクルツーリズム、現代美術を取り入れたアートツーリズムなど、訪日外国人の嗜好を反映したツーリズムもみられ、新たに生まれたテーマをもとに観光地となる地域もみられるまでに至っている。これらをまとめて図表 2 に示した。

図表2　ツーリズムのテーマ

テーマ	内　　　容
歴史的資源	
歴史/文化・ツーリズム	江戸時代の地域と江戸を結ぶ街道観光
酒蔵・ツーリズム	日本酒の蔵や蒸留所を拠点お酒や郷土食、伝統文化を楽しむ
社寺観光・ツーリズム	修験道や宿坊をテーマとして神社・仏閣を対象
道・ツーリズム	西国三十三所観音巡礼をはじめとする日本巡礼文化
古民家・ツーリズム	古くからの生活様式が反映された伝統的建築物
今日的資源	
産業訪問・ツーリズム	世界遺産に登録された明治日本の産業革命時の文化財遺産
フード・ツーリズム	郷土食探訪
ロケ・ツーリズム	映画・ドラマのロケ地を拠点
アニメ・ツーリズム	舞台やクリエーターのゆかりの土地
サイクル・ツーリズム	観光の移動手段である自転車を組み合わせた
スポーツ・ツーリズム	スポーツイベントやマラソン大会への参加との組み合わせ
百年料亭・ツーリズム	百年以上続く料亭を拠点
ONSEN/ガストロノミー・ツーリズム	温泉地を拠点とした食などの観光資源を体感
宙・ツーリズム	星空や天文現象やロケット打ち上げなど宇宙にまで対象広げた
ガストロノミー・ツーリズム	地域の美食
発酵・ツーリズム	食物・飲料の熟成過程を経験
アート・ツーリズム	現代美術を街並みに取り入れた

(出所：筆者作成)

4. 旅行・観光(ツーリズム)のテーマにおける情報活用

　官公庁は、情報通信技術(ICT)の活用による観光振興サービスガイド [3] を地域の観光振興に携わる自治体の関係者、観光業の関係者、並びに観光客を対象に、情報提供している。その中で、旅行者の ICT の活用の実態として、消費者の購買決定プロセスを考えるにあたり、マーケティング理論として、ＡＩＳＣＥＡＳモデルを引用し説明している。これは、知る(Attention)、関心(Interest)、探索(Search)、比較(Comparison)、検討(Examination)、購買決定(Action)、共有(Share)の頭文字をとったものである。ステップとして、旅行のきっかけをもとに関心を持って情報探索し、比較検討する旅行の計画を作成する段階の旅行前、実際に旅行に出かけ、移動する道中の確認を含む旅行中、感想や記録に残した写真・動画を共有する旅行後、の３つの段階で説明している。

　その中で、旅行のきっかけとして、テレビ、雑誌、友人との会話などが挙げられている。近年SNS での情報探索においては、以前からの観光パンフレット、旅行雑誌、そして、インタ

ーネット上の観光情報や旅行会社のウェブサイト、さらには、それらを比較するサイトを閲覧し、最終的に予約とその決済に至っている。

　次に、旅行中においては、交通手段として、駅や観光案内所への行き方、スマートフォンで地図を確認したり、ナビゲーションサービスを利用したり、ICT を活用する場面が多く見られるようになる。行政面においては、スマートフォンを持たない旅行者には、サイネージでの情報提供を進めている。

　そして、旅行後の行動としては、その行程の中で即時に SNS を通じ、リアルタイムでその旅行・観光の経験を評価や写真・動画として投稿することにより、他者とその経験情報を共有する旅行後の段階を指摘している。

　このガイドラインの提供にあたり、アンケート調査の結果も報告され、旅行前の計画段階では93.5%の人が、旅行中には75.2%の人が、旅行後には45.8%の人が、その非日常経験を共有するために情報通信機器を利用している実態を報告している。

　これらをもとに、ツーリズムにおける購買プロセスと情報活用について、図表3に示した。

　このような実態把握の中で、情報通信技術(ICT)を活用した地域観光振興サービスについて、次の国内旅行者に向けては 6 つ、インバウンド(訪日外国人)に向けては 3 つのカテゴリーにまとめている。

　まず、国内旅行者に向けては、旅行計画の観光情報を収集するウェブサイト、旅行経験を共有できる SNS、観光地までの交通情報をメインとした観光情報を収集するカーナビ、情報機器端末を持たない旅行者を対象とするデジタルサイネージ、旅行中の情報を収集するためのモバイル観光案内、店舗や施設において簡易な決済サービスを提供するモバイル決済の 6 つである。特にモバイル観光案内サービスにおいては、旅行者の利便性の向上だけでなく、購買決定時のスタンプラリーやクーポン利用割引適用等を活用した販促サービスも内包しているため、地域の観光地の販促モデルとしても重要視されている。また、位置情報やモバイル決済を元にした消費者情報をデータとして集積し、分析することも可能であり、今後の将来性の希望が持たれている。

図表3　ツーリズムにおける購買プロセスと情報活用

購買プロセス	購買前の行動	購買決定	購買後の行動
行動プロセス	Attention➡Interest➡Search	➡Comparison➡Examination➡Action	➡Share
	認知➡興味➡検索	➡比較➡検討➡購買	➡共有
旅行プロセス	旅行前	旅行中	旅行後
情報活用	情報探索	情報処理	情報発信
情報ソース	観光に関する情報	申込、決済、ポイント加算、特典利用	クチコミ、写真、動画の投稿
情報データ	商業的情報・他者の経験的情報	消費者情報	自己の経験的情報・承認欲求の情報

（出所：筆者作成）

　次にインバウンドへの対応として情報を収集する窓口となるポータルサイト、観光情報や経験を共有できる海外の SNS、携帯端末が使える通信状況の3つのサービスについて紹介されている。訪日外国人の出発前の旅行情報源は、各種ガイドブックよりもインターネットが一般的で、個人のブログ、日本の観光関連、その他のインターネットが活用されている。旅行中にインターネットを使用する人は9割を超えており、ほとんどの人は端末を持参しているのに対し、逆に、英語の説明表示が少ない、路線と交通手段が複雑でわかりにくい、インターネットに接続しにくいという意見も取り上げられている。

5. おわりに

　世界的には 2019 年末から騒がれ、日本では 2020 年始めから見舞われたコロナ禍は、旅行・観光業界に多大な影響を与えた。当初より、会話を含む消費行動である飲食業、同じカトラリーを共有するバイキング形式を含む宴会、食事形式を含有するホテルなどは、コロナ感染の原因として国民に対する注意喚起もなされ、営業自粛だけでなく、万全な感染症対策を要求され、廃業、営業自粛、業種転換などが余儀なくされてきた。特に、スタッフと顧客が会話することによって成立するサービス業全般においては、その産業の根底を覆すほどの打撃となった。

　3 年を経過した現在も、クラスターの発生や重症化は軽減されているとはいえ、感染者数は高い数値を維持しており、マスク着用を含め厳格な感染症対策はあらゆる業種を包括する旅行業界にも、求められ続けている。コロナ禍において、旅行・観光業全般においても、感染症対策は当然のこと、注文や生産のデジタル化によるスタッフの顧客との非接触型サービスの確立、人材不足を解消するための AI 化が模索されている。

　2022 年 10 月からは欧米、2023 年 8 月からは中国からの訪日観光が本格的に再開されたも

のの完全回復とはいえない状況である。コロナ禍後を見据えたホテルの建設や改修、飲食店、お土産店の営業再開の報道がなされているものの、旅行・観光業界だけでなく経済の復活には程遠いと思われる。しかし、既に多くの訪日外国人が観光客として訪れており、新たな観光のあり方への対応とともにアフターコロナへの姿勢を見極める時期が来ているともいえる。

　アフターコロナを見据えた旅行・観光業界のあり方を考察するためにも、情報活用を最大限に利用した旅行・観光（ツーリズム）の徹底したデジタル（DX）化が求められると考える。そのためにも、改めて、情報源たる観光資源、購買意思決定プロセス各段階における情報活用のあり方、施設や企業のマーケティングにおける情報活用について、分析、考察のうえ新しいマーケティングのあり方の提案が待たれる。

註

1)　2023 年 3 月 31 日に「観光立国推進基本計画」が閣議決定された。
2)　2023 年 3 月 31 日をもって終了した。
3)　2020 年 6 月に「訪日外国人旅行者の受入環境整備向上に向けた観光現場における ICT サービス等利活用促進事業」に関する調査結果がまとめられている。

参考文献

[1]　国土交通省 観光庁 Web ページ
　　https://www1.mlit.go.jp/kankocho/kankorikkoku/kihonhou.html（閲覧日：2023 年 2 月 1 日）
[2]　国土交通省 観光庁 Web ページ
　　https://www.mlit.go.jp/kankocho/shisaku/kankochi/theme_betsu.html（閲覧日：2023 年 2 月 1 日）
[3]　国土交通省 観光庁 Web ページ
　　https://www.mlit.go.jp/common/001080544.pdf（閲覧日：2023 年 2 月 1 日）
[4]　観光情報学学会（2015）『観光情報学入門』　近代科学社
[5]　小長谷一之 他（2012）『地域活性化戦略』　晃洋書房

大学生のためのクラウドファンディング

中島　晋

1. はじめに

　クラウドファンディングは、銀行、投資家などの金融の専門機関ではなく、一般大衆（Crowd）からの資金調達（Funding）であり、多くはインターネット上のプラットフォームを介して、資金調達者の設定した目標金額と期間のなかで、少額の資金を集める仕組みといえる。世界中で起こっている経済危機、感染症、飢餓、戦争、災害、人々が困難な状況にあるとき、世界中でクラウドファンディングを活用した支援が行われている。火事で焼けた建築物の再建、コンサートを開催する資金集め、アイデアはあるが資金のない人々が、既存金融機関からではなく、インターネットを通じて、一般の多くの人々から少額ずつ資金提供を受け、現在幅広い分野で活用されている。そして、クラウドファンディングは、世界中が新型コロナウィルス感染症禍で苦しむ中、また新たな進化を遂げようとしている。その潮流の第1は、新たな商品・サービスの創出としてのクラウドファンディングであり、Eコマースとして発展を図ろうとしつつある。第2は、ファンドや株式といった投資等のクラウドファンディングである。そして第3は、SDGsやインパクト投資といった環境保護や持続的成長等時代の要請を受けた動きである。そして社会課題解決につながる、寄附に近い動きを見せるクラウドファンディングである。多くの大学生が、社会課題の解決のためのプロジェクトや自分たちのコンサートを開くためにクラウドファンディングを利用している。今回、主に大学生を対象とした、クラウドファンディングの入門書として本稿を作成した。

2. クラウドファンディングとは

　「新たなサービスや商品を提供したい」「世の中の課題を解決したい」といったアイデアや想いを持つ人（資金調達者）が、インターネット上のプラットフォーム（クラウドファンディング運営業者）を介して、アイデアや想いを発信する。それに共感し、「モノやサービスを利用・購入したい」と思った人は誰でも"資金

提供者"として支援することができるのがクラウドファンディングであるといえる。

　一般大衆から資金を募る手法は新しいものではなく、古くから存在する手法であり著名な例として、1180 年（治承 4 年）に焼失した東大寺の復興のため、重源が一般の人々から復興のための寄附を募る勧進[1] を行った例や 17 世紀初頭アメリカの書籍編集者 John Taylor が印刷費用を寄附で募り、寄附者の名前を書籍に掲載する権利を提供した例がある[2]。また、19 世紀には、ニューヨークの自由の女神像の台座分の資金調達のため、「New York World」紙社主の Joseph Pulitzer が資金集めのキャンペーンを行い、12 万人以上から 10 万ドル以上を集めたという例がある[3]。

　1990 年代後半から 2000 年代前半にかけて、インターネットが台頭し始める。インターネットを介したクラウドファンディングの原型は、1997 年にイギリスのロック・バンド「マリリオン」（Marillion）のファンによるバンドのアメリカへの渡航費用集めに利用された[4]。Crowdfunding という名称は、2006 年 Michael Sullivan によって造られたもので[5]、同年 8 月「FUNDAVLOG」というウエブ上で最初に使用されている[6]。インターネットの普及、SNS 利用者の増大がクラウドファンディングを可能にしたといえる。

3. 我が国のクラウドファンディングの市場

　クラウドファンディングは、2008 年のリーマン・ショック以降世界各地で広がりを見せている[7]。また、日本では東日本大震災をきっかけに、新たな資金調達方法として注目されている。

　国内のクラウドファンディングの市場推移は、資金調達額ベースでみると、着実に市場規模は増加傾向にあり、2022 年度は 1,909 億円と 1,900 億円を超すと予想されている。これらを図表 1 に示す。

図表1　国内クラウドファンディングの新規プロジェクト

支援額（市場規模）推移

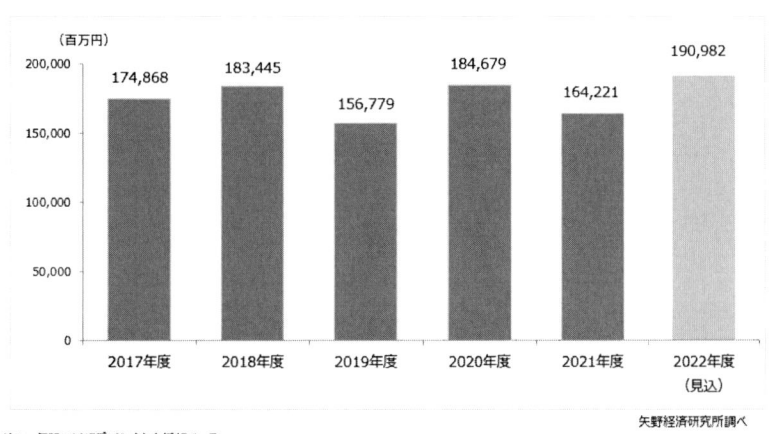

注1．年間の新規プロジェクト支援額ベース
注2．2022年度は見込値
注3．「事業投資型」「不動産型」「寄付型」「購入型」「貸付型（ソーシャルレンディング）」「株式型」の6類型を対象とした。但し、ふるさと納税サイトは対象としていない。

（出所:矢野経済研究所（2022）HP[8]から転載）

4．クラウドファンディングの構成

　　クラウドファンディングの定義や用語については、学問的にも実務的にも、まだ確定されたものはなく、たとえばクラウドファンディングプラットフォームの運営業者が図表2のとおり各々独自の言い回しをしている。

図表2　クラウドファンディング関連の呼称

①クラウドファンディング運営業者	READYFOR	マクアケ	CAMPFIRE	Kickstarter
②資金調達者	実行者	プロジェクト実行者	プロジェクトオーナー	クリエイター
③資金提供者	支援者	サポーター	支援者	バッカー（支援者）
④リターン	リターン	リターン	リターン	リワード

（出所：筆者作成）

　図表 3 は、購入型の流れを示している。資金を必要とする資金調達者と資金を提供する資金提供者、そしてその両者の資金を仲介するプラットフォーマーが、クラウドファンディング運営業者である。資金調達者は、資金提供のお礼（リターンまたはリワード）を資金提供者に提供する。

図表 3　クラウドファンディングの流れ

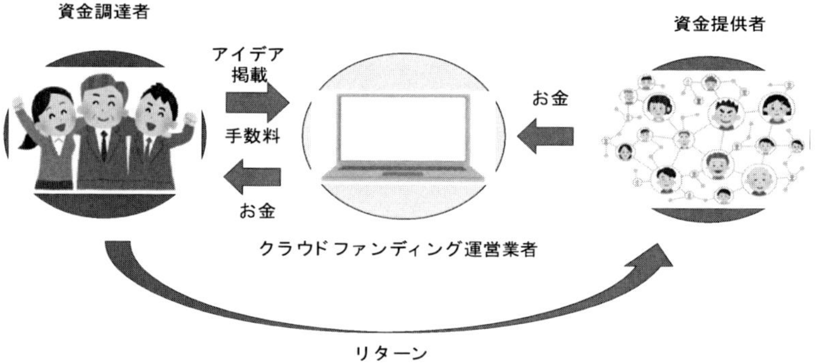

（出所：筆者作成）

5. クラウドファンディングの類型とその特色

　クラウドファンディングは、図表 4 のとおり金融商品取引法の適用を受けないもの（寄附型、購入型）と提供をうけるもの（融資（貸付）型、ファンド型、株式型）に大きく分類することができる。

図表 4　クラウドファンディングの類型

金融商品取引法の適用	受けない		受ける		
名　称	寄附型	購入型 （報酬型）	金融型		
			融資（貸付）型	ファンド型	株式型
	（ふるさと納税型）		（ソーシャルレンディング）		（未公開株投資型）
英語表記	Donation-based	Rewards-based	Lending(Debt)-based	Crowdinvesting-based Royalty-based	Equity-based

（出所：筆者作成）

　寄附型クラウドファンディングは、ウエブ上で寄附を募るものである。金銭的な「リワード」あるいは「リターン」は想定されていないものである。

　購入型クラウドファンディングとは、ウエブ上でものづくりなどのプロジェクトに対して資金調達が行われ、そのプロジェクトの成果となるモノやサービスなどが対価として資金提供者に還元される [9]。このお返しを「リターン」と呼んでいる。「購入型」のクラウドファンディングの特徴のひとつであり、「リターン」はクラウドファンディングプロジェクトの成否を左右する仕組みのひとつである。購入型が日本で最初に普及したクラウドファンディングである [10]。ふるさと納税制度とクラウドファンディングを組み合わせたものをふるさと納税型クラウドファンディング [11] またはガバメントクラウドファンディング（Government Crowd Funding、GCF）という [12]。従来の制度よりも幅広い用途で資金を利用できるメリットがある。

　金融型クラウドファンディングは、次の3つの類型に分けることができる。第1は、融資（貸付）型クラウドファンディングである。金融庁の HP[13] によると「いわゆるソーシャルレンディング（融資（貸付）型のクラウドファンディング）とは、インターネットを用いてファンドの募集を行い、投資者からの出資をファンド業者を通じて企業等に貸付ける仕組み」と定義されている。ソーシャルレンディングは、銀行等の金融仲介機関を経由せずに、インターネットを用いて不特定多数の者から資金を集めることによって、融資・貸付の原資を調達するものであり、資金提供者は個人投資家が多く、資金調達者としては企業が多く、機関投資家が資金提供者となる場合や個人が資金調達者となる例もある。融資（貸付）型は、主に運転資金における「銀行融資」の代替手段として注目される [14]。

　第2は、ファンド型クラウドファンディングである。あるプロジェクトに対して匿名組合契約 [15] を設定し、インターネット上のプラットフォーム（代表的なものは「セキュリテ」であり、運営会社はミュージックセキュリティーズ株式会社である）を介して出資をおこなうものである。事業者は、当該プロジェクトを行うための資金を出資によって調達し、投資家はプロジェクトに対して出資をおこない、プロジェクトから発生した利益の分配を受ける。出資（投資）期間は、相対的に長く、10年に及ぶものもあるが、2〜5年の中期のものが多い。事業者の資金調達規模は、数百万円から1億円程度、最低出資額は一口1万円程度のものか

ら高額のものまで、多様である [16]。

第3は、株式型クラウドファンディングである。インターネット上のプラットフォームを利用して、未公開株（Private Equity）に投資する。株式未公開（非上場）のベンチャー企業や中小企業などが発行する株式を購入するものであり、日本では、2015年5月に金融商品取引法が改正され、解禁された。取扱業者は、第1種金融商品取引業の登録、もしくは第1種小額電子募集取扱業者の登録が必要である。

日本では、株式型クラウドファンディングにおける企業の資金調達額、投資家の同一企業の未公開株式購入額が設定されており、企業の株式型クラウドファンディングを通じた資金調達額は年間1億円未満、投資家の同一企業の未公開株式購入額は年間50万円以内とされている [17]。また、購入申し込みから8日以内であれば、申込みを撤回できる [18]。

クラウドファンディングの募集形式として、All or Nothing（オール・オア・ナッシング）とAll-In（オールイン）の募集形態がある。All or Nothingは、支援金額が目標金額に達した場合、支援金を受け取ることが可能となるが、目標金額に到達できなかった場合は、支援金は資金提供者に返金される。All-Inは、目標金額の到達・未達に関わらず集まった支援金を受取る形式である。

6. 我が国の購入型クラウドファンディング運営業者

我が国の購入型クラウドファンディングとしてオールラウンド型の第1は、Makuake（マクアケ）である。2013年5月会社設立、サイバーエージェントグループが運営しているサイトである。金融機関との連携が90機関を超え2018年中に100機関に達する見込みである。これまでに約4,000件のプロジェクトを成立させている。大手銀行や地域銀行、信用金庫などとの連携要因は、Makuakeの力が大きく、同社取締役によれば「既存資金提供者の購入リピート率が高く、プロダクトや飲食などの主要分野で業界首位を占めており、常に話題を発信している。」と分析している [19]。プロジェクトには、プロダクト、ファッション、食品、地域活性化、テクノロジー、社会貢献、映画、アニメ、音楽がある。2016年に大ヒットした「この世界の片隅に」は、Makuakeでクラウドファンディングを行い、2015年3〜5月、3,374人から39,121,920円を集めた [20]。

　第 2 は、CAMPFIRE（キャンプファイヤー）である。2011 年 6 月運用開始、音楽、アート、アイデア商品等クリエイティブ系のプロジェクトに強みを持つ大手クラウドファンディングプラットフォームの一つである。

図表 5　寄附型・購入型クラウドファンディング運営業者

クラウドファンディング 運営業者	特　長	クラウドファンディング 運営業者	特　長
READYFOR	日本初のクラウドファンディングサイト。寄附型に強み、社会貢献関連のプロジェクト多数。キュレーターのサポートがある。	MOTION GALLERY	映画や芸術等「創造的なプロジェクト」を支援。Indiegogoとも連携し、日米同時掲載を謳い文句としている。2011年創設。新たにガバメントクラウドファンディングの取り扱いを開始した。
Good Morning	CAMPFIREの寄附型クラウドファンディングサイト	UNEEDZONE	ドラマCD、イベント系プロジェクト、アニメ、ゲーム系
A-port	朝日新聞社系サイト。寄附型もある。	WonderFLY	ANA㈱が運営。資金提供者はANAのマイルを使用することもできる。
Makuake	2019年11月東証マザーズ上場。2022年4月よりグロース市場。新商品・サービスのテスト販売に強み。	En j !NE	㈱Relicが提供するSaaS型クラウドファンディングプラットフォーム。日経「未来ショッピング」等複数サイトい同時掲載が可能。
CAMPFIRE	テレビCMで話題。国内最大級。取り扱うジャンル・規模幅広い。 2012年宮崎から生まれた地域密着型FAAVOを2018年5月に事業譲受け	未来ショッピング	日本経済新聞社が運営。
machi-ya	CAMPFIREが運営。デジタル家電などガジェット関連が強み。	COUNTDOWN	購入型。信販大手ジャックスと連携。審査の厳しさご定証。
BOOSTER	CAMPFIREが運営。CAMPFIREとPARCOとの共同プラットフォーム	DISCOVER	動画ショッピングサイトの位置付。
Kibidango	クラウドファンディング型EC事業、2013年設立。プロジェクト成功率率8割を謳っている。	academist	研究費獲得特化型
GREEN FUNDING	CCC（TSUTAYA）グループが運営。プロジェクト成功率の高さを謳っている。	トラストバンク	ふるさと納税事業（個人・企業版）「ふるさとチョイス」等の運営。地域通貨事業等も行っている。2019年12月寄附型クラウドファンディング「ジャパンギビング」譲受。

（出所：筆者作成）

　第 3 は、READYFOR（レディーフォー）である。同サイトは、購買型クラウドファンディングであるが、社会貢献と社会福祉系のプロジェクトが主体のプラットフォームである。新聞社系のクラウドファンディング運営業者では、A-port(エーポート)がある。A-port は、朝日新聞社が運営する寄附型と購入型のクラウドファンディングサイトである。新聞社が運営する各種メディアへの掲載の可能性があるため、プロジェクトを最大限に PR することができる。この他 GREEN

FUNDING（グリーンファンディング）は、CCC(TUTAYA)グループが運営する
サイト、モール型という新しいかたちのクラウドファンディングを推進している。
MotionGallery（モーションギャラリー）は、世界最大級のクラウドファンディン
グサイト Indiegogo(インディゴーゴー)[21]と提携している購入型サイトであり、
映画、音楽、アートなどのクリエイティブ系のプロジェクトを数多く掲載してい
る。購入型クラウドファンディングの特長は、それぞれの運営業者が得意なジャ
ンルをもっているということである。たとえば社会貢献のジャンルであれば、
READYFOR、スタートアップビジネスであれば Makuake、映画、アート、音楽で
あれば MotionGallery、学術系の研究費獲得であれば academist（アカデミスト）
といった特長がある。

　クラウドファンディングでは運営業者選びのポイントとして、運営業者の特長
をよく把握し、サポートの良し悪しや手数料、ユーザー数、成功率といったポイ
ントも検討材料として重要となる。

7. 活用事例

　以下の事例は、新聞で紹介された地域の課題、地球規模の課題に挑戦する大学
生の3つの事例である。

　第1は、大学と地元金融機関等が連携して地域貢献活動に取り組む事例である。
日本福祉大学と知多信用金庫、半田中央印刷、地元ケーブルテレビ CAC が業務
提携し、知多信用金庫と2社が運用する「ちたクラウドファンディング」を活用
して、同大学が取り組む子ども食堂や空き家を利用したコミュニティー作りなど
地域貢献活動をサポートする取り組みである[22]。

　第2は、地域の課題解決のために、地元産品を生産販売する企業にアイデアを
提供し、その新たな製品を販売する購入型クラウドファンディングを活用した事
例である。滋賀県甲賀市の製茶販売業者「丸安茶業」は、金沢星陵大学のゼミの
提案をもとに、クラウドファンディング運営業者 Makuake を活用して、廃棄茶葉
を利用した「お茶クレヨン」を企画し、目標金額を大きく超えるプロジェクトと
なった。茶葉農家が減少するなか、生産環境が厳しくなっているとの課題があり、
その実態を知って欲しいとの願いがある[23]。

　第3の事例は、世界的な課題解決に挑戦する大学生の資金調達の事例である。

カナダのモントリオールで開催された「国連生物多様性条約締結国会議（COP15）」と並行して日本の大学生2人が、生物多様性保全に取り組むユース団体のメンバーとしてブースを出展した。新型コロナウィルスの影響で予算オーバーとなり交通費や宿泊費など活動に関わる支援をクラウドファンディングで資金を募集した事例である[24]。

　これらの事例以外にも、多くのプロジェクトが誕生している。

8. 結論

　課題に果敢に挑戦する大学生にとって、資金調達手段としてクラウドファンディングは身近で、活用しやすい手段といえる。Indiegogo の共同創設者兼 CEO である Slava Rubin (2013)は、「30 日以内に 100 万ドルを調達する方法」というタイトルのプレゼンテーションの中で、クラウドファンディングプロジェクトの成功には、内輪の仲間の資金が重要なファクターであることを述べている[25]。また、家入（2017）によると、クラウドファンディングの成功は、リアルな人脈がプロジェクト成功の鍵であり、「SNS 等で普段からメッセージをたくさん発信してフォロワーが多い人、ブログの購読者が多い人や面倒見がよくていろいろな人から慕われているような人なら、支援者集めで悩むケースはあまりない」と述べている[26]。LINE、Facebook、Twitter といった SNS（Social Networking Service）の活用は、まさに情報の非対称性を減少させる有効なツールである。また、松尾（2016）も、「地域に密着した人間関係がクラウドファンディングによる資金調達の重要な要素である」ことを指摘している[27]。クラウドファンディングを活用すれば多くの協力者を獲得できる。そのためには、「活動報告」や「新着情報」といったプロジェクトの進捗状況をタイムリーに発信することが重要である。また、プロジェクト終了時には、プロジェクトに協力してくれた資金提供者に対して支援に対する感謝の意を伝えることも大切である。万が一プロジェクトが予定通りに行かない等トラブルの発生時には、速やかに誠意をもって状況を説明し、対応を示すことが肝要である。こうした発信が、クラウドファンディングの特長とも言えるコミュニティの拡大を促進していくことになる。クラウドファンディングらしい繋がりが、新たなプロジェクトを企画実施する場合の大きな力となる。

9．おわりに

　喜劇王チャップリンの映画「ライムライト」で人生への絶望から自殺を図った踊り子テリーにチャップリン扮する老道化師カルベロは彼女を救い、元気づけようとするシーンがある。そのカルベロのセリフに「人生は恐れさえしなければ素晴らしいものなんだ。人生に必要なものは、勇気と想像力と、ほんの少しのお金だ。「Life can be wonderful if you're not afraid of it. All it takes is courage, imagination and a little dough」[28]がある。山本（2014）は、『クラウドファンディングとは、「勇気」と「想像力」で「少々のお金」を得ることである』と述べている。前述のセリフに含まれているように、クラウドファンディングによって得た人と人との繋がりによって得たお金が、まさにチャレンジしようとする大学生の背中を押すことになる。勇気と想像力をもって可能性にチャレンジしていくことは、大学生をはじめとする、若者の特権といえよう。

註

1）　勧進とは、人に勧めて仏道に入らせ、善根功徳（くどく）を積ませること。勧化（かんげ）ともいう。たとえば念仏を勧めることを念仏勧進という。転じて、善根を積ませる意味で、寺院を建立・修繕する際、信者・有志者に説き勧めて費用を奉納させることをも意味した。勧進の趣意を記した寄付帳を勧進帳という（日本大百科全書参照）

2）　西山恵太（2015）『クラウドファンディングを活用した新製品開発』野村総合研究所、p.1

3）　山本純子（2014）『入門クラウドファンディング』日本実業出版社、pp.20-21

4）　Tamra,Orr.,(2019),"CROWDFUNDING",Cherry Lake Publishing,p.6。

5）　同上、p.5

6）　山本、前掲　3）p.23

7）　The World Bank（2013）*"Crowdfuding's Potential for the Developing World"*p45、訳筆者

8）　矢野経済研究所 HP 国内クラウドファンディング市場の調査を実施（2022年）https://www.yano.co.jp/press-release/show/press_id/3042/（閲覧日：

2022 年 10 月 20 日）

9）　松尾順介(2014)『クラウドファンディングと地域再生』証券経済研究第 88 号、p.19

10）　同上、p.19

11）　総務省 HP http://www.soumu.go.jp/main_sosiki/jichi_zeisei/czaisei/ furusato/mechanism/about.html/　（閲覧日：2021 年 10 月 30 日）

12）　「今、ガバメントクラウドファンディングのように、『こういうことをやりますから』という寄附の募り方もやっていて、それも随分成功しているところがあります。」
2017 年 9 月 26 日野田聖子総務大臣閣議後記者会見発言から
https://www.soumu.go.jp/menu_news/kaiken/01koho01_02000628.html
（閲覧日：2021 年 10 月 30 日）。

13）　金融庁 HP『ソーシャルレンディングへの投資にあたってご注意ください』
https://www.fsa.go.jp/ordinary/social-lending/index.html（閲覧日：2022 年 9 月 12 日）。

14）　井上徹(2017)『クラウドファンディングを巡る諸問題：展望』横浜経営研究第 38 巻第 2 号、pp.38-40

15）　匿名組合契約は、商法第 535 条に規定されている契約形態で、出資者（匿名組合員）が営業者の事業のために出資し、営業者がその事業により生ずる利益を出資者に分配することを約束する契約のことをいう

16）　松尾、前掲 9)p.20

17）　2022 年 1 月、金融商品に対する十分な知識、経験、財産、リスク管理能力等を有していると考えられる特定投資家については、1 名当たりの投資額上限(50 万円)が撤廃された

18）　井上、前掲 14)p.43

19）　ニッキン（2018 年 8 月 10 日）記事参照

20）　中山亮太郎（2017）『クラウドファンディング革命』PHP 研究所、p.3

21）　Indiegogo は、2008 年に設立されたアメリカの大手クラウドファンディングプラットフォームである

22）　「広がる CF 連携の輪」ニッキン、2022 年 5 月 13 日

23) 「廃茶葉から 5 色クレヨン」神戸新聞、夕刊、2022 年 7 月 13 日

24) 「CF 募り COP 現地参加」朝日新聞、夕刊、2022 年 12 月 9 日

25) "Slava Rubin-How to Raise \$1 Million in 30 Days or Less"「Slava Rubin 30 日 以 内 に 100 万 ド ル を 調 達 す る 方 法 」[Video].YouTube. https://www.youtube.com/ watch?v=3YNLB85UIFA（閲覧日：2021 年 10 月 30 日）。

26) 家入一真(2017)『なめらかなお金がめぐる社会』ディスカバー・トゥエンティワン、p.72

27) 松尾順介（2016）『クラウドファンディングの拡大と多様化』証券レポート、 1695 号、p.19

28) dough のもとの意味は、パン等の生生地のことであるが、「お金」を意味する米語のスラングである

参考文献

[1] 家入一真(2017)『なめらかなお金がめぐる社会』　ディスカバー・トゥエンティワン

[2] 井上徹(2017)『クラウドファンディングを巡る諸問題：展望』横浜経営研究、第 38 巻第 2 号

[3] 中山亮太郎（2018)『クラウドファンディング革命』　PHP 研究所

[4] 西山恵太(2015)『クラウドファンディングを活用した新製品開発』　野村総合研究所

[5] ニッキン(2018) 日本金融通信社、8 月 10 日記事

[6] 山本純子(2014)『入門クラウドファンディング』　日本実業出版社

[7] 矢野経済研究所『国内クラウドファンディング市場の調査を実施（2022)』https://www.yano.co.jp/press-release/show/press_id/3042　（閲覧日：2022 年 10 月 20 日）

[8] 松尾順介(2014)『クラウドファンディングと地域再生』証券経済研究、第 88 号

[9] 松尾順介(2016)『クラウドファンディングの拡大と多様化』証券レポート、1695 号

中島　晋

[10]　Tamra,Orr.(2019)"*CROWDFUNDING*", Cherry Lake Publishing.

[11]　The World Bank.(2013) *"Crowdfuding's Potential for the Developing World"*

電動アシスト自転車におけるイノベーションについて

伊達　宗弘

1. はじめに

　昨年、税務署に「製品の企画・開発・評価の支援」を生業とする個人事業の開業届を提出した。ちょうどその日に、前期高齢者の介護保険証が送付されてきて、何か、年寄りの冷や水と言われているような気がした。気を取り直して、今までの仕事の振り返りと、今後の仕事のスタイルを決定する良い機会になればとの思いで、本報告をまとめることにした。

2. 品質機能展開について

　図表1はポーターが『競争優位の戦略』で示したバリューチェーンを、エンジニアリングチェーンとサプライチェーンに分けて記載したものである[1]。エンジニアリングチェーンの市場調査、商品企画、製品設計といった源流段階で、その商品の品質やコストは80％が決まるといわれる[2]。

図表1　エンジニアリングチェーンとサプライチェーン

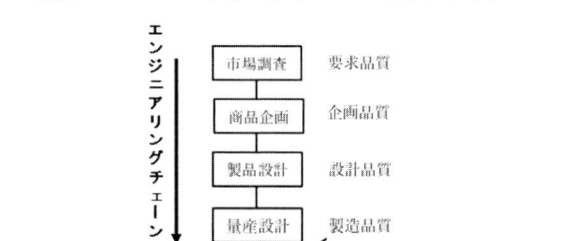

（出所：日野三十四「2017」、

『エンジニアリング・チェーン・マネジメント』を参考にして筆者作成）

　筆者はスポーツ用品や介護商品、電動アシスト自転車、環境配慮型商品などの日用品を中心に、このエンジニアリングチェーンの源流段階に 40 年以上関わってきたことになる。商品開発にあたっては、市場調査により商品やサービスに対する顧客要求を把握することが最も重要である。品質目標でいえば、顧客の要求品質を把握して、顧客のニーズを明確化することであり、商品やサービスの企画開発の起点となる。数ある要求品質の中で特に着目すべき項目を明らかにして、これを企画品質とする。これらの要求品質、企画品質を具現化するものが設計品質である。これら一連の企画開発の流れを品質機能展開という。一般的に、商品開発における市場調査では、3 C 分析（顧客・競合・自社）が重要となる。顕在あるいは潜在する顧客ニーズを、POS 情報やアンケート、インタビューから得られる VOC(顧客の声)で正しく捉える。この段階で市場をセグメントに分けて顧客グループを把握する。エンジニアリングチェーンではこれら顧客の定性的データを多変量解析などの統計手法で分析して、品質特性に展開することが重要となる。いわゆる、データマイニングである。競合他社動向、業界動向、技術動向については、特許分析、他社商品ベンチマークで調査する。そして、それらを自社の保有する技術と対比して、技術課題を把握する。特定セグメントの顧客グループにターゲットを絞り、自社の投入する商品やサービスを決める。これが、STP（セグメンテーション・ターゲティング・ポジショニング）である。自社の保有技術あるいは業界の技術だけで、顧客要求を満足しない場合には、技術革新により新たに技術を作り出す必要がある。シュンペーターは、イノベーションは5つの新結合「新しい製品」「新しい生産方式」「新しい販路開拓」「原料、半製品の新しい供給源の獲得」「新しい組織の実現」であるとしている。技術革新では、「新しい製品」「新しい生産方式」が主体となるが、販路開拓、営業戦略や調達戦略といった新結合も必要である。

　本報告では、電動アシスト自転車の商品開発における破壊的イノベーション、持続的イノベーション[3)]を取り上げる。電動アシスト自転車がいつ生まれ、どのような経緯を得て身近な乗り物になったのかを説明する。

3. 電動アシスト自転車の構造について

電動アシスト自転車は自転車の人力による駆動力と、原動機付自転車のモータ

による駆動力をハイブリッドさせたものである。原動機付自転車は自走可能であるが、電動アシスト自転車は自走することはない。脚力に合わせて、モータが出力して人力を補助する。この点で、両者は大きく異なる。

図表2　電動アシスト自転車の構造

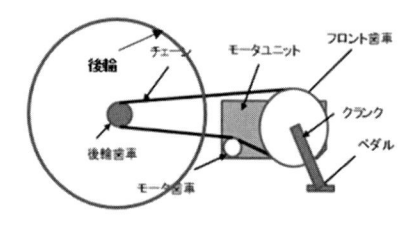

（出所：筆者作成）

電動アシスト自転車の構造を図表2に示す。現在主流のセンターモータ駆動方式といわれるものである。電動アシスト自転車も普通の自転車と同じように、人のペダルを踏む力はフロント歯車、チェーンを介して後輪歯車に伝達され、後輪は回転する。これが人力による駆動力である。電動アシスト自転車の場合には、このペダルを踏む力をモータユニット内のトルクセンサで検出する。モータユニット内にはコントローラやモータがあり、このトルクセンサで検出された人力に応じて、モータがモータ歯車を回転させ、その力がチェーンに伝達される。コントローラはこれらの制御を行う。現在の道路交通法では、電動アシスト自転車の速度が10 km/h未満では、ペダルを踏む力を1とすると、それに対するモータ補助力は最大2となる。電動アシスト自転車は、踏む力1とモータ補助力2を足した最大3の力で駆動することになる。10 km/h以上では、走行速度が上がるほどアシスト比率を減少させて、24 km/hを超えるとこのモータ補助力は0になる。速度が24 km/h以上になると、人力でしか走ることができないのである。現在、人力とモータのアシスト比率は最大1：2であるが、2008年末の道路交通法の改正までは、アシスト比率は最大1：1であった。

4.　電動アシスト自転車の販売台数について

　図表3に自転車総需要と、国内製自転車の生産台数並びに電動アシスト自転車の販売台数を示す。横軸は1993年から2022年の各年度を、縦軸は各台数（万）を表している。自転車販売台数は、不況や災害時に増加すると言われる。現に1995年阪神淡路大震災、2011年の東日本大震災の際には自転車総需要は伸びている。しかし、全体で見ると自転車総需要は2004年をピークに年々減少している。これは、自転車を保有する台数が増加して、日本市場では飽和に達したと考えられている。また、1994年頃には、自転車総需要の75%は国内で生産されていたが、中国などで生産されるようになると、国内生産は急減した。最近では自転車国内生産数と電動アシスト自転車（主要メーカは国産）の販売台数とほぼ同数であり、国内生産自転車の大半が電動アシスト自転車であるといえる。

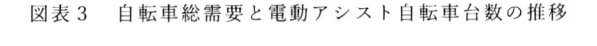

図表3　自転車総需要と電動アシスト自転車台数の推移

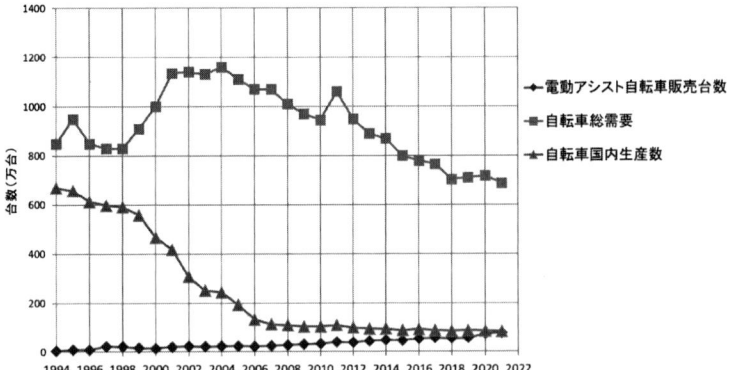

（出所：自転車産業振興協会[2019]『国内自転車生産・輸出入の
長期的推移』より集計して筆者作成）

　図表4は、図表3の電動アシスト自転車台数の推移を拡大したものである。実線は1993年から2022年までの販売台数を表し、破線は市場成長率を3年間ごとに移動平均したものである。図表に記載の導入期・成長期・成熟期は、電動アシスト自転車の製品ライフサイクル[4]を表している。

図表 4　電動自転車販売台数推移

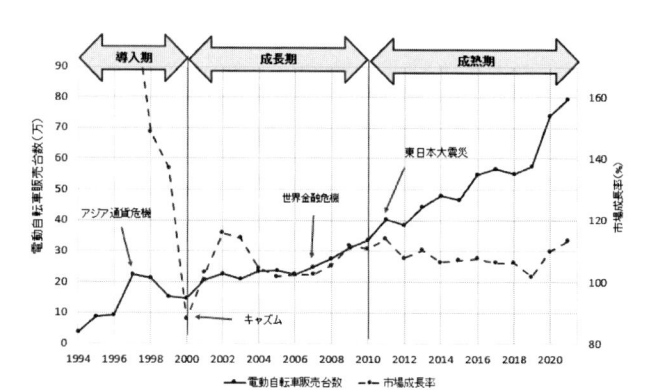

（出所：自転車産業振興協会[2019]『国内自転車生産・輸出入の長期的推移』より集計して筆者作成、ライフサイクルは明田久稔[2021]『国立科学博物館技術の系統化調査報告 Vol.30』を参考にして筆者作成）

　1993 年に、世界で初めて電動アシスト自転車をヤマハ発動機（以下ヤマハ）が上市して、導入期が始まった。その発明が画期的であったのは、アシストという考え方である。人力の大きさに応じて、モータが人力をアシストするが、走行感覚は普通の自転車と全く変わらない。ヤマハはこの商品開発において、徹底した品質機能展開を行った[4]。要するに、電動アシスト自転車の操作感覚が、従来の自転車と変わらないように、顧客の要求品質を品質特性に展開して、設計品質を決めたのである。ヤマハは自転車フレームの製造をしていないため、自社のモータユニットをブリヂストンサイクル（以下ブリヂストン）に供給して、完成車をブリヂストンで OEM 生産する方式をとっている。ヤマハのバイクから生まれたモータ技術とブリヂストンの自転車生産技術の新結合である。両者、それぞれが得意とする技術を持ち合わせ、シナジー効果を生み出したのである。この新結合がなければ、電動アシスト自転車の誕生はなかったといえる。本来、電動アシスト自転車はモータを搭載しているため、道路交通法上は原動機付自転車のカテゴリーとなる。このカテゴリーでは、免許やヘルメットが必要となる。ヤマハは道路交通法上、電動アシスト自転車が自転車のカテゴリーとして認められるように、ロビー活動を行い法改正に至った。このヤマハの画期的な商品が上市されると、

自転車メーカだけではなく本田技研工業・スズキ・三洋電機等の異業種企業が、この電動アシスト自転車市場に参入した。図表4に示すように、1997年頃までは順調に販売台数が増加しているが、1997年頃から2000年にかけて販売台数、市場成長率が急激に低下している。2001年〜2003年は115％に成長率は増加している。2009年〜2011年の110％をピークに減少に転じている。市場成長率110％が成長期と成熟期の変化点[5]といわれる。このことは、2000年〜2008年は成長期、2010年頃が成熟期への変化点、2012年からは成熟期と考えられる。直近の2020年以降はコロナ禍で公共移動手段を回避するために、電動アシスト自転車の市場成長率は急増しており、110％を超えた状態にある。しかし、今後この市場成長率はコロナ前の成長率に戻ると推測する。明田氏[4]は、市場成長率が急激に低下した1998年〜2001年を過渡期としている。過渡期であることは間違いないが、筆者はこの時期にキャズムが発生していたと考える。（キャズムについては次章で説明する）2001年〜2003年の急激な市場成長率の増加は、市場を大きく変化させるイノベーションが発生して、キャズムを超えたことを表している。

5．電動アシスト自転車の普及プロセスとキャズムについて

これまでにない新商品やサービスが市場に投入されると、図表5のような普及プロセス（採用者と採用時期）に従って市場に受け入れられるようになる。

図表5　新商品の採用時期と採用者の分類

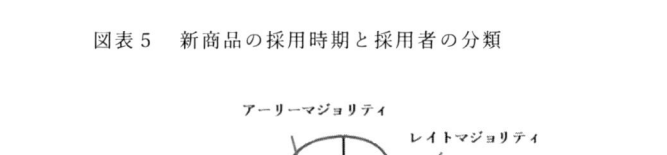
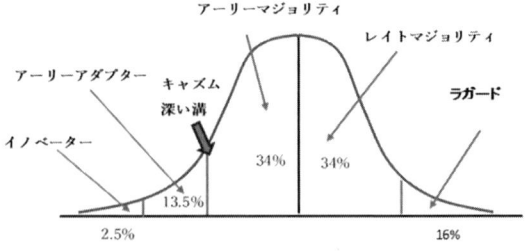

（出所：https://btobmarketing-textbook.com/product-life-cycle/

（BtoBマーケティングの教科書）を参考にして筆者作成）

　新商品を最初に使用するものがイノベーターである。イノベーターは、自らの問題解決のために自らの判断で率先して使用する。イノベーターに続いて新商品を採用するのがアーリーアダプターである。イノベーターよりは慎重であるが、全体から見れば早い段階で採用を決める。また、アーリーアダプターは、イノベーターたちの行動を理解して一般の人々に分かる形で情報を伝えるオピニオン・リーダーの役目をする[6]。以降のアーリーマジョリティ、レイトマジョリティは、イノベーターやアーリーアダプターの情報をもとに行動するといえる。ラガードは最後まで新商品を採用しない。キャズムは、アーリーアダプターとアーリーマジョリティの間の大きな溝である[7]。

　電動アシスト自転車の導入期には、日々の移動手段に難があり自転車に乗車したいという高齢者が大半であった。彼らがイノベーター・アーリーアダプターとして、市場の初期段階を形成した。この導入期では、商品に持続的な改良を加える技術進化はあったものの、各社ともに「重量が重い、ペダル回転の抵抗が大きい（トルクセンサが機械式であったため、ペダル回転の抵抗が大きかった）、モータ音がうるさい、外観が悪い」などの問題を抱え、それを完全に解決することはできなかった。これらの負の要因が、電動アシスト自転車の市場成長率の低下を招いたと考える。また、アーリーマジョリティとなる大半の高齢者や非力な女性は、この参入期の商品に魅力を感じていなかったといえる。

　ナショナル自転車工業（現在のパナソニックサイクルテック、以下パナソニック）はこれらの負の要因を一掃して、現在の電動アシスト自転車の原型（ドミナントデザイン）になる画期的な商品を開発した。要するに、徹底的に顧客の要求品質を把握して、設計品質に品質機能展開することにこだわった。トルクセンサは非接触式として従来の1/5の抵抗とした。また、図表2に示したようにモータからの駆動力はモータ歯車でチェーンに直接伝達するため、モータの駆動伝達効率は向上した。（従来はクランク軸で合力させていたため、効率が良くなかった）小型軽量で低騒音のモータユニットを開発した。また、2002年には電動アシスト自転車として、世界で初めてリチウムイオンバッテリを採用した。自転車本来の軽量感、走行フィーリングを顧客の要求品質に近づけた。電動アシスト自転車の導入期におけるターゲットは、高齢者であった。2000年当時、パナソニックが上市した商品も高齢者、非力な女性をターゲットにしたものである。しかし、走行

フィーリングが普通の自転車に近いため、結果的に広い層に受け入れられることとなった。

　電動アシスト自転車が生まれて 30 年となる。坂道、街を軽快に走行できる電動アシスト自転車は、若い女性、あるいは幼児の保育園の送り向かえ、長距離通学する学生用など幅広い層に使用されている。

　電動アシスト自転車の破壊的イノベーションは、2 つある。1 つは、ヤマハが非常な苦労を重ね電動アシスト自転車を上市したこと、もう 1 つは、大きな技術革新となるパナソニックの商品の実現などにより、このキャズムを飛び越えたことにある。先に述べたように、2001 年～2003 年の急激な成長率の増加は、そのことを表していると考える。また、導入期に参入した異業種企業は、このキャズムを飛び越えることができず、市場から撤退した。各社の撤退原因としては、自転車のフレームが非常に特殊であること、自転車が低価格で薄利な商品であること、自社内に専用の製造設備への投資や技術開発投資の回収が見込めないこと、また、ヤマハやパナソニックが主要な特許を取得しており、新たな設計に制約を受けたことなどが考えられる。

6.　要求品質について

　市場の初期段階においてトップであつた企業が、キャズムを乗り越えることができなかった例は多い。初期段階の 2、3 番手であつた企業や異業種からの参入企業が、破壊的イノベーションとなる商品を市場に持ち込み、簡単にキャズムを乗り越え、成長期のトップ企業となった例もある。往々にして、初期段階のトッププランナー企業は、持続的イノベーションによる改良を繰り返し、顧客が必要とする性能、機能を超えた商品を作っていることがある。破壊的イノベーションといわれる商品は本来、広い層に受け入れられ扱いやすいものである[8]。参入期のトップ企業は、持続的な改良の前に、自社の商品が本来の要求品質をどの程度満足しているのかを検証しなければならない。この整合性が重要である。破壊的イノベーションを実現した企業に共通することは、その時代の使用者、使用環境を把握して、広い層の要求品質を捉え魅力的な商品づくりを行っていることである。そして、持続的イノベーションによる改良も本来はこの広い層の要求に近づくものでなければならない[8]。

7．まとめ

　国内の電動アシスト自転車が、順調に成長している大きな理由は、ヤマハ、パナソニックといった国内メーカが知財、製造ノウハウなどで先行優位性を発揮しており、海外商品の参入障壁となっていること、日本の道路交通法でアシスト比率が決められていること、日本の道路事情にあった走行フィーリングを実現するノウハウを各社が持っていることなどが挙げられる。

　今後、電動アシスト自転車が高い成長率を維持するためには、安全性が重要となる。商品としての安全性はもちろんのこと、自転車対歩行者、自転車対自動車の走行安全性、そして安全マナー教育、道路交通法による強い取り締まりなどが必要となる。また、高齢者や幼児の老若男女、自転車、車いす、キックボードなどが歩道を使用する。当然、歩道における事故発生の危険性は高い。一方、「ウォーカブルなまちづくり」[9]が国土交通省で推進されつつあるが、そのためには、自動車などの高速移動、自転車・電動アシスト自転車の中速移動、歩行者・車いすの低速移動などを前提にした街づくりが必要である。また、電動アシスト自転車の利用価値を高めるには、それを使用したコト作りの場、すなわち、経験価値を備えたサービスも必要となる。特に、街づくり、町おこしに電動アシスト自転車を採用する際には、「B to B to C with Government　（自治体連携に基づく、メーカと地域企業による顧客サービス）」の考えが重要となる。公益としてのコト作りにおいても、顧客ニーズを捉えることが重要であり、企業や自治体の思い込みや誘導で顧客ニーズからかけ離れることがあってはいけない。

　本報告では電動アシスト自転車を例に挙げ、導入期の顧客の要求品質の把握と、自社技術を踏まえた企画品質、設計品質との整合性がいかに重要であるかを述べた。特に、破壊的イノベーションは、広い顧客の要求品質を捉え、安価で魅力的な商品やサービスの提供にあると改めて認識した。そして、それは先陣を切る者、キャズムを飛び越える者の必要条件である。

　最後に、私の仕事「製品の企画・開発・評価の支援」のスタイルについて、考えたことを述べる。仕事を下さる依頼先の状況によって支援内容は変わるのであるが、まず顧客の要求品質の把握である。ネットアンケートなどをもとに統計手法を用いて分析（必要に応じて特許分析）する。次に、この要求品質を依頼先の保有技術により実現することが可能かを検討・評価して、それらのギャップ、す

なわち課題を明確にする。そして、依頼先の思いや夢を共有しながら、技術者倫理の視点（公衆の安全、健康、福利）も踏まえてこの課題を解決する。この要求品質から設計品質に至る支援が、今後の私の仕事スタイルかなと感じた。

註

1）　日野三十四[2017]　引用して参照

2）　圓川隆夫[2009]　引用して参照

3）　クレイトン・クリステンセン[2003]引用して参照

4）　明田久稔[2021]引用して参照

5）　新藤晴臣[2015]、Henderson[1973]引用して参照

6）　黒岩健一郎　他[2017]引用して参照

7）　https://btobmarketing-textbook.com/product-life-cycle/
　　　（B to B マーケティングの教科書）引用して参照

8）　クレイトン・クリステンセン[2003]引用して参照。
　　　従来技術の性能が高すぎて顧客の要求品質を超える場合がある。また、持続的イノベーションが行われるたびに、顧客の要求品質からかけ離れたものになる。ちょうど、スマートフォンやリモコンなどに付加された機能などがこれに当たる。破壊的イノベーションにより、顧客の要求品質を満足させることができる。

9）　https://www.mlit.go.jp/toshi/content/001326427.pdf
　　　ウォーカブルなまちづくり　国土交通省　都市局　街路交通施設課

参考文献

[1] 明田久稔（2021）『電動アシスト自転車の技術系統化調査』国立科学博物館　技術の系統化調査報告　Vol.30 2021. March

[2] 圓川隆夫（2009）『オペレーションズ・マネジメントの基礎』朝倉書店

[3] 黒岩健一郎、水越康介（2017）『マーケティングをつかむ　新版』有斐閣

[4] クレイトン・クリステンセン（2003）『イノベーションの解』翔泳社

[5] 自転車産業振興協会（2019）『国内自転車生産・輸出入の長期的推移』

[6] シュンペーター,J.A(1977)『経済発展の理論』(上)(下)岩波書店(Schumpeter, J,A.(1961)The Theory of Economic Development,Oxford University Press.)

[7] 新藤晴臣（2015）『アントプレナーの戦略論』中央経済社

[8] 日野三十四（2017）『エンジニアリング・チェーン・マネジメント』日刊工新聞社

[9] ポーター,M.E.　（1985）『競争優位の戦略』ダイヤモンド社（Porter,M.E. (1985) Competitive Advantage,The Free Press.）。

[10] Henderson,B. [1973] The Experience Curve Reviewed Ⅳ.Growth　Share Matrix or the Product Portfolio,Boston Consulting Group.

DX による日本経済再生の可能性

鈴木　康宏

1. はじめに

　日本企業の成長力が 1995 年頃を境に鈍化したままである。この状況はこれまで「失われた 20 年」と表現されてきたが、実際にはバブル崩壊以降 30 年経っても未だに回復基調に至らない。「失われた 30 年」になろうとしている。

　筆者が社会人大学院に入ってみようと考えたきっかけもこの長い低成長の原因は何なのだろうかということを追求したいと思ったからである。そして、その低成長状態を各企業の DX で突破できるのではないかと考えて DX の研究をおこなってきた。

　筆者が大学院に入学した 2018 年当時はまだ DX という言葉は一般的ではなくあまり知られていなかったが、あれから 5 年が経った今ではある意味バズワード化し、ほとんどの社会人が知っている言葉になったのではないかと思う。

　本論では、まず、日本企業の成長力が鈍化した 1995 年当時を振り返り、その後、世界ではどのようなことが起き、コロナ禍が一服したこれからの日本企業が行うべきことは何なのかということを比較制度分析の観点から紐解いてみたい。

2. 日本、米国、中国の GDP の推移

　まず日本と米国、中国の GDP の推移を見てみたい（図表 1）。

　日本はバブル発生前夜の 1980 年頃から米国を猛追し一時的には一人あたり GDP が米国を追い抜き世界一になった。1989 年の世界の株式時価総額ランキングのトップ 10 は、NTT（日本電信電話）、日本興業銀行、住友銀行、富士銀行、第一勧業銀行、IBM（米）、三菱銀行、エクソン（米）、東京電力、ロイヤル・ダッチ・シェル（英）と銀行を中心に日本企業が 10 社中 7 社もランキングされる状況に至った。ベスト 50 でみると実に 38 社の日本企業がランキングされていた。1979 年に出版されたエズラ・ヴォーゲル氏の「ジャパン・アズ・ナンバーワン」が 1980 年代にはベストセラーになり、筆者が大学生時代を過ごした 1983 年から

1988 年ごろはまさに日本が急成長する時代であり、このまま世界をリードし続け
ると筆者は信じていた。また、勤勉で真面目な国民性とトヨタの生産方式に代表
される日本のモノづくりがなぜ成功したのかについて世界でも研究されたころで
もあった。

図表 1 : GDP の推移

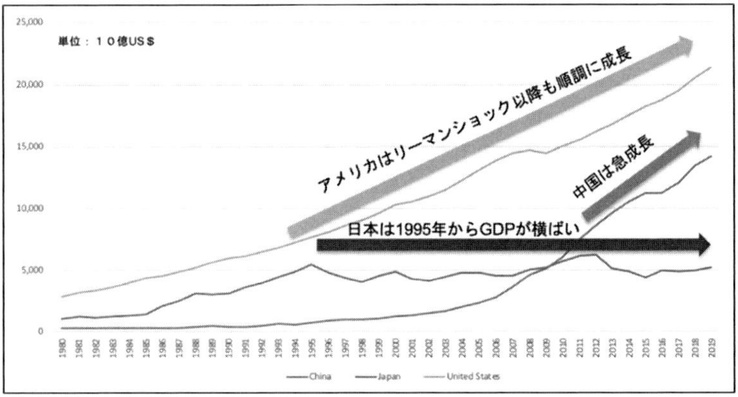

（出所：永井・村元(2019)をもとに筆者作成）

　ところが、その後バブルが突然崩壊し、1995 年ごろを境に日本は急にその成長
がストップしてしまうのである。
　一方、米国は 1990 年頃に普及し始めたインターネットによってデジタルネイ
ティブ企業が出現し始め、後の GAFA と呼ばれる Google、Apple、Facebook、
Amazon や Microsoft などのデジタル企業群の発展が経済成長を牽引するように
なり、その勢いはリーマン・ショック以降も衰えず現在に至っても順調に成長し
ている。
　中国は日本が停滞していくのと入れ替わるように、まず改革開放路線で国営企
業を中心に「世界の工場」として徐々に経済が成長するようになった。その後、
2000 年代に入ると製造業だけではなく、バイドゥ（百度）、アリババ、テンセン
ト、ファーウェイなど BATH と呼ばれるデジタルネイティブ企業が台頭しだし、
関連企業を含め現在もその成長が続くようになっている。

3．日本の成長はなぜ鈍化したのか

　1995 年頃からなぜ日本の経済成長が止まったままになってしまったのだろうか。そのあたりを考察していきたい。1970 年代から 1980 年代にかけて日本の高度経済成長の源泉は製造業を中心としたモノづくりの隆盛であった。安価で性能の良い日本製品は世界中で売れていた。ところが 1990 年代に始まったインターネット化に始まるデジタル化に日本は乗りそこねてしまい、そのままずっと今に至っている。

図表 2：日米の経済発展の状況と IT

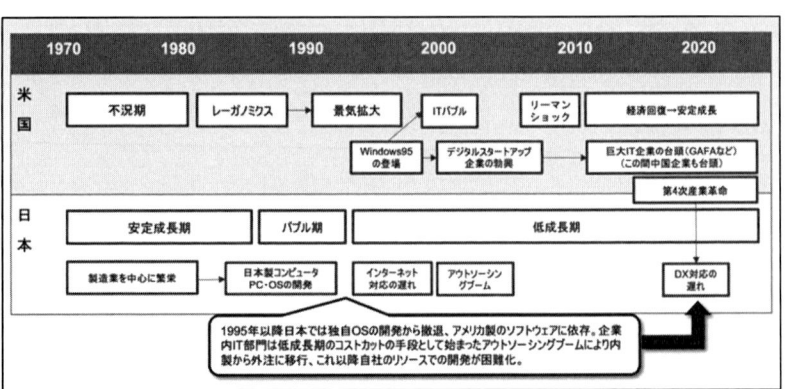

（出所：筆者作成）

　筆者は日米の経済発展の大きな違いは 1995 年に登場した Window95 がきっかけとなったのではないかと考えている（図表 2）。ただ、中国が 2000 年代に「世界の工場」からデジタル企業である BATH が経済の主力になったのと同じように、なぜ日本はデジタル企業が勃興しなかったのであろうか。バブル崩壊の傷跡が残る 1990 年代ならばともかくとしても、バブル崩壊後 30 年以上も経っているのである。中国のデジタル企業勃興はごく最近のことなので、日本も十分に参入できたはずだったのではないだろうか。

　そこで日本経済の成長が停滞し始めた 1995 年前後の日本に何があったのかを振り返ってみることにしたい。以下のグラフは企業投資および公共投資の推移を表したものである（図表 3）（図表 4）。

図表 3：企業設備投資の推移

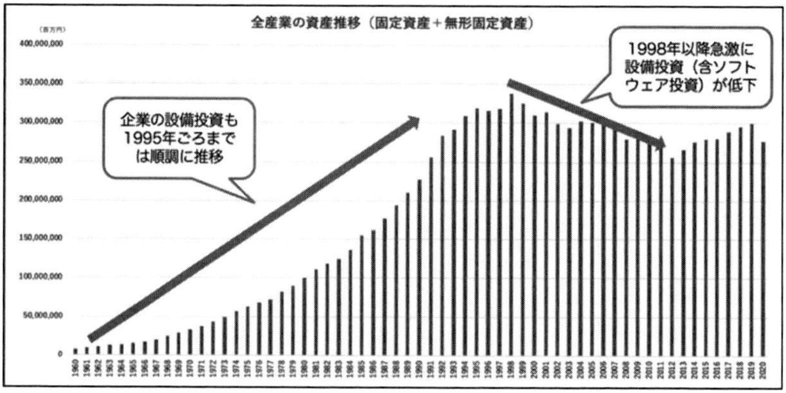

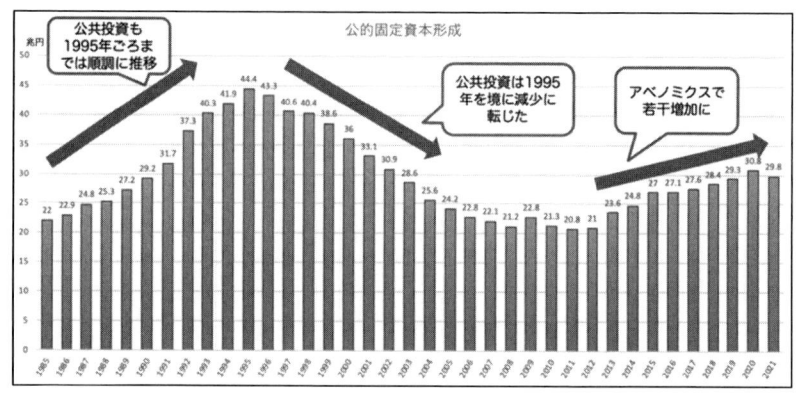

（出所：財務省「法人企業統計調査資料」(2023)より筆者作成）

図表 4：公共投資の推移

（出所：内閣府(2015)および内閣府経済社会総合研究所(2023)より筆者作成）

　まず企業の設備投資の推移であるが、1995 年頃までは順調に投資額が伸びて
いた。しかし、1998 年以降急激に減少する。企業投資が減少した場合、公共投
資で補うことが重要であるがその公共投資もなぜか 1995 年を境に減少に転じて
しまう。公共投資は乗数効果により GDP を押し上げる成長のエンジン、成長の
呼び水であるが、そのエンジンが逆回転したことにより、転げ落ちるように日本
の経済成長が急速に縮小してしまったのである。

　一体、1995年当時には何があったのだろうか。そのことをバブル発生前夜の1985年から見ていきたい。（図表5）

図表5：1995年前後の日本経済

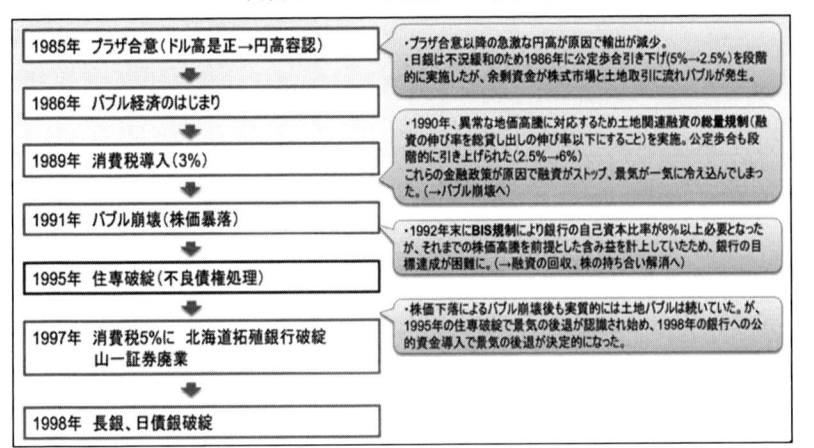

（出所：筆者作成）

　1980年代当時は1ドル240円前後のレートで、日本企業は性能のよい家電製品や自動車を中心に世界中に日本製品を提供し続けていた。当時の米国はドル高による不況に喘いでおり、財政赤字と貿易赤字の「双子の赤字」と呼ばれる状態になっていた。1970年代末に起きたドル危機の再来を恐れた先進国は協調介入によるドル高是正を行うという「プラザ合意」を1985年9月22日に発表。だが、この合意は実質ドルの対円レート是正の意味合いが強く、この日を境に円は急激に円高に振れ、数日で1ドル210円になり、その後2年ほどで120円にまで急上昇することになる。このことにより日本製品はドル換算で倍の値段になってしまい、価格競争力を失い輸出が急減することになる。一方当時の日銀は円高不況の緩和のため公定歩合を引き下げたため、余剰資金が株式市場と不動産市場に一気に流れバブルが発生することになった。

　筆者が都市銀行に入行した1988年はまさにバブル真っ只中であり、半年で営業に出たが、とにかく不動産融資案件が仕事のほとんどであった。バブル期の地価の上昇は常軌を逸しており、土地転がしと呼ばれる不動産投機が横行し始める。

この異常な地価高騰に対応するため、1990 年に政府は土地関連融資の「総量規制」（融資の伸び率を総貸し出しの伸び率以下にすること）を実施。公定歩合も 2.5%から段階的に 6%にまで引き上げた。が、このことにより銀行からの土地関連融資がストップし、お金の流れが急に止まってしまった。異常な状態を是正する施策のはずだったが、一気に景気が冷え込んでバブルがはじける結果になってしまったのである。

　悪いことは続くもので、1992 年末までに銀行の自己資本比率を 8%以上にしなければならない「BIS 規制」というものが登場した。日本の銀行はそれまでの株高に依存した含み益を見越した財務状況であったが、バブル崩壊でこの含み益が消えてしまい、自己資本比率の目標達成が困難となったのである。そのため銀行は融資の回収（貸し剥がし）や株の持ち合い解消などの対策をとるようになった。このことは企業経営に大きなインパクトを与えることとなり、日本全体が低迷しはじめることになった。

　一方、先程述べた総量規制で銀行の土地関連融資が激減したことを受けて、銀行から住専（住宅金融専門会社）と呼ばれる不動産金融会社への融資が増加していた。ところが 1995 年に今度はこれら住専の破綻が相次ぎ、その不良債権処理に銀行は奔走することになるのである。

　さらに悪いことに、1997 年に政府は消費税を 5%に引き上げてしまい、日本経済に致命的打撃を与えることになる。まずこの年に都市銀行の北海道拓殖銀行が破綻、4 大証券の一角である山一證券が廃業するに至った。

　翌年の 1998 年には日本長期信用銀行、日本債券信用銀行の 2 行が破綻し、都市銀行大手に対しては政府が公的資金導入をすることになり、景気の後退が決定的になってしまった。図表 3 に示したように企業設備投資が 1998 年以降急減したのは貸し手の銀行が機能しなくなってしまったからである。

　このような経緯で 1985 年のプラザ合意で始まった為替レートの異変から日本ではバブルが始まり、そして崩壊し、その経緯の中で銀行を中心とした企業集団の力も失われ、消費税の導入などもあり、お金が全く回らなくなっていったことが景気の減退を生み、1995 年ごろから日本経済全体の成長を阻害したのである。

4. 日本はなぜデジタル化が遅れたのか

　米国では GAFA、中国では BATH と呼ばれるデジタル企業群が台頭しているが、日本ではなぜこのような企業が出現しなかったのだろうか。日本でも DeNA、楽天、メルカリなどデジタルネイティブの企業は存在しているのだが、米中のデジタル企業のレベルまでには至っていない。

　その一つの理由としては、それらの企業を支える大規模なファンドがないことが大きい。Amazon や Google などのクラウドビジネスを行うためには大規模なデータセンター投資や膨大なクラウド関連ソフトウェアの構築が必要であるが、まず、その資金がないのである。高度経済成長期には日本政府が大規模投資を行ってきたが、それに伴う国債の負担が増え続けることに危機感を覚えた政府が、バブル崩壊以降は財政健全化をうたって、消費税増税や公共投資の削減に舵を切ったことでますます投資は減少し、投資と裏表の関係になっている経済は低迷し、逆に財政赤字は増え続けるという悪循環をたどっている。

　米国は大学や民間のファンドが充実しているが日本にはそれもない。中国はもともと国営企業として政府の大幅出資を受けているし、深センなどの特区のインフラを中国政府が整備することでスタートアップ企業の土壌を作っていることが大きい。日本にはその土壌がないのである。

　また、高度経済成長期から変わらない日本人学生の大企業志向が問題を大きくしている。有名大学に入り有名企業に就職するというパイプライン型の発想ではいつまでたっても GAFA や BATH 級の企業は生まれてこない。戦後の日本を支えた SONY やホンダ、松下電器産業、シャープなどの企業は叩き上げの創業者が夢を描いてコツコツと成長させてきた企業なのである。そういった創業社長が減り、サラリーマン社長が増えたことが日本の低成長の原因でもある。一刻も早く学歴偏重主義から脱却して、スタートアップが次々と生まれる土壌（資金提供の仕組み）を作っていく必要がある。

　さらに日本のデジタル化が遅れてきたもう一つの理由として、アメリカ発のソフトウェアやクラウドに頼りすぎてしまったというのが原因だと感じている。Windows95 が出現したあと、日本ではあらゆる国産ソフトウェアがなくなってしまった。1980 年代に NEC の PC98 シリーズをはじめとした国産パソコンを増産していた時代には、一太郎、花子、松といった国産のソフトウェアを利用するユ

ーザーが大部分だったし、OS も NEC や富士通が自分たちで改良していた。国産汎用機の OS はすべて日本で独自に開発したものだった。組み込み型では TRON プロジェクトなども始まっていたし、いろいろなものを日本で作っていこうという気概が当時はあった。

ところが 1995 年を境に、そういった日本独自のソフトウェア開発は下火になり、サーバも日本独自の OS はなくなってしまった。その上 Amazon や Google、Microsoft のクラウドが全盛になるや、すべての業務を米国発のそれらのクラウド上で行うようになり、日本独自のクラウドを構築することはなくなってしまった。中国では情報統制上の問題もあるが、クラウドは自前開発であり、そこで稼働するクラウドサービスも中国企業が行っている。

日本が高度経済成長期に最初は米国の真似であっても独自に改良を加えて自前開発にこだわったように、デジタルの世界で中国企業は現在も自前主義を貫いている。高度経済成長期に製造業でできた「モノづくり日本」をなぜデジタルの世界ではできないのだろうか。できないはずはないのである。

5. 日本人の行動の特徴

日本人の行動の特徴を青木昌彦氏は「比較制度分析」という理論で説明している。それぞれの人々がビリーフ（相手がどのように行動するかという予測）に基づいて行動したことが、その人々が属する社会の制度として定義されていく循環を下図（図表 6）で説明している。

また、「タイト・ルーズ理論」によれば、日本はタイトな文化に属しており、なかなかそれまでの規範（制度）を逸脱するような急激な変化が起きにくいという特徴がある（図表 7）。

青木(2014)では現在の日本の状態は、それまでの日本の古い制度から新しい制度に転換している移行期であると述べている。日本的経営の特徴であった年功序列、終身雇用、新卒一括採用、前例主義、ゼネラリストの昇進、同質性などが崩壊しつつあり、新しい日本的経営に向かっていく途上であるとも言える。その移行に異常に時間がかかっているのである。

ただ、良い兆候もある。これまで見てきたように、バブル崩壊以降 30 年もの低成長が続いているが、今般のコロナ禍による働き方の大幅な変化は一つのチャン

スである。タイトな文化の場合なかなか急激な変化は起きにくいが、ひとたび意思決定が下され人々が同意すれば変革が速やかに行われるという特徴があるのだが、そのことはこの２年のテレワークの急速な普及で証明できた。やればできると多くの企業人が感じたのではないだろうか。さらにこの働き方の変化は子育て世代に大きな影響をあたえており、テレワークの推進企業か否かが、企業を選択する一つの指標になっている。

図表６：制度の内生的・情報節約的・調整的諸局面

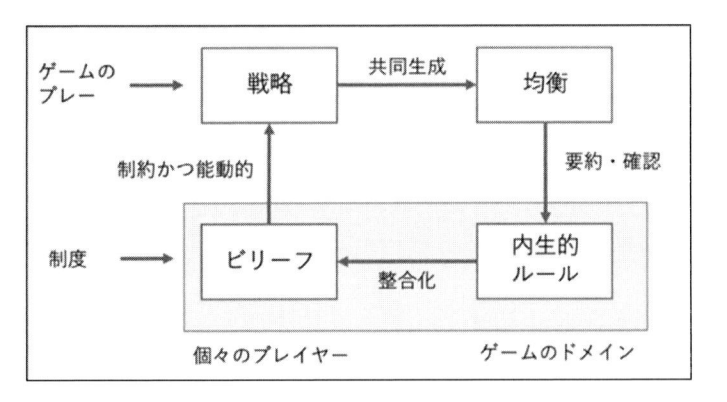

（出所：青木(2014)をもとに筆者作成）

図表７：タイト・ルーズ理論

タイト・ルーズ理論

タイトな文化→何が「正しい」行動とされるかについて強い規範があり、逸脱者を排斥する強いメカニズムが働くのが特徴
ルーズな文化→許容されることの定義が広く、コンプライアンス違反についてもそれほど咎められないのが特徴

規範の3つの次元
「内容(Content)」　　　何が正しい行動か
「合意(Consensus)」　人々がどのくらいどの行動や慣行に同意するか
「強度(intensity)」　　　どれだけ熱心にそれを守るように人々に奨励し、違反を制裁するか

➡ タイトな文化の場合、改革を行う場合に、それまでの規範を逸脱するような急激な変化を起こしにくいが、ひとたび意思決定が下され、同意を取付ければ変革が速やかに行わる。（実行が早い）

下記の手法によるガイドラインにより、改革が進みやすくなる
◎「ナッジ」　　さりげなく後押しして誘導
◎「シェイミング」　恥をかかせる

（出所：シェーデ(2022)をもとに筆者作成）

　また、テレワークの普及でオフィスを事務作業の場ではなく、対話の場にするという取り組みが進んでいる。全員が出社する必要がなくなり、フリーアドレスになったオフィスに対話用のソファーが置かれたり、気軽に話し合いができるスペースが増えてきたりしている。

6. DX 推進による日本経済再生の可能性

　このようにワークスタイルが急速的に変化しているが、この変化を DX 推進に置き換えてみれば、今後の日本経済再生が可能なのではないかと考えられる。

　設備投資と公共投資のグラフを再度よく見ると、アベノミクスが提唱され始めた 2013 年からどちらも投資額が上昇傾向にあることがわかる。失われた 20 年のあと、少し反転しているのである。消費税増税などの影響で実感としてはそれほど感じなかったのであるが、そういえばコロナ前のインバウンド隆盛のころは、このまま行くと東京オリンピックを契機に経済が好転するのではと考えていた人たちも多かったのではないだろうか。コロナ禍で一旦その兆しはなくなったものの、ここ最近の観光ブーム、特に外国人旅行客の急増はあの頃に戻ってきていることを感じさせるものがある。

図表 8：デジタルツインのイメージ

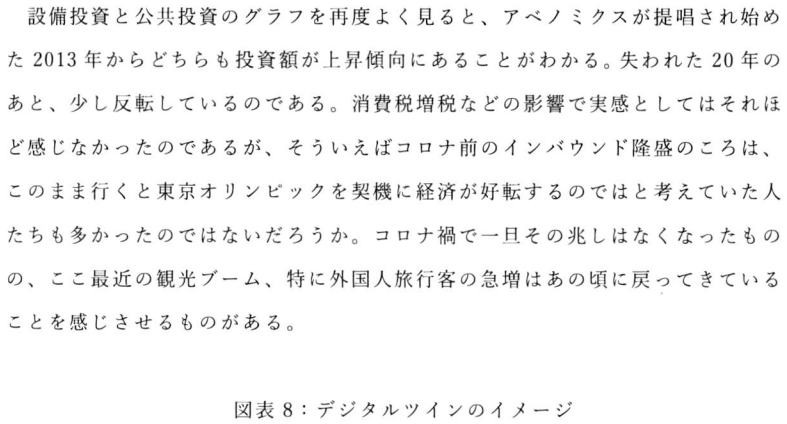
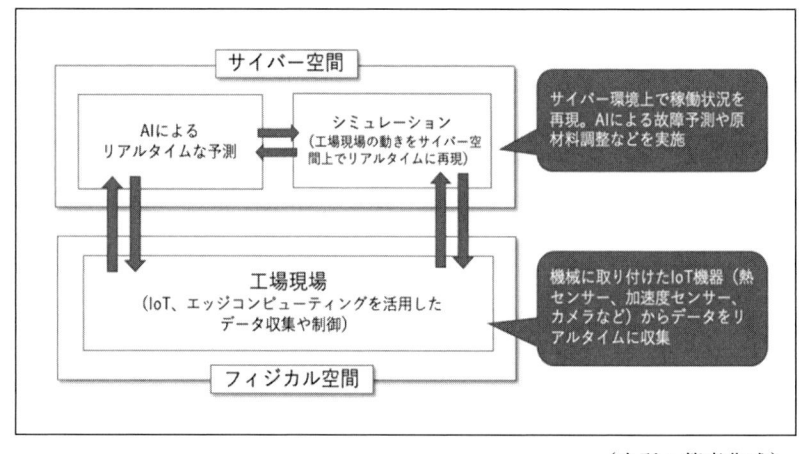

（出所：筆者作成）

　観光だけでなく、企業の DX 推進は実は日本経済再生のトリガーになると考えている。特に新たな開発投資として、従来の IT 投資とは別枠でそれぞれの企業が DX 投資を新たに行えば、一つ一つの投資額は小さくても日本全体としてはこれまでの現状維持レベルから大きく成長にシフトすることになる。江戸時代の長崎出島になぞらえてこういう特区的な投資を「出島戦略」と呼ぶが、経済はお金を使えば使うほど成長していくので、こういった機会はとても重要である。

　今年は原材料価格の高騰ですべての商品が値上げの傾向にあり、それにあわせて各企業で賃上げが発表されている。いわゆるコストプッシュインフレであるが、それでも賃上げ分のお金は回ることになり、結果的に経済成長を促すことになる。

　今までなかなか進まなかった DX であるが、製造業においては IoT を使った現場の改革が進んでいる。中でもデジタルツインを利用した工場の稼働状況監視の導入が進んでいる（図表8）。工場現場の機械に IoT 機器を取り付け、リアルタイムにデータを収集することで AI による機械の故障予測や原材料調整などを行うことができるようになっている。また、ロボットを使ったスマートファクトリーへの移行なども少しずつ進み始めているのである。

　このような産業用装置のデジタル化やエッジコンピューティングのプラットフォームについては実は日本とドイツが最先端を走っている（図表9）。日本は今後このような得意分野を伸ばしていくことが重要である。

図表9：製造関連の DX ソリューション

	先進的産業用装置とソフトウエア	統合システム：先進的システムソリューション	エッジコンピューティングのプラットフォーム	ソフトウエアサービス：データとクラウド
日本企業（例）	キーエンス、ファナック、安川電機、オムロン、オークマ、ヤマザキマザック、富士電機、ニコン、アドバンテック、川崎重工、三菱電機、横河電機等	三菱電機、ファナック、DMG森精機、日立製作所、デンソー、富士通、日本電気（NEC）	エッジクロスコンソーシアム、ファナック（FIELD）、三菱電機（e-F@ctory）、日立製作所（Lumada）	ソフトバンク、プリファードネットワークス（PFN）、日本電気（NEC）
ドイツ企業（例）	Siemens, Trumpf, Bosch, Dürr, SAP; Europe: ABB, Schneider Electric	Siemens, SAP, Bosch, Dürr, Zeiss, Software AG, Adamos	Adamos/Software AG (Cumulocity IOT) , Siemens (MindSphere)	Siemens
米国企業（例）	Rockwell Automation, Honeywell	Rockwell Automation, Honeywell, Xerox, Autodesk		Amazon AWS, Google, Microsoft, IBM, Oracle, Cisco, Intel, その他多くのスタートアップ
中国企業（例）				Alibaba, Huawei

（出所：シェーデ(2020)をもとに筆者作成）

　さらに、DX 推進を効果的に行うには、日本における自前の IT インフラをつく
っていくことである。できれば日本独自のクラウドサービスを構築できれば良い。
政府が大幅投資を行って、クラウド事業に資金を供給し、安価で十分海外に対抗
できるクラウドサービスを立ち上げることである。日本企業は優先的にその国産
クラウドを利用するというようなことはできないだろうか。今からその動きを始
めてもすぐには Google や Amazon には対抗できないが、いつまでも米国に頼り
きりというわけにはいかないだろう。巨額投資を行い、インフラを構築し、頭脳
を結集する必要がある。高度経済成長期にはハコモノ投資といわれてきたが、現
代の DX 時代にはデジタルインフラ投資が重要である。
　あとは、日本人の変化へのマインドが重要であろう。図表 10 に示したように
旧態依然とした企業風土ではなかなか変化が起きにくい。

図表 10：DX 推進に必要な企業風土の変革

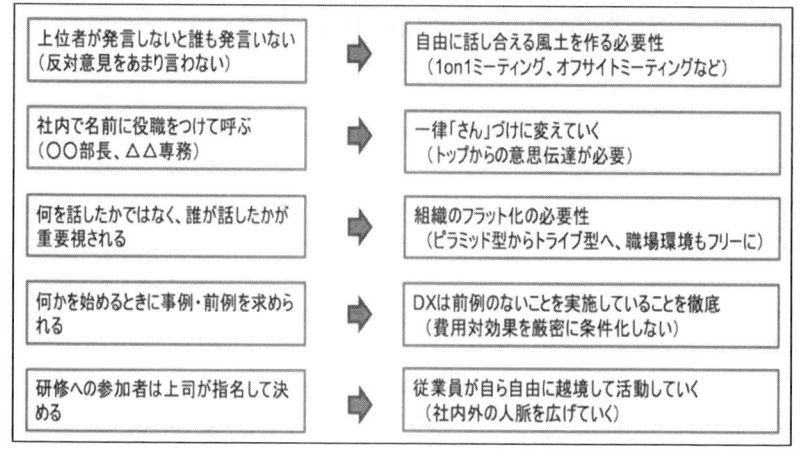

（出所：内山(2021)をもとに筆者作成）

　これからの日本企業は、組織をフラットにして、安心して話ができる社内環境
を構築していくことが重要である。テレワークが急速に進展してきたように日本
人の意識の変化が起きれば、日本経済の再生も可能になるのではないだろうか。

参考文献

[1]　青木昌彦（2008）『比較制度分析序説　経済システムの進化と多元性』講談社

[2]　青木昌彦（2014）『青木昌彦の経済学入門　－制度論の地平を拡げる』筑摩書房

[3]　内山悟志（2021）『未来ビジネス図解　新しい DX 戦略』エムディエヌコーポレーション

[4]　内山悟志（2022）『未来ビジネス図解　DX 実践超入門』エムディエヌコーポレーション

[5]　ウリケ・シェーデ（2020）「どうすれば、日本企業が DX 競争に勝てるのか」NIRA 研究報告書

[6]　ウリケ・シェーデ（2022）『再興 THE KAISHA 日本のビジネス・リインベンション』日本経済新聞出版

[7]　エズラ・ヴォーゲル（1979）『ジャパン・アズ・ナンバーワン』TBS ブリタニカ

[8]　財務省（2023）「法人企業統計調査資料」
https://www.mof.go.jp/pri/reference/ssc/index.htm

[9]　内閣府（2015）「社会資本整備等の現状」内閣府経済諮問会議 経済・財政一体改革推進委員会 非社会保障ワーキング・グループ第 1 回 会議資料 1－2

[10]　内閣府経済社会総合研究所（2023）「国民経済計算（GDP 統計）2022 年 7 月－9 月速報値」

[11]　永井竜之介, 村元康（2019）『イノベーション・リニューアル』千倉書房

自動運転に見る半導体・AI とその製造企業の現状

増本　貴士

1. はじめに

　これまで、自動運転については「共有地の悲劇」や「トロッコ問題」等の学術的アプローチで考察してきた。それ以外に考えるべきことのひとつには、2020 年秋以降から徐々に出始め、2021 年初頭にあらゆる用途の半導体が不足している状況が顕在化して大きな国際問題になった「半導体不足」がある。これは、コロナ禍で世界中の半導体製造工場が閉鎖したり、半導体製造大手企業のルネサスエレクトロニクス社の那珂工場が火災に見舞われたり、米国政府による SMIC 社（中国の大手半導体受託生産企業：ファウンドリー）への制裁、半導体の製造に必要な素材がなかなか消費されないことによる素材メーカー企業（信越化学工業社や日本酸素社等）の素材の減産等、日本国内外で半導体が製造できなくなったことが大きい。この半導体不足は 2022 年から徐々に解消され始めたが、半導体の種類によっては過剰供給と供給不足が混在する状況に陥った。特に、「半導体不足は今でもある。半導体不足が解消するのは 2023 年後半、おそらく 2024 年には解消できるのではないか。自動車の挽回生産に期待したい」といった声が当時のテレビ東京系経済情報番組「日経プラス 9」や「ワールドビジネスサテライト」に出演した自動車や産業機器のアナリスト（主に、証券会社に勤務する人々）や自動車産業ジャーナリストからあった。

　また、2023 年 4 月現在の日本経済・市場環境を考察すれば、インバウンド需要の回復による観光産業・観光関連産業と、自動車の挽回生産が進む自動車産業・自動車関連産業等の経済活動が良く、上場各社の好調な企業業績が日経平均を押し上げている。現に、経済産業省経済解析室が令和 5 年 3 月 31 日に発表した「鉱工業指数参考図表集」の「鉱工業の在庫循環図」によると、図中に書かれた "2023 I 速"（調査期間のデータから、在庫循環図のどの座標に位置するかを示す点の名称）は 45 度線より左に位置することから「在庫の伸び＞出荷の伸び」と考えられ、「企業は生産を抑える」と予測できる。そうなれば、生産抑制効果が働き、「在

庫は減り、品薄状態になるので、その減った分を生産で補う」ことから出荷が増える「在庫の伸び＜出荷の伸び」といえる。当然のことながら、これらの動きには時間を多く要するが、半導体は材料を投入してから製品として出来上がるまでに約3か月以上かかるのが通常であるため、時間を多く要することがシンクロし合えば問題はない。すなわち、自動車の挽回生産が進めば進む程、各社の経済活動は活発になると考えられる。

このように、自動車に搭載する半導体が不足することなく製造され、それに応じた自動車関連部品も製造されれば、裾野尾の広い自動車産業は自動車の挽回生産を進められ、日本経済の好調さに貢献すると考えられる。

そこで、本稿では、自動運転に別の角度から注目し、自動車に搭載する半導体（車載用半導体）と自動運転に必須の AI の学習データの活用について述べる。さらに、半導体の製造に関係のある企業を概観する。

2．自動運転を支える技術〜半導体と AI〜

車載用半導体は自動運転や EV（Electric Vehicle、電気自動車）に必要不可欠で、“自動車の電動化”を背景に増加傾向にある。主な車載用半導体は、①マイクロコントローラ（略称のマイコンが一般的なので、以下、マイコンという）、②パワー半導体、③プロセッサ、④センサの4種類がある。

マイコンは「走る」「曲がる」「止まる」という基本機能の動きを制御している。パワー半導体は電力や電圧を制御している。プロセッサは自動運転での“最適解に基づく判断”を行っている。センサは車内外の様子を画像で測定したり、他の自動車との距離も測定している。特に、マイコンは自動車1台あたり約100個搭載されており、今後は、半導体回路の微細化が進むと考えられる。

では、半導体は自動運転でどういった機能を果たすのか。自動運転はレベル分けされており、まずは下記の図表1でそのレベル分けを述べ、そこに Level0 を入れることで運転主体が今のドライバーのままである状況を明示し、比較しやすくした。

図表1　自動運転のレベル別定義

名称	運転主体	走行領域	概要
Level5	システム	限定なし	加速やハンドリング等をすべてシステムが行い、運転手は全く関与せず
Level4	システム	限定的	加速やハンドリング等をすべてシステムが行い、運転手は全く関与せず
Level3	システム	限定的	加速やハンドリング等をすべてシステムが行い、運転手はシステムが要請したら対応する
Level2	運転手	限定的	加速やハンドリング等の内、複数の操作を一度にシステムが行う
Level1	運転手	限定的	加速やハンドリング等のいずれかの操作をシステムが行う
Level0	運転手	自分で運転操作するので、自動運転なし	

（出所：筆者作成）

　次に、自動運転で必須となる機能と技術を、下記の図表2で述べる。

　自動運転は、ヒト・モノの流れを効率化できる新たな社会インフラとして普及が期待され、路線バスや長距離トラック等の運転手不足をある程度は解消できるメリットは大きい。2021年に本田技研工業がLevel3を、トヨタ自動車がLevel2を、それぞれ搭載した新車種を発表する等、自動運転に関する技術は進歩している。自動運転には、自動車が人に代わって走行状態や車両に不具合がないかを的確に把握することが求められ、それには画像カメラやミリ波レーダ、それらを補うLiDARといった特徴の異なるセンサが多数必要となる。よって、自動運転を実現するにはこれらのセンサ、すなわち、半導体を数多く搭載し、認知や判断の精度を高めるセンサーフュージョンも重要になる。

　最も重要なのは、AI（Artificial Intelligence：人工知能）がデータの識別・解析を行い、低遅延性を重視したハンドルやブレーキ等の操作によって自動運転を行うことである。AIの生成に欠かせない半導体はロジック半導体である。

図表 2　自動運転で必須の機能と技術

人間が運転時の機能	技術名	技術の概要
目や耳（知覚）	V2X	自動車（Vehicle）と物（Things が基本だが、物体 X となる）との通信で、自動車同士や自動車と交通システム間で通信を行う
	ミリ波レーダ	周囲の車両や障害物との距離や相対速度を測る
	画像センサ	カメラ機能とその識別機能を持ち、道路上の白線や前方の物体を詳細に識別する
	LiDAR	レーザーで対象物をスキャンし、方向と距離を測る（ライダーとカタカナ表記されることもある）
脳（認知、判断）	センサーフュージョン	複数のセンサからのデータを組み合わせて、個々のセンサの欠点を補足し合う
	ADAS	先進運転支援システムといい、複数のセンサなどから得られるデータを処理・判断し、操作機能に指示を出す
手足（操作）	GPU	グラフィックや映像処理に使用され、近年では機械学習（ディープラーニング）に活用されている。大量の運転情報を学習データとして読み込み、その特徴を抽出することで学習済の AI モデルを生成する支援を行う
	AI	主にデータセンタのクラウド（サーバ）で行われる学習プロセスから学習済のデータを作成し、それを活用して AI モデルは生成される。エッジデバイス（自動車や監視カメラ等）やクラウド上に AI モデルは搭載され、データの識別・解析を行う。その結果から、低遅延性を重視したハンドルやブレーキ等の操作により、自動運転を行う

（出所：筆者作成）

　ロジック半導体は、メモリー半導体と並び、演算（計算）することが主な目的であり、汎用用途と特定用途に分けられる。前者には CPU（Central Processing Unit）と GPU（Graphics Processing Unit）があり、後者には ASIC（Application Specific Integrated Circuit）と FPGA（Field Programmable Gate Array）がある。この中で最重要なのは GPU で、GPU はグラフィックや映像処理に使用され、最近はディープラーニング（深層学習。本稿では自動運転について述べているので、機械学習という）に活用されている。特に、機械学習の学習プロセスではアクセラレータ（コンピュータの処理能力を高めるために追加して利用するハードウェアやソフトウェアの総称）として GPU を使用している。なぜならば、GPU を使用することで GPU のコア数（同時にできる計算処理の多さ）が並列処理に特化でき、処理速度をより高速化できるメリットを生み出し、膨大な数の計算を繰り返す学習プロセスの仕組みとマッチしたため、この手法が一般化した。

　また、高度な半導体があっても、自動運転は機能しない。学習用データを徹底的なまでに行うディープラーニングを通して機械学習したデータが必要になる。機械学習は学習用と推論用に大別される。学習用は主にクラウド（サーバ）側で使用され、大量の学習データを読み込み、機械学習により特徴を抽出して、学習済の AI モデルを生成する。一方、推論用はクラウド側に加え、自動運転の自動車や監視カメラ等のエッジ側にも搭載され、学習済の AI モデルを適用してデータの識別や解析を行う。両者の用途では求められる性能が別々であるため、それぞれに適した半導体が設計されている。

　学習用では前述したように GPU が主流となっているが、ロジック各社はより学習用に特化した半導体の開発を積極的に行っている。CPU や GPU だけでなく、FPGA を活用した学習用の SoC（System on a Chip）を開発している。SoC は集積回路の 1 個のチップに、CPU や GPU 等のプロセッサをはじめ、マイコンが持つような機能だけでなく、応用目的の機能も集積し、連携してシステムとして機能するように設計されている。

　エッジ側に搭載される推論用は学習用に比べ、演算能力をそれ程必要とせず、低遅延や低消費電力などがより一層要求される。また、搭載されるデバイスにより、必要となる処理能力は様々であり、エッジ側に搭載される推論用では、対象とする AI モデルの処理に合わせた回路構成が可能で、低遅延や低消費電力も実

現できる FPGA が今後注目される。

　クラウドは学習用として、大量のデータを学習し、膨大な計算量をこなす。その結果はデータセンタからスマホや自動車等のエッジ側に送信される。それは、クラウドで学習と推論が行われ、自動車やスマホ等のエッジから学習用データとしてすべてのデータをクラウドに送信し、クラウド AI が学習と推論を行って、推論の実行をエッジ側に送信する。これにより、膨大なデータから学習した結果に基づいて推論が行われるのでエッジ側は最適に情報処理を行うことができる。エッジ側は推論用で良く、学習に基づいて AI 処理を実行するので、計算量は比較的少なくて済む。エッジ側が必要なデータのみをクラウドに送信することを既に学習データから学んでいるので、エッジ側の AI は学習モデルをエッジ側に送信し、エッジ側で推論して実行させることになる。また、デバイスによって必要となる処理能力には差があり、搭載されるデバイスによって異なるが、自動運転には小型化や省電力化が必須になり、特に低遅延が求められる。

3. 半導体製造関連産業で強みを発揮する日米企業

　このように、自動運転には多種多様な半導体が多く必要なことが明らかになったが、どういった企業が半導体の製造とその関連を仕事・業務としてできるのだろうか。本稿では、下記の図表 3 で自動運転に関係する車載用半導体と半導体材料（素材）の企業、図表 4 で半導体製造装置の企業を概観する。

　半導体製造で日本企業に強みがあるのは、車載用半導体と半導体製造に用いられる素材の製造・提供である。車載用半導体については前章で述べたので、本章では素材の製造・提供を行う日本企業を概観する。

　シリコンウエハーは、集積回路の基板となる材料で、最先端工場向けの 300mm(12 インチ)が主流だが、車載半導体では 200mm(8 インチ)が一般的に使用される。信越化学工業社が世界的なシェアを持つ。

　フォトレジストは、紫外線を照射すると性質が変化する感光性の樹脂で、集積回路を焼き付ける工程で使用される。JSR 社と東京応化工業社が世界的なシェアを持つ。

　封止材は、半導体チップの保護などを行う。住友ベークライト社や昭和電工社が世界的なシェアを持つ。

図表3　半導体製造関連産業で強みのある日米企業

種類	企業名	概要
車載用半導体	三菱電機	本田技研工業の FCV に採用される程の高性能を誇る
	富士電機	パワー半導体に強みを持ち、電力制御機器を幅広い分野で展開している
	ルネサスエレクトロニクス	マイコンで世界トップシェアを持ち、パワー半導体も手掛ける
半導体材料等	信越化学工業	半導体の基板材料であるシリコンウエハー（特に、現在主流となっている直径 300mm ウエハーの量産化をいち早く実現した）とフォトレジストで世界トップクラスのシェアを有する
	昭和電工	半導体用の高純度ガスや封止材を手掛ける
	SUMCO	シリコンウエハー専業で、世界トップクラスのシェアを有する
	日本酸素	半導体の製造工程にも使用する高レベルの窒素ガスや電子材料ガスなどを製造している
	ステラケミファ	半導体の製造工程で使用されるフッ化水素で世界トップクラスのシェアを有する
	三菱瓦斯化学	半導体の製造工程で使用される過酸化水素を手掛ける
	JSR	フォトレジストで世界トップクラスのシェアを有する
	東京応化工業	フォトレジストで世界トップクラスのシェアを有する
	住友ベークライト	封止材で世界トップクラスのシェアを有する
	三井ハイテック	リードフレームで世界トップクラスのシェアを有する

（出所：筆者作成）

図表 4　半導体製造関連産業で強みのある日米企業

種類	企業名	概要
製造装置	ディスコ	シリコンウエハーを研削するグラインダー、半導体デバイスを切断するダイサで世界トップシェアを有する
	アドバンテスト	IC の最終チェックで使用するテスタで世界トップクラスのシェアを有する
	レーザーテック	EUV 露光装置用のマスク検査装置に強みがある
	SCREEN	半導体製造工程で使用の洗浄装置で世界トップシェアを有する
	アプライド・マテリアルズ	売上規模は世界 1 位で、幅広い半導体製造装置を手掛ける
	ASML	売上規模は世界 2 位で、EULV の量産化に成功したことが高評価されている
	東京エレクトロン	売上規模は世界 3 位で、幅広い半導体製造装置を手掛ける
	ラムリサーチ	売上規模は世界 4 位で、特にエッチング装置に強みがある
	KLA	半導体検査装置で世界トップシェアを有する

（出所：筆者作成）

　リードフレームは、半導体チップを固定し、外部配線と接続させる材料である。三井ハイテック社が世界的なシェアを持つ。

　半導体製造工程向け薬品は、半導体の製造工程では多くの薬品が使用され、主にエッチング工程で使用されるフッ化水素や、主に洗浄工程で使用される過酸化水素などがある。フッ化水素は韓国が日本から輸入した量とその韓国内使用量が合わず、相手国を信頼して輸出措置の緩和を行っていた措置（これをホワイト国という）を停止して厳格にチェックする（これをホワイト国からの除外という）だけで、輸出禁止になったのではない。これが事実上の輸出禁止措置であるとい

う誤った認識で有名になった。フッ化水素はステラケミファ社が世界的なシェアを持つ。一方の過酸化水素は三菱瓦斯化学社が世界的なシェアを持つ。

　半導体向けガスは、半導体の製造工程ではエッチングや配線材料に不可欠な半導体用高純度ガスが使用される。また、半導体の製造は窒素ガス中で行われるため、大量の窒素ガスが必要となる。日本酸素社が世界的なシェアを持つ。

　半導体製造装置は米国の企業が非常に強みを持ち、アプライド・マテリアルズ社が世界第1位、ASML社が世界第2位である。本稿では、露光技術に最も優れたASML社について述べる。ASML社は米国を代表する半導体・半導体製品装置メーカーで、1984年にオランダで創業された世界最大の半導体製造装置メーカーである。最先端技術で独占的な立場にある半導体露光装置メーカーで、リソグラフィー（露光によってウエハー上に回路図を形成すること）の工程で用いられる機器とその作動ソフトウェアを提供できる。半導体の前工程の内、先端半導体製造に欠かせないEUV（極端紫外線）露光装置の生産でも、世界のトップメーカーである。露光とはウエハー上に短波長の光を使って電子回路を焼き付け、パターンを形成する技術である。半導体製造における露光のプロセスは、まずは、ウエハーを製造して成膜した上で感光材を塗布する。次に、露光装置を使用して光を当てて回路図を転写（ここにASML社の露光技術がある）し、腐食性物質などで回路図通りにウエハーの表面を加工する。これらを経た後は"後工程"と呼ばれる段階に入り、切り離しや配線等が行われる。

　今後、半導体メーカーは省電力・高性能化に必要な回路の線幅5ナノメートルよりも微細化を続けるために、ASML社の製品が必要だといえ、現に半導体メーカーのほぼすべてがこのASML社の半導体製造装置を使っている。

4. おわりに

　これまで述べてきたことにより、自動運転に必要な半導体とAI、その半導体製造関連産業に日本と米国の各企業がそれぞれ大きなシェアや技術を持っていることを確認できた。そして、実際に半導体を受託生産する企業（ファウンドリー）で世界トップの技術を誇るTSMC社が日米両国に半導体製造工場を建設・稼働することで、半導体の経済安全保障が日米台で実現できる。これらに関しては次号以降で述べたい。

ポストモダニズムによる新制度派経済学の再文脈化

—欲望機械論的観点からの思考実験—

林　浩一

> *"この社会体は、欲望する生産に対して、いかなる場所を残しているのか。欲望は、そこでいかなる動力の役割を果たしているのか。いかなることがあっても欲望する生産と社会的生産とは生産としては同じでありながら、二つの異なる体制の下にあるのだから、この二つの生産の体制の和解は、この社会体においてはどのような形態のもとで行われるのか。"* Deleuze G. & Guattari F. (1972)

1. はじめに

　経済の中心には欲望が存在する。欲望は、学派や研究者によって多様な分類がなされている[1] が、少なくとも何らかの欲望が原動力となり、市場社会が形成されていると考えられる。欲望は本来、無形で断続的で捉えようのない動きをする不定形なものである。

　一方、経済学では、貨幣が経済の中心にあり、貨幣によって欲望を測るため、貨幣システムの中に欲望が従属することになる。また、貨幣によって測れないもの、つまり、お金にならない欲望までも仮想的市場評価法などの分析手法を用いて、貨幣システムの中に従属させていく。これは方法論上、複雑な社会的事象を分析するには、すべての変数を分析フレームに収めることは不可能であり、便宜上、変数を限定し、種々の前提条件を与えた上でないと分析でないので、当然のことである。方法論上、やむなくそうするしかないのである。しかし、ここではあえて方法論上の制約を超えた観点から思考実験を試みたい。つまり、方法論的前提から演繹的に示唆される学派ごとの社会像について検討しながら、理論的な前提によって分解され、限定化された世界を実験的に思考してみる。例えば、新古典派経済学では学問としての性質上、欲望は貨幣の檻に収監され、数理的で静

態的なものとしてモデル化されていく。欲望を扱いやすくモデル化する新古典派経済学は、市場社会の性質を部分的に反映していると言える。そこから演繹的に想定される社会では、貨幣はもはや、単なる道具やメタファーではない。現実社会でも、人間がお金を消費するのではなく、人間はお金に欲望を吸収され、人間がお金に振り回される＝人間がお金に消費されるという＜主客転倒＞は至るところで見受けられる。

　貨幣は見えざるピラミッドの王であり、貨幣を頂点に人間が従属する専制君主国家的な装置として、近代資本主義は欲望を貨幣システムに属領化する。貨幣が主で、人間は奴隷である。ここでいう、欲望とは静態的構造的に定義されるものではない。ここではドゥルーズ＝ガタリ（1972)の欲望機械論にしたがい、多種多様な結合の中で常に再生産される自律分散型の運動体と定義する。つまり、理性／欲望、表層／深層、主体／客体のように二元化されることのない動的な構造概念としての欲望を想定する。彼らの『アンチ・オイディプス』で提唱される欲望機械論は非常に難解な表現が特徴だが、完結された一個人である経済主体を分析焦点者にするのではなく、欲望を分析フレームの中心に置いている。彼らは新しい概念装置を創造し、今までにないまったく新しい視点から世界を捉え直そうとしている。欲望機械論のパースペクティブは、欲望ごとに細分化された人間の各器官と他の事物との、接続と切断のプロセスを通して社会的事象を再文脈化しようとするダイナミックな視点である。例えば、定量調査における外れ値や定性調査で一度しか語られなかったが本質を示しているような語句など、分析過程において無視されたり、矮小化されたりする欲望をすくい上げる機能があると考えられる。ゆえに欲望機械論は、近代資本主義を動態的に捉える分析フレームとして、経済学の制度分析に市場社会の生々しい力を付与するものと考えられる。

　そこで本稿では、欲望に焦点をあて、欲望機械論の観点から新制度派経済学の再文脈化を試みる。主な主張は、欲望機械論における分裂分析は新制度派経済学の分析フレームに革新的な側面を与えるというものである。続く2章では、新古典派経済学における欲望の偏執的病理について論じ、3章では新制度派経済学の欲望の自己拘束的な経路依存性について分析し、4章でドゥルーズ＝ガタリの欲望機械論における分裂分析について詳述しながら新制度派経済学に対する理論的貢献について検討する。

2. 新古典派経済学の偏執的病理

　新古典派経済学では、経済主体である個人は効用（欲望の満足）を最大化するための十分な情報を収集する能力があり、完全な情報処理のもとに、一様に、合理的な意思決定を行えることを前提としている。新古典派経済学が前提とする完全合理的な経済主体は、実在する人間の多様性や多元性を反映しておらず、人間というよりは、無限の計算能力（進化経済学会編, 2006）が可能な計算機のように単純化されている。

　1991 年にノーベル経済学賞を受賞したロナルド・コースは、このような合理的な効用最大者は、人間性のない消費者であり、普通の人とは似ても似つかぬものであると指摘している（コース, 1988）。また、1993 年にノーベル経済学賞を受賞したダグラス・ノースは、新古典派経済学は人間の相互作用に伴う摩擦が多様な結果をもたらしている様式についての考察を放棄していたと指摘している（ノース, 1990）。われわれが生きる社会は、多種多様な人間が持つ欲望に満ち溢れており、地球上のあらゆるところで大小問わず不条理な軋轢や不合理な衝突が絶えず生じている混沌と混乱に満ちた社会である。VUCA と呼ばれる変動性、不確実性、複雑性、曖昧性に象徴される現代社会を完全合理的に生きることは困難である。

　コース（1988）は、黒板の上で実行されているにすぎない「黒板経済学（blackboard economics）」は経済学者の能力を発達させるが、経済政策についてはわれわれの注意を誤った方向に導いてしまうと警告する。同様に、批判的実在論の哲学者であるロイ・バスカー（1979）は、新古典派経済学は歴史に無頓着で演繹的なバイアスを含んでいると指摘し、その理論は現実に起こる出来事を解明する説明理論ではなく、効率的行動に関する規範理論であり、所与の目的達成のための単なる技法にすぎないと批判している。

　このようなさまざまな批判を受ける一方で、新古典派経済学の理論はシンプルにエレガントに洗練されてきた。その根底にある教義は、社会的事象の説明は個人の行動原理によって演繹的に導出されなければならないとする方法論的個人主義のイデオロギーである。しかし、現実と乖離した厳密で隙のないイデオロギーの論理的一貫性や整合性が、人間の欲望を極限まで偏執的に歪めた歴史があることには留意しなければならない。政治哲学者であるハンナ・アーレントは、イデ

オロギーの論理一貫性や整合性を自己存在の基礎とし、イデオロギーの必然的・強制的演繹に救済を求める人間は全体主義の虚構に支配されやすいと警告する（アーレント，1951）。『全体主義の起源』でアーレントが描く全体主義に支配される個人は、イデオロギーの無謬性を証明するために自分の命を投げ出すことさえ厭わない。彼らは、生命の放棄という究極の自己犠牲によって偏執的に最大化した欲望を満足させたのである。新古典派経済学は、このような欲望の偏執的帰結を個人の合理的な効用最大化と考えるだろうか。新古典派経済学の理論的枠組みから想定されるのは、歴史や法の存在しない「氷のようなイデオロギー」（アーレント，1951）が支配する社会かもしれない。

　一方で、新古典派経済学はきわめて柔軟性の高い学説であり、理論は市場経済を理解する上で部分的には実感に答えるもの（進化経済学会編，2006）であった。それゆえに過度に抽象化され、その精緻で整合的な理論体系は、多数性と画一性を特徴とし、少数性と多様性を排除する。新古典派経済学の完全合理性にもとづく接近は、強力な優位性を持つ（ウィリアムソン，1975)反面、反動的であり、ファシスト的な側面（浅田，1984）もある。新古典派経済学の理論的枠組みによって導かれる社会では、氷のように冷たい数理的な理論の必然的・強制的演繹によって欲望は氷結し、人間は画一的なパチンコ玉（浅田，1984）のように消費されていく社会が想定されていると考えられる。次章では、新古典派経済学への反省から生まれた新制度派経済学の理論的視座を外観する。

3. 新制度派経済学の自己拘束主義

　歴史が重要であると、新制度派経済学者のダグラス・ノースはいう。その理由は、社会的諸制度の継続性によって現在と将来が過去に結びつけられているからである（ノース，1990）。新古典派経済学は、そもそも欲望がどこに生じるのかという問いには答えないが、新制度派経済学では欲望は、過去からの現在と未来に続く社会的制度の流れとの結合において立ち上がると考えている。新制度派経済学の理論的な頂点には歴史が君臨する。歴史、つまり社会的諸制度の流れから市場経済を理解しようとする視座である。つまり、欲望は制度によって抑制され、人間の行動を制度が規定するという立場である。本当にそうなのか。制度、すな

わち構造に欲望が制御される社会について考えてみよう。人間は、欲望するだけなら自由かつ無限に何でも欲望できると考えられがちだが、何でも自由に欲望を想起できる能力が人間に完備されているとは限らない。人間の想像力は有限であり、完全ではない。個人差はあれど、所詮人間の想像力は過去から現在に至るなかにおいて個人が認識したものから想起できる範囲にとどまると考えられる。2017 年に、Google DeepMind によって開発された AlphaGo が、人間には想像もつかない手を打ち、世界のトップ棋士に勝利したことを思い出して欲しい。人間は、想像だにしないものに関しては欲望することさえかなわないわけである。ゆえに、歴史が重要で、欲望は「経路依存な性質」（ノース, 1990）を有しているという主張には一定の理解が可能となろう。

　また、新制度派経済学は 1978 年にノーベル経済学賞を受賞したサイモンの「限定合理性」（サイモン, 1947）を前提としている。すなわち、人間の情報収集・処理・伝達能力は限定されており、限定された情報のなかで意図的に合理的にしか行動できない（菊澤, 2018）限定合理的な人間を前提としているのだ。新制度派経済学が前提とする社会では、制度が「個々人の選択集合を定義・制限する」（ノース, 1990）ため、欲望は制度の制限を受けながらも限定的な自由を与えられている。しかし、限定合理的なゆえに、人間は取引において機会主義の誘惑に常にさらされる。機会主義とは、自己の利益を悪がしこいやり方で追求するような戦略的行動をとることをいう（ウィリアムソン, 1975）。2009 年にノーベル経済学賞を受賞したウィリアムソン（1975）は、単に利己的に行動するという仮定を超えて、はるかに狡猾で、隠蔽や虚偽に長けた人間が優位性を実現すると述べている。機会主義の人間同士が取引を行う場面では、互いの利益が両立的になるよう取り決めを結ぶ。このような戦略的経済的相互作用を通じて制度的ゲームのルールが自己拘束性を持つことにより、制度の自己維持システムが強化される（青木, 2007）。新古典派経済学が前提とする人間より、新制度派経済学が前提とする人間の方が数段ずるがしこく、一癖も二癖もある代物（ウィリアムソン, 1975）であり、そういった人間が構成する社会は欺瞞への誘惑に満ち溢れている。新制度派経済学は、フォーマルおよびインフォーマルな制度的構造が人間の行動を規定するという構造主義の立場をとる。構造の中で欲望は歪曲し、制度の強力な枠組みによって属領化される。浅田（1984）は、近代資本主義の構造を、恐慌や戦争を頂点とする

ような形で死と破壊を常態化した、恐るべき社会と述べている。このような限定
合理的で経路依存的な自己拘束型社会から、欲望が、人間が、逃れることはでき
ないのだろうか。4 章では、分裂分析というフレームで近代資本主義を脱構築す
ることで、欲望のダイナミズムを提起したドゥルーズ＝ガタリの欲望機械論の理
論的射程を経済学の観点から検討する。

4. 欲望機械論の理論的視座

　ドゥルーズ＝ガタリ（1972）は、欲望は何らかの「欠如」から生まれると仮定す
るフロイトやラカンらの精神分析に対し、「欲望を欠如として定義し、生産として
定義しない」と批判し、欲望とは「接続・切断・再接続」を繰り返す自律分散型
の機械であると主張した。非常に難解な定義ではあるが、彼らは欲望という観点
から世界を理解しようとし、「人間の欲望」という人間中心主義的な捉え方を脱構
築し、欲望のダイナミズムや生々しさをそのまま捉えようとしている。彼らがな
ぜそのような手法を用いたのか。彼らの主張を理解するためには、脱構築主義と
呼ばれるポストモダン・パースペクティブを理解する必要がある。ポストモダン・
パースペクティブは、デカルトの二元論やヘーゲルの弁証法、レヴィ＝ストロー
スの構造主義を超克しようとする視座である。前者は主客の二項対立を基礎づけ
し、後者は目に見えない構造を基礎づけして世界を理解しようとするが、それら
はすべて人間という主体を中心において世界を理解しようとする立場である。こ
れに対して彼らは、欲望を中心において、欲望する諸機械というユニークな観点
から世界全体を分裂的に分析するダイナミックな視座の獲得を目指している。

　彼らによれば、自然、人間、人工物の区別はなく、世界のすべてが「接続・切
断・再接続」を繰り返す、欲望する諸機械なのである。経済主体も一人の完結し
た主体ではなく、種々の（身体）器官機械に連結された欲望する諸機械として分
裂、分節化され、多種多様に自律分散的に錯綜する分裂型機械として定義される。
人間という経済主体はもはや主体にあらず、彼らの言うところの食べる機械であ
り、肛門機械であり、話す機械や、もしくは呼吸する機械として他の諸機械との
連結における欲望の過程であり、欲望の多様体にすぎないという。たしかにわれ
われの身体は、自分の意思とは関係なく、胃という器官機械は食べることを欲望
し、肛門機械の排泄への欲望を自分の意思によって抑制することが困難であり、

自分の意思によって 30 分以上呼吸を止めることも不可能である。われわれは、身体の各器官に生じる機械的な欲望に対しては簡単には抗えない特性を持っている。そう考えると、主体とは自分自身という一個の完結した個体ではなく、身体の各器官の多種多様な欲望の過程に脱構築化されるという彼らの主張に対して一定の理解が可能になる。つまり、社会は独立した経済主体の意思決定が動かしているのではなく、細分化された器官機械それぞれの目的と欲望に応じた多種多様な諸機械との連動の中で動かされていると考えるのである。

　欲望する諸機械モデルは、新古典派経済学の仮定する完全合理人モデルや、新制度派経済学の経路依存的な自己拘束性を持つ限定合理人モデルと明らかに異なる。経済学が人間に欲望が従属する人間中心主義であるのに対し、欲望機械論は欲望に人間が従属する脱人間中心主義である。つまり、人間が欲望するのではなく、人間を欲望する諸機械どうしが「接続・切断・再接続」を繰り返すプロセスに過ぎないと定義するのである。欲望機械論では、人間に先立って、欲望が存在する。世界は、多種多様な欲望機械の「接続・切断・再接続」によって「生成・脱構築・再構築」されていく。その過程を彼らは欲望の再生産と呼んだ。非常に複雑な分析フレームではあるが、多種多様な欲望が錯綜している現実をありのままに捉えようとすると、すべてはプロセスとして理解することが必要となる。新制度派経済学の主張するように、現在は過去に結びつけられており、未来へ続くプロセスに過ぎない。定量分析のように、ある時点を切り取り、構成要素に還元してモデル化することは目の大きな投網で海の底を攫うようなものである。網の目で攫い取れないものの方が圧倒的に多く、どれほど優秀な網糸を用いても、海の水は掬えない。引き揚げた投網の中を覗いても、海洋のありのままのダイナミズムを捉えることはできない。いわばドゥルーズ＝ガタリは、海洋の流れそのものを多種多様でダイナミックなプロセスとして分析しようとしているのである。

　ドゥルーズ＝ガタリによれば、欲望の異常なダイナミズムの一切は生産として捉えられる。生産とは、まさにプロセスのことである。欲望機械論では、市場社会に存在するのは「生産の生産（能動と受動との生産）であり、登録の生産（分配と配置との生産）であり、消費の生産（享楽と不安と苦悩との生産）」（ドゥルーズ＝ガタリ、1972）と規定される。生産、消費、分配をも区別しない。つまり、消費が生まれないことには、次なる生産は生まれないし、分配は次なる生産につ

ながるので、消費すなわち生産であり、分配もすなわち生産として、すべてを欲望の生産＝プロセスと捉えている。

　ここで、クリステンセン（2001）が提唱する破壊的イノベーションという社会的事象を考えてみよう。破壊的イノベーションとは、新たなビジネスモデルによって既存の市場が破壊されることを示す。音楽メディアを例にすると、レコード・CD・MD・mp3 ファイルと絶え間ない破壊的イノベーションにより、低価格化・小型化・機能性・利便性が更新され、既存の市場とビジネスモデルが破壊されてきた。はじめは低性能だった破壊的製品が市場のニーズに応えられるまで改良され、既存製品の持続的改良を凌駕し、市場の中心的ニーズに置き換わるプロセスは、破壊的イノベーションモデルとして、図表1のように示されている。

図表1　破壊的イノベーションモデル

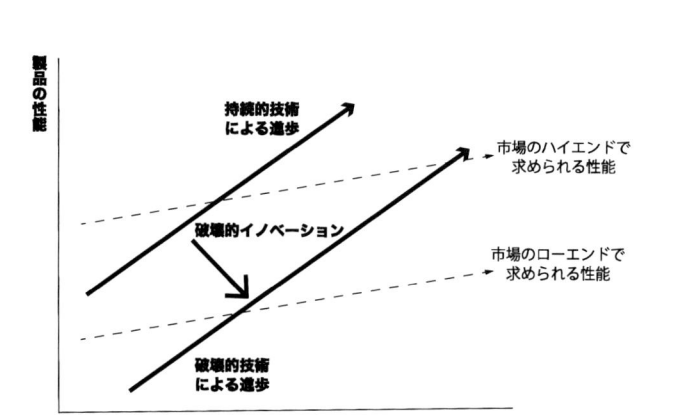

（出所：クリステンセン（2001, p.10）より筆者作成）

　非常にシンプルかつ明快に、破壊的イノベーションが一点の均衡解へ収束していくリニア（直線的）な線形モデルである。市場を破壊する機械は、このようなリニアな流れで生産されるのだろうか。クリステンセン（2001）のモデルでは、破壊的イノベーションがどのように生産されているか、その過程を示していない。

　図表2は、筆者が欲望機械論の分裂分析を参考にレコード・CD・mp3 による音

楽メディアの破壊的イノベーション機械の生産プロセスを示したものである。上下のグリッドは、国家装置における制度を表している。民主主義機械と資本主義機械を平面上で対置させたのは、経済学者である成田（2022）が社会構造の中で民主主義と資本主義が逆行してお互いの足を引っ張り合うという主張を反映させている。彼は「資本主義は強者が閉じていく仕組み、民主主義は弱者に開かれていく仕組み」とし、民主主義の劣化と資本主義の加速によって近年の民主国家装置が機能不全に陥っていることを指摘している（成田, 2022）。また、2つの平面間のうねる曲線の束は、音楽メディアに関連した欲望する諸機械の錯綜する多種多様な生産プロセスを示しており、実線の矢印はそれらの諸機械における生産の連動を示し、点線の矢印は制度に従属する生産、大きな中白の矢印は破壊的イノベーション機械の再生産を表している。

図表2　破壊的イノベーション機械の再生産モデル：レコード・CD・mp3

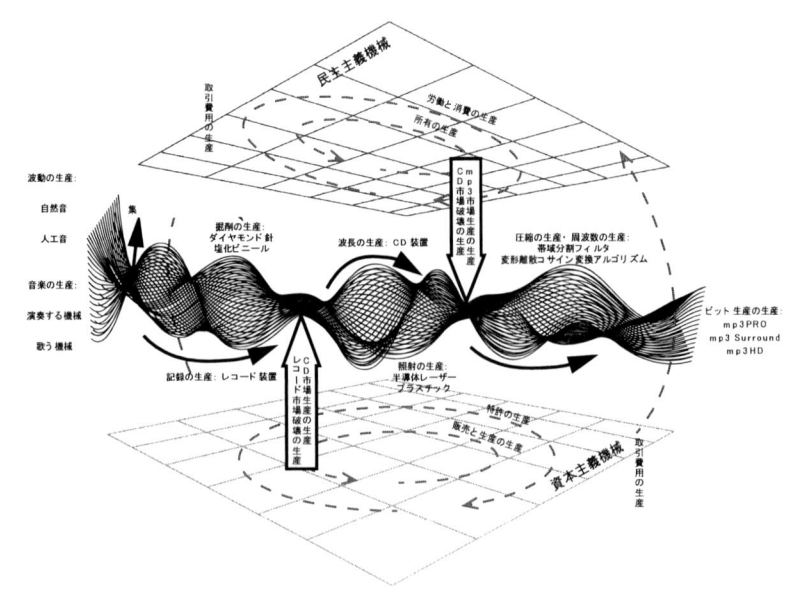

（出所：筆者作成）

　図表2では、民主主義機械と資本主義機械の平面間に民主国家装置が起動している。民主主義機械の平面では、労働と消費の生産と所有の生産の再生産が繰り返され、資本主義機械の平面では特許の生産および販売と生産の生産の再生産が繰り返されている。2つのイデオロギー機械の間では取引費用が生産されている。それらの制度的機械とは異なる次元にある自然音や人工音による波動の生産が、演奏する機械や歌う機械に接続されることによって音楽の生産が生産される。音楽の生産は集音機械と接続されることで、音源として切断される。切断された音源は、技術機械としてのダイヤモンド針と塩化ビニールと接続することで掘削の生産として再生産される。掘削の生産は、技術機械としてのレコード装置に再接続されて記録の生産を再生産する。他方で市場社会は取引費用を減少させるため、新しい技術機械を生産する。記録の生産が、新しい技術機械である半導体レーザーとプラスチックに接続され、照射の生産として切断、再接続される。掘削の生産が照射の生産を再生産し、CD装置として再生産される。照射の生産によって、記録の生産が波長の生産に再生産されることで、既存のレコード市場破壊の生産とCD市場生産の生産によって、破壊的イノベーション機械が再生産される。さらに、新しい技術機械である帯域分散フィルタと変形離散アルゴリズムによって圧縮の生産と周波数の生産が生産されることで、ビットの生産としてmp3装置が再生産される。照射の生産が圧縮と周波数の生産に、波長の生産がビットの生産に再生産されることで、既存のCD市場破壊の生産とmp3市場生産の生産によって、破壊的イノベーション機械が再生産される。さらに、破壊的イノベーション機械によって、mp3PRO、mp3 Surround、mp3HDなどのビットの生産の生産が再生産される。つまり、一切は生産であり、「接続・切断・再接続」の再生産のプロセスとして捉えることができる。

　欲望機械論に基づいた破壊的イノベーションの分裂分析から得られる経済学への示唆は、以下の通りである。①欲望は構造に完全に従属しない。近年、制度的な枠組みに先行してメタバースやNFT市場が急速に拡大するように、欲望は資本主義や民主主義の制度的構造を拡張する力を持っている。すなわち、欲望は構造に規定されるのではなく、構造に対する欲望の優位性が示される。労働と消費の生産は、国家装置の制度機械を拡張する力を持ち、所有の生産を音源のデジタル化による脱所有や音楽配信サービスによる一時的所有、NFT音楽の仮想的所有

などの生産を再生産すると考えられる。これらは聴く機械の力によって生産された破壊的イノベーションである。②欲望は貨幣に従属しない。演奏する機械や歌う機械、聴く機械は貨幣システムに必ずしも従属していない。欲望は貨幣システムの制度機械の次元を超えて存在すると考えられる。③欲望は人間に従属しない。技術機械はそれ自体が欲望する諸機械となって、新しい技術機械を再生産する。そこにはデカルトの個体論的な主客の区別はない。人間とテクノロジーが一体となって、新しい技術機械が再生産されると考えられる。

　ポストモダニズムの経済学者・浅田彰（1983）はドゥルーズ＝ガタリの欲望機械論に関連して、新古典派経済学は一つの工場を諸生産要素の集合と考えるが、工場とは労働者も含めた諸機械の連動と捉えることができると述べている。社会的事象を構成要素ごとに分解して、それらの関係を静的にモデル化する新古典派経済学の要素還元主義ではなく、多種多様な欲望が錯綜する動的プロセスとしての工場を丸ごと理解しようとする立場である。単なるメタファーではなく、一切の抽象を廃棄し、社会的現実の動きをそのまま一挙に直視することで、そこに欲望の力の絡み合いと欲望する諸機械が連動する姿を見出すことが可能になると考えるのである。こうした分裂的でダイナミックなパースペクティブによって、アルチュセール（1995）の国家装置論やフーコー（1975）の権力装置分析を再解釈することも可能で、あらゆる社会組織や国家についても再分脈化できると、浅田（1983）は主張する。つまり、欲望機械論の分裂分析によってあらゆる制度的な構造を脱構築し、近代資本主義を欲望する諸機械という動態的な観点から再構築することが可能になると考えられる。

　また浅田（1984）は、欲望する諸機械は画一的なパチンコ玉のようなものではなく、一個一個がDNAのように非常に複雑な形をしており、多種多様な結合と分裂を繰り返す多様体であると述べている。それら結合する多様体は、多数性・画一性を特徴とする「群衆」ではなく、少数性・多様性をもった「群れ」であり、前者が犬の大集団だとすれば、後者は狼の群れだと説明している（浅田，1984，p.90-91）。社会は多様性と多元性に満ち溢れている。理論経済学者である塩沢由典は、「脳や市場経済のような複雑系を分析するには、力任せに方程式を解くというのではなく、大規模で相互作用のある系として、その特性を明らかにしていかなければなりません。理解の方向を変える必要があるのです。」と述べている（塩

沢，2020）。欲望機械論のポストモダン・パースペクティブは、歴史（すなわちプロセス）を重視する新制度派経済学に革新的な力を与えると考えられる。

5. おわりに

　本稿では、欲望に焦点をあて、欲望機械論の観点から新制度派経済学の再文脈化を試みた。音楽メディアの破壊的イノベーションに関して、欲望機械論における分裂分析を実施したところ、欲望機械論の分析フレームは新制度派経済学の分析フレームに革新的な側面を与えるということが示された。

　最後に、本稿は決して経済学の理論的枠組みを否定するものではない。筆者は、それぞれの学派の主張も欲望の生産として捉えている。論点を明確にするために、あえて批判的な観点から思考実験を試みたが、一切は生産であり、すべては多種多様な欲望する諸機械である。筆者は、学派ごとの論争もポジティブに健全に生産されていくべきだと考えているが、現実はなかなかそうもいかないようだ。ゆえに、本稿は自分を含めた方法論上の対立に戸惑う学生に読んでほしい。また、定量調査において完全には拭い切れないバイアスに限界を感じている実証主義の研究者や、定性調査における客観性を担保できずに疲弊してしまっている解釈主義の研究者、または批判的実在論の立場をとる研究者にも読んでほしいと思っている。さらに、アート思考を実務に取り入れようとしているビジネスパーソンにも読んでほしい。筆者は 20 年にわたり、自社のマーケティングとブランディングを手がけてきたビジネスパーソンとして、本稿の視点は直接的に実務に応用できなくても、何らかのひらめきや気づきにつながる可能性があると考える。中小企業経営者の知人から、経済学の学者の考えることなど理解できなくても会社はつぶれないし、すでに直感的にわかっていることを科学的に証明したと言われるより、われわれでは思いもつかないことを着想して欲しいという声がある。実務家としての筆者の経験で恐縮であるが、確かに、新商品の企画や他社にはないブランドストーリーの構築、または広報 PR におけるキャッチコピーなどを考案する際に、厳格な理論から導出された限定的な知見よりも、今までにない何らかの新しいパースペクティブの獲得につながるヒントをもらえた方がはるかに実用的な場合もあった。ゆえに、本稿では思い切って、挑戦的な思考実験に挑んだ次第である。

　今後は、相手かまわず連結と切断を際限なく繰り返す無節操ぶりの方が、やせ細った自己の狭隘な一貫性にこだわるよりはるかに生産的だと言い放った浅田（1983）に倣い、領域横断的に学際的な視点から経済学の研究を再生産していきたい。

註

1)　たとえば心理学領域では、アブラハム・マズローが人間の欲求を 5 つの階層（生理的欲求、安全欲求、社会的欲求、承認欲求、自己実現欲求）に分類している。経済学領域では、新古典派経済学は個人が消費や投資を通じて効用（欲望の満足）を最大化すると考える。他方で、行動経済学ではヒューリスティックやバイアスなどの心理学的要因が個人の欲望にどのように影響するかを研究している。

参考文献

[1]　Christensen, C. M.,(2001), "The innovator's dilemma: when new technologies cause great firms to fail", 玉田俊平太監修・伊豆原弓訳（2001）『イノベーションのジレンマ　増補改訂版』　翔泳社

[2]　Deleuze, G., & Guattari, F., (1972), "L'anti-Oedipe : Capitalisme et schizophrénie ",市倉宏祐訳（1986）『アンチ・オイディプス』　河出書房新社

[3]　Douglass, C. North,(1990), "INSTITUTIONS, INSTITUTIONAL CHANGE AND ECONOMIC PERFORMANCE", 竹下公視訳（2009）『制度・制度変化・経済成果』　晃洋書房

[4]　Louis ALTHUSSER（1995）, "SUR LA REPRODUCTION", 西川長夫・伊吹浩一・大中一彌・今野晃・山家歩訳（2010）『再生産について　イデオロギーと国家のイデオロギー諸装置』　平凡社

[5]　Michel FOUCAULT（1975）, "SURVEILLER ET PUNIR : NAISSANCE DE LA PRISON", 田村俶訳（2020）『監獄の誕生　新装版』　新潮社

[6]　Oliver, E. Williamson,(1975), "MARKETS AND HIERARCHIES", 浅沼萬里・岩崎晃一訳（1980）『市場と企業組織』　日本評論社

[7]　R. H. Coase, (1998), "THE FIRM, THE MARKET, AND THE LAW", 宮澤
健一・後藤晃・藤垣芳文訳（2020）『企業・市場・法』　筑摩書房

[8]　Roy Bhaskar, (1998), "THE POSSIBILITY OF NATURALISM : A
Philosophical Critique of the Contemporary Human Science (3rd edition)",
式部信訳（2006）『自然主義の可能性－現代社会科学批判－』　晃洋書房

[9]　Hannah Arendt（1951）"THE ORIGINS OF TOTALITARIANISM", 大久
保和郎・大島かおり訳（2017）『全体主義の起源 [新版]』　みすず書房

[10]　Herbert Alexander Simon（1947）," Administrative Behavior", 松田武彦・
二村敏子・高柳暁訳（2009）『経営行動－経営組織における意思決定プロセ
スの研究』　ダイヤモンド社

[11]　青木昌彦（2007）『叢書《制度を考える》比較制度分析に向けて　新装版』
NTT 出版

[12]　浅田彰（1983）『構造と力』　勁草書房

[13]　浅田彰（1984）『逃走論－スキゾ・キッズの冒険－』　筑摩書房

[14]　菊澤研宗（2018）『組織の経済学入門－新制度派経済学アプローチ[改訂
版]』　有斐閣

[15]　塩沢由典（2020）『増補　複雑系経済学入門』　ちくま学芸文庫

[16]　進化経済学会編（2006）『進化経済学ハンドブック』　共立出版

[17]　成田悠輔（2022）『22 世紀の民主主義　選挙はアルコリズムになり、政治
家はネコになる』　SB 新書

製造企業によるサービス化に向けたプロセスの考察

久保田昌宏

1. はじめに

　世界の製造企業は、21世紀に入り生産性の向上と新たな価値創出を目的としたビジネスシステムの構築を始めている。例えば、ドイツでは、国家戦略として製造企業における ICT 化を推進し「インダストリー4.0」と呼ばれる新たなビジネスシステムの構築を行なっている。米国では、BtoB 領域において機器をネットワークに繋ぐことで得られた膨大な情報を活用するプラットフォーム企業が現れ、産業内のルールを一変させるようなビジネスを展開している。

　これらの製造企業に共通することは、ビッグデータと呼ばれる情報を収集し、顧客ごとにカスタマイズされたソリューションを提供することで伝統的なバリューチェーンモデルからの脱却をはかり、モノづくりに固執することなく新たな価値創出を行っていることがあげられる。

　一方で日本の製造企業は、旧来通りの「ものづくり日本」で培った成功パターンを踏襲し継続しているため、事業環境の変化に対応した価値創出が出来ておらず、企業成長の停滞を余儀なくされている。今後、日本の製造企業が持続的な成長を遂げるためには、顧客に対する価値創出のあり方を見直すことが急務であると考える。

　そこで本稿では、製造企業の新たな価値創出として注目されている「製造業のサービス化」について述べたいと考える。2章では、「製造業のサービス化」に関する先行研究のレビューを行い、3章では医療に携わる製造企業としていち早く「製造業のサービス化」に取り組んだ株式会社ホギメディカルの事例について報告する。4章では事例をもとに製造企業が「製造業のサービス化」に向けたプロセスについて考える。

2.「製造業のサービス化」について

　世界の製造企業は情報通信技術（ICT）の発展に伴い、第 4 次産業革命と呼ば

れる新たな局面を迎えている。製造企業を主力とするドイツでは、国家戦略として「インダストリー4.0」が打ち出され、中小企業が共通した通信規格を利用することでデジタル・ネットワーク化を実現し、生産体制と供給体制の統合化を進めている。これにより従来の大量生産体制から多品種少量生産体制へと移行しつつ、生産の効率性を高めようとしている。

　西岡・南(2017)は、情報通信技術が発展することで製造企業の生産体制と供給体制がシームレスに繋がり、製造企業が「製品」という形で顧客に対する価値提供を完結させるのではなく、供給体制の中で「製品」と「サービス」を一体化するいわゆる「製造業のサービス化」による新たな価値創出が行われていると述べている。榎本(2021)は、「製造業のサービス化」研究の系譜についてまとめており、それを参考に研究の発展過程について確認する。

　「製造業のサービス化」はVandermerwe & Rada(1988)により提唱され、グローバル化が進む市場において製造企業は「製品とサービスの組み合わせによる顧客価値の実現」による価値創出を目指すべきであることを示した。彼らは、これを「製造業のサービス化（"servitaization of business"）」と呼んだ。その後、「製造業のサービス化」研究が発展するかに思われたが、研究自体は低迷することになった。再び「製造業のサービス化」が脚光を浴びるようになるのは2000年代に入ってからである。Mathieu（2001）はSSP（Service Supporting Product）とSSC（Service Supporting the Client）のサービス分類、Oliva and Kallenberg(2003)は"Transition to Service"モデルを提示し、これらは「製造業のサービス化」研究に深く関わる概念となり、再び研究が発展することになった。

　一方で、「製造業のサービス化」研究の発展とは裏腹に、現実の製造企業の経営においてサービス成長は容易ではなく、巨額の資源を投資したとしても企業収益として反映されない「サービスパラドックス」の問題が生じていた。また、製造企業が「製造業のサービス化」を目指すための具体的なプロセスも明らかになっていなかった。

　Tukker(2004)は、経営戦略・マーケティングに関する研究を踏まえ、今まで具現化することができなかった製造企業のサービス化に関するプロセスを「製品志向」、「使用志向」、「結果志向」の3段階によるプロセスを提示した。さらにNeely(2009)は、先の3段階のプロセスに対して「統合志向」と「サービス志向」

を追加することでより具体的な「製造業のサービス化」へのプロセスを示した。Saccani,Visintin and Rapaccini(2014)は、事例研究より製造企業による製品・サービスの組み合わせによる価値創出が高まるにつれて企業連携が成功を左右することを明らかにした。このように、製造企業単独ではなく、製造企業・顧客など複数主体による価値創造プロセスとしてサービス化を捉えるべきとの見方が2010年以降強まってきた。

　このように1980年代以降、「製造業のサービス化」研究は発展してきたが、学術界は未だ2つの問題を解決することができていない。1点目は、サービスパラドックスの問題から派生した「製造企業はサービス化において何を目指すべきか」であり、2点目は製造企業がサービス化するために必要な理論的枠組みを構築できていないことがあげられる。これらの問題は、あらゆる研究者によって明らかにしたい分野の研究が進んだことが要因として考えられ、製造企業の価値創出を一連の流れとして捉えた研究がなかったことがあげられる。

　今後は、製造企業の伝統的なバリューチェーンモデルから脱却し、顧客の課題を解決するソリューション提供として「製造業のサービス化」を捉え直すことが必要である。また、ソリューションが高度化すると顧客およびサプライヤー以外の多数の関与・協働が不可欠となり、その付加価値のプロセスを明らかにすることが重要であると考える。

　次章では、医療に携わる製造企業としていち早く「製造業のサービス化」を行い、企業成長に繋げた株式会社ホギメディカルの事例について述べたいと考える。

3. 事例：株式会社ホギメディカルの
　　　「製造業のサービス化」へ向けたビジネスシステムの変遷

　株式会社ホギメディカル（以下、ホギメディカルと表示）は1961年に創業・設立した。会社設立以来、半世紀以上にわたり医療現場の安全と医療機関の経営改善に寄与する製品の開発と安定供給に注力してきた。ホギメディカルは、製品の提供だけではなく、顧客である病院のバリューチェーンに入り込み、他にはない価値を創出することで企業成長を遂げてきた。ホギメディカルの創業期から今に至るまでの製品ライフサイクルを意識したビジネスシステムの変遷を確認することで、製造企業にとって「製造業のサービス化」に必要なプロセスについて検討

する。

3.1 創業の経緯

　創業者である保木将夫は個人企業の文房具店「保木明正堂」を 1955 年に創業し、これがホギメディカルのスタートとなった。創業時、保木は普通の文房具だけではない隙間を狙った紙製品を販売することを考えた。以前勤めていた紙製問屋で販売していた紙製品は 2 トントラックにいっぱい積んだ分量で 5、6 万円だったのに対し、医療用記録紙のメーカーである福田商店が売っている紙製品はオートバイの荷台に積んだ分量で 5、6 万円であり、これが同じ紙製品でもその付加価値の差に瞠目した記憶を思い出した。そこで保木は、福田商店と医療用記録紙の販売専門会社としての契約を行い、経営者としての第一歩を踏み出すことになる。その後、特種製紙株式会社に原紙の製造を委託し、それを印刷加工したのち、「HOGY」のマークをつけて販売を行なった。試行錯誤しながら営業活動を行なった結果、医療用記録紙のシェアは 50％を記録するまでに成長した。しかし、医療用記録紙は医療機械の機種やスペックが変われば当然使われなくなる為、他社に依存しない自社製品を持つべきだという考えを持つようになった。

　保木は、当時の医療の中で一番遅れていた医療用器具を滅菌する分野に目をつけ、紙を原材料とした国内初の滅菌用包装袋である「メッキンバッグ」を開発した。「メッキンバック」は、医療用器具を袋の中に入れ滅菌し、滅菌後、医療器具の無菌性を保つ包装材としての役割を果たす。ホギメディカルは、ここから病院と深く関わりながら事業を展開していくことになる。

　1970 年代に入り、医療現場では手術を行う際に患者にかける綿布製の覆布（おいふ）による患者および医療従事者の感染の問題が大きくなっていた。そこで、手術中の感染防止を目的に日本で初めて手術に使用するディスポーザブルの不織布製品を開発した。新たな製品の開発に成功したホギメディカルは、病院の手術室に深く関わることで企業の成長を遂げることになる。

　1990 年代に入ると感染防止の観点から医療現場ではリユース製品からディスポーザブル製品へと置き換わった。ディスポーザブル製品は、全て個別包装で滅菌されているため、手術などで使用する際は一つずつ開封する作業が必要であった。特に、手術を行う際は看護師が数百点にのぼるディスポーザブル製品を集め、

開封し、セッティングしなければならず、看護師業務を圧迫していたため、医療現場では業務の軽減が求められるようになった。

そこで、ホギメディカルは、手術室における看護師業務の軽減を目的とした手術に必要なディスポーザブル製品をあらかじめパッケージ化したキット製品の販売を開始した。

キット製品は、手術で使用する医療材料の一部をセット化することによって、手術準備にかかる時間や手間などを削減し、診療行為に費やす時間を増やすことで、手術室の生産性の向上に貢献することができる製品である。

例えば、心臓血管外科の手術では、通常400点から500点の医療材料が必要となり、病院内の在庫から必要な数量をピックアップし、手術準備が完了するまで看護師が数人で作業をする。一方で、キット製品を導入すると、医者の好みや手術内容を考慮した上であらかじめ医療材料がセット化されているため、看護師一人でも準備が可能となる。

これらのキット製品は、診療科ごとの手術内容や検査内容、さらに病院ごとのニーズや目的によってセット内容が異なるため、営業担当者が病院とコミュニケーションを図りながら、カスタマイズしていく製品となる。

2000年代に入り、日本の社会構造が高齢社会になり、医療費が国の財政を圧迫するようになってきた。国は医療費を抑制するために医療の提供体制の見直しを行うとともに、病院に対して「効率的な病院経営」を求めるようになった。ここでいう「効率的な」とは、自らの経営体質を見直し黒字体質へと改革することを意味する。そこでホギメディカルは、病院の効率的な経営を支援するために、病院において一番の利益部門である手術室の運営支援を行うための製品「オペラマスター」を開発した。

「オペラマスター」は、キット製品、手術室における物流管理および情報管理からなるシステムである。中核をなすキット製品は、病院で実施される手術の術式や医師別に医療材料をセット化することで、医療現場の効率化、省力化、手術の安全性の向上に貢献する。物流管理は、手術が実施される前日までにキット製品を納入する物流システムを構築し、病院の在庫負担軽減に寄与している。さらに、情報管理では、手術室の原価管理に必要な情報を収集し分析を行なった上で病院に経営改善に寄与する具体的な改善案を提供する。これらを滞りなく提供す

るために「オペラマスター」を採用している病院には、契約病院専属のコーディネーターとしてホギメディカルの営業員を手術室に配置し、現場に入り込むことで顧客と共に課題を解決する営業活動を行なっている。

3.2 「オペラマスター」の特徴

　1980年代以降、世界中の企業がトヨタのように製造工程の合理化を行い、非効率や無駄を極限まで取り除くリーン・プロダクションを導入することを目指した。製造工程における無駄とは、付加価値を生まない工程を意味する。

　このリーン・プロダクションは企業自身の製造工程を重視しているが、他方でリーン・コンサンプションという概念もある。リーン・コンサンプションとは、顧客における消費プロセスから無駄や非効率と考えられるプロセスを明確化し、排除することを重視する（Womack and Jones 2005）。「オペラマスター」の特徴には、このリーン・コンサンプションの考え方が当てはまる。この視点に立って、実際の「オペラマスター」による改善事例について述べる。

　「オペラマスター」を導入すると、まず手術室の運用状況や手術に関わる医師や看護師の業務内容を把握するために手術台帳や麻酔記録など病院が保有している情報を収集し、さらに看護師の業務内容を把握するための実態調査を行う。それらの情報を組み合わせて分析することで、手術を効率よく実施することを阻害している要因を探し出し改善案を提示する。例えば、手術ごとに必要な医療材料を明らかにすることで、その中からセット化できる医療材料を把握し、それらをキット製品として提供する。さらに、手術準備作業の標準化を推進するためのマニュアルを看護師と協働で作成することで効率的な手術室運営に貢献する。

　この「オペラマスター」の大きな特徴は、ホギメディカルだけでは問題を解決することはできないため、病院のバリューチェーンに入り込み病院職員と一緒になって協働することにより効果を生み出すところにある。

　このようにリーン・コンサンプションの視点に立つと、ホギメディカルは「オペラマスター」を通じて提供しているものはセット化されたキット製品だけではなく、物品管理の適正化、看護師の間接業務の削減、そして手術室の効率化であることがわかる。つまり、経営の改善を商品化しており、ここにリーン・コンサンプション的な考えが含まれている。

3.3 ホギメディカルの製品ライフサイクル

　ホギメディカルの主力製品は、前節でふれたように医療用記録紙から始まり、院内感染防止を目的としたメッキンバッグ、医療用不織布製品、キット製品、病院経営支援を目的とした手術室運営支援システム「オペラマスター」へと製品のライフサイクルを意識しながら変化してきた。図表1は、主力製品による市場の探索と深化についてまとめたものである。

　O'Reilly Ⅲ, C.A. and M.L. Tushman(2016)は、市場の探索とは既存市場の競争激化による低利益率から脱却するため高利益率を確保することができる不連続的イノベーションまたはアーキテクチュアル・イノベーションを通じて、新しい顧客セグメントを獲得するために隣接市場へ移動することであると述べている。また、市場の深化とは時間とともに製品を通じて顧客理解を深めることでより効率的に顧客ニーズを満たすために戦略を進化させ、組織能力を高めて行くことであると述べている。

図表1　ホギメディカルによる市場の探索と深化

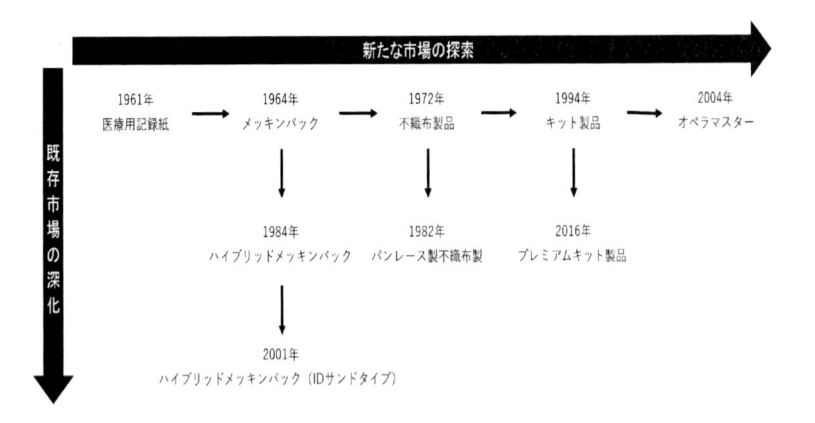

（出所：筆者作成）

3.4 ホギメディカルのビジネスシステムの進化

　ここまで見てきたように、ホギメディカルは、新たな市場の探索と深化によりビジネスシステムの重層化を行いながら「製造業のサービス化」による価値創出

を実現し、創業期から持続的成長を遂げてきた（図表2）。

メッキンバッグ、不織布のビジネスシステムは、製品の原材料を仕入れ、製造し、製品を顧客に提供してきた。この価値連鎖は、伝統的な枠組みによって説明することができる。つまり、製品を提供することが顧客への価値提供へと繋がっている。

キット製品は、他の医療材料企業から製品を仕入れ、セット化することで新たな価値を生み出し顧客へ価値を提供する。これは他の医療材料企業と互いの資源を吸引し合い、企業成長が行えるネットワークが構築されているビジネスシステムとなる。

さらに「オペラマスター」は、病院と手術室運営に関する情報を互いに共有することで、顧客と共に新たな価値を創出するビジネスシステムである。「オペラマスター」は病院と医療に携わる企業が資本の境界を超えて情報を共有し協働体制による価値創出を行っており、これは病院からの絶対的な信頼が企業に必要不可欠であり、長年医療に貢献してきたホギメディカルだからこそ構築できたビジネスシステムであると考える。

図表2　ホギメディカルのビジネスシステムの重層化

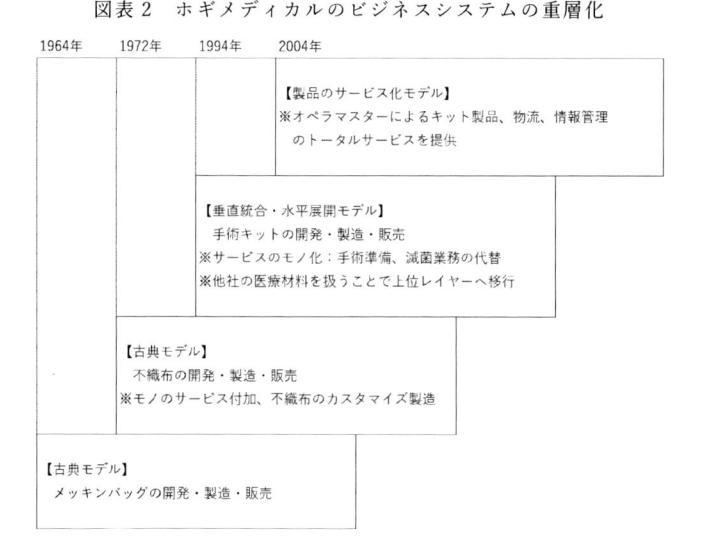

（出所：髙橋・妹尾・伊澤(2016)より筆者加筆）

4. 製造企業における「製造業のサービス化」に向けたプロセスの考察

ホギメディカルは、製品ライフサイクルを意識した探索と深化を繰り返すことで「製造業のサービス化」を実現することができた。その要因を 3 つあげたい。

第 1 に、ホギメディカルはビジネスを通して顧客である病院の仕組みを熟知することで病院のバリューチェーンに入り込む能力を培っていたことがあげられる。

第 2 に、自社の経営ノウハウを活かすことで病院の経営改善に有効な情報分析を行う能力を保有していたことがあげられる。

第 3 に、製造企業として商流・物流だけではなく、自社が優位になるような情報流を顧客との間に構築したことがあげられる。

このように、ホギメディカルの事例から製造企業がサービス化を行うためには、まずは自社の事業領域における製品のライフサイクルを意識した探索と深化を行いながら自らの顧客を理解することが重要である。そして、商流・物流だけではなく情報流を活性化することで顧客のバリューチェーンに入り込むビジネスシステムを構築し、顧客と情報を共有しながら協働することで「製造業のサービス化」による価値創出が可能であることが示されたと考える。

5. おわりに

「製造業のサービス化」研究は、サービスパラドックスの問題やプロセスの理論化の問題が存在する。今後、「製造業のサービス化」に成功した企業の事例を分析することでサービス化へ向けたプロセスを解明し、日本の製造企業の新たな価値創出の道標となる研究を行いたいと考える。

参考文献

[1]   Mathieu, V.（2001）,"Product services: From a service supporting the product to a service supporting the client," *Journal of Business & Industrial Marketing*, 16（1）,pp.39-61.

[2]   Neely,A.(2009), "Exploring the financial consequences of the servitization of manufacturing," *Operations Management Research*, 1(2),pp.103-118.

[3] Oliva, R. and R. Kallenberg (2003), "Managing the transition from products to services," *International Journal of Service Industry Management*, 14 (2),pp.160-172.

[4] O'Reilly Ⅲ, C.A. and M.L. Tushman(2016), *Lead and disrupt: How to solve the innovator's dilemma*, Stanford University Press.（渡部典子訳(2019)、『両利きの経営「二兎を追う」戦略が未来を切り拓く』 東洋経済新報社）

[5] Saccani, N., Visintin, F. and M. Rapaccini (2014), "Investigating the linkages between service types and supplier relationships in servitized environments," *International Journal of Production Economics*, Vol. 149,pp.226-238.

[6] Tukker, A. (2004), "Eight types of product–service system: Eight ways to sustainability? Experiences from SusProNet," *Business Strategy and the Environment*, 13 (4),pp.246-260.

[7] Vandermerwe, S. and J. Rada(1988), "Servitization of business: Adding value by adding services," *European Management Journal*, 6(4), pp.314-324.

[8] Womack, James P. and Daniel T. Jones (2005), "Lean Consumption," *Harvard Business Review*, Vol.83, No.3, pp.58-56.

[9] 榎本俊一(2021)「転換期にある『製造業のサービス成長』研究」『商学論究』第 69 巻 1 号、pp.161-208

[10] 髙橋耕二・妹尾堅一郎・伊澤久美 (2016)、「ホギメディカルにおける『サービス・消耗品モデル』：事例を通じた製造業のサービス化に関する一考察⑤」『年次学術大会講演要旨集』第 31 巻、pp.164-167

[11] 西岡健一・南知恵子(2017)「『製造業のサービス化』戦略」 中央経済社

第 3 章

地域と社会科学

SIR モデルと Watts-Strogatz モデルを組み合わせた噂の伝わり方に関する研究

岩本　　隆志

1. はじめに

　2020 年に発生した新型コロナウィルスの感染状況のシミュレーションとして、SIRモデルがある。だが、SIRモデルでは、大まかな感染状況の推移シミュレーションは可能であるが、人と人の繋がりといった視点が欠けていることも事実である。このSIRモデルの不足部分を補うモデルとして人と人の繋がりに着目したWatts-Strogatzモデルがある。この両モデルを組み合わせて使用することにより、より精度の高いシミュレーションが可能となる。本研究では、疫病の感染ではなく、噂の伝わり方に焦点をあて、両モデルを組み合わせることにより、どのような噂の伝わり方のモデリングが可能かを考察することを目的とする。

1.1 SIR モデル

　SIRモデルでは、ある感染症について、S(susceptible)が感染症への免疫がない人々、I(infected)が感染症に現在かかっている人々、R(recovered)が感染症から回復して感染症への免疫が生じた人々を指す。次に、SIRモデルを適用する上での前提条件を以下に示す。

① 新型の病気のため、人々は免疫を持っていない
② 人口が密集しており、人々の行き来が活発で、平均的に不特定多数の人と接触している
③ 人口の流入・流出はないロックダウンされた国や都市を想定
④ 接触によって、一定の割合で感染する
⑤ 感染者は回復後に免疫が生じ、罹患者と再び接触しても再発はしないし、未感染者に罹患させることもない
⑥ 未感染者、感染者、および回復した人の 3 種類が「一様に」混在している
⑦ 非常に短期的な流行(感染症以外での人口の変動はない)

という条件でモデルを考える。これは非常に短期的な流行をする伝染病でよく使われるモデルである。まず母集団を S(t)、I(t)、R(t) に分類する。前提条件⑦より、

$$S(t) + I(t) + R(t) = N \qquad (1)$$

となる。続いて S(t)、I(t)、R(t) がどのように遷移するかを考える。感染者が増えることは、数学的には S(t) が減りその分 I(t) が増えることになる。

感染性のある人が多いほど、感染者は増加しやすくなり、S(t) の比例定数を β とし S(t) の減少率を式で表すと I(t) に比例する事となる。感染する可能性のある人が多いほど、感染者は増加しやすくなる為、I(t) の減少率は S(t) に比例する。これは直感的にも理解できるはずである。したがって比例定数を β とすると S(t) の減少率を数式で表すと

$$\frac{dS}{dt} = -\beta S(t) I(t) \qquad (2)$$

となる。感染のしやすさは年齢や環境、体質等によって変わるが、係数 β はその平均を取った「感染率」とみなせる。同様に R(t) についても、感染者が多いほど、免疫獲得者又は死亡者も増えやすくなるために比例定数 γ を用いて

$$\frac{dR}{dt} = \gamma I(t) \qquad (3)$$

と表せる。この γ も β と同様に感染者が感染性のなくなる平均確率であり、回復率や隔離率などと呼ばれる。最後に I(t) の変化率であるが、(1) を t で微分すると

$$dS(t)\,dt + dI(t)\,dt + dR(t)\,dt = 0$$

となり、後はこの式と (2)(3) より

$$\frac{dI}{dt} = \beta S(t) I(t) - \gamma I(t) \qquad (4)$$

と I(t) の時間変化を導ける。(4) が負の値になれば感染者は減っていき、感染者は拡大しない。

次に、β は感染伝達係数、つまり感染率を意味するパラメータであり、この値が大きいほど人から人へと感染しやすいことを表している。γ は回復などで感染者でなくなる割合を表しており、感染症が治りやすければこの値も大きくなる。ここで感染症が流行するということは、I(t) が増加することであり、その条件は (4)式より算出できる。式 (4) の初期値を I(0)、S(0) とし、

$$I'(0) = (\beta S\left(0\right) - \gamma) I(0) \qquad (5)$$

式 (5) が正のとき、増加することになり、

$$\frac{\beta s\,(0)}{r} > 1 \qquad\qquad (6)$$

のとき、I(t)は初期時刻からの微小時間では単調増加で、ある時刻で最大値を取ることとなる。最大値に到達した後は単調減少で 0 に収束していく。

1.2 Watts-Strogatz モデル

　世界中の人は平均 6 人の知り合いを介してつながっているという「スモールワールド現象」がある。1998 年に社会心理学者ワッツとその指導教員のストロガッツが、ネットワーク理論を用いてスモールワールド現象[1]を説明しようとした最初の論文を発表し、提案したのがワッツ・ストロガッツモデルであり、次数を抑え、小さい平均距離と大きいクラスター係数を同時に達成できる。Watts-Strogatzモデルは、現実世界のネットワークに近い性質を持ち、以下の定義を持つ。

① 空間上にn個のノード(エージェント)を生成
② 各ノードはa個の近隣のノードに接続
③ 各ノードにつながれている各リンクを確率 0.1 程度でランダムに別のノードにつなぎ変える。

2. 中心性

　中心性とは、ネットワークにおける各ノードの重要度を表す指標である。

2.1 次数中心性

　ノード(点)同士をつなぐ関係(辺：エッジ)の多寡によりノードの重要性を評価する指標である。関係が向きを持った有向グラフであれば、入次数中心性と出次数中心性に分離が可能である。入次数中心性は、ノードに入る矢印の向きを持った関係に基づく指標である。出次数中心性は、ノードから出て行く矢印の向きを持った関係に基づく指標である。

2.2 固有ベクトル中心性

　あるノードの中心性にそのノードと関連を持つ他のノードの中心性を反映させる指標である。固有ベクトル中心性の概念を具体的に説明する。あるノードPが他

のノードであるノードAとノードBと関係を持つ。ノードAは、Pの他の一つのノードとしか関係が無い。一方のノードBは、他の 10 個のノードと関係を持つ。この場合、中心性という意味でノードAとノードBを同じように評価することは必ずしも妥当ではない。他のノードと多くの関係を持っているノードと関係を持つことは、ネットワーク内での地位を高めることを意味する。固有ベクトル中心性は、その提唱者の名前からボナチッチ（Bonacich）中心性 [2] とも呼ばれる。

2.3 媒介中心性

媒介中心性は、ネットワーク内で他のノードとノードを結ぶ経路上にあるノードを高く評価する指標である。グラフ構造上独立した他のノードをつなぐハブやブリッジとしての役割の強さを示す。

2.4 近接中心性

近接中心性は、ネットワーク内で他のノードに対する近さを示す指標である。近接中心性の高いノードは他のネットワーク内のノードとの距離が短いため、ネットワークのなかで優位性を持つ。

2.5 Pagerank

あるノードの訪問者がリンクを経て別のノードへと訪問する状況が繰り返されていると想定した場合に、どの程度訪問者が訪れているかを示す値である。Googleの検索エンジンがWebページの重要度をはかる指標となるもので、被リンク数とその質によって決定される。0〜10 の 11 段階に分けられており、数字が高いほど検索エンジンからの評価が高いことを意味する。Pagerankは、以下の手順で計算されるネットワーク上のスコアである。ネットワークの隣接行列を $A = (a_{ij})$ とすると、隣接行列 $B = (b_{ij})$ は、

$$b_{ij} = \frac{a_{ij}}{\sum_k a_{ij}} \qquad (7)$$

となる。この遷移確率行列 b_{ij} を用いて収束するまで以下の計算を行う。

$$\begin{pmatrix} PR^{t+1}(1) \\ PR^{t+1}(2) \\ \vdots \\ PR^{t+1}(n) \end{pmatrix} = dB \begin{pmatrix} PR^{t}(1) \\ PR^{t}(2) \\ \vdots \\ PR^{t}(n) \end{pmatrix} + (1-d) \begin{pmatrix} \frac{1}{n} \\ \frac{1}{n} \\ \frac{1}{n} \\ \vdots \\ \frac{1}{n} \end{pmatrix} \tag{8}$$

収束した時点での$PR^{t+1}(i)$が、ノードiのPagerankとなる。

2.6 情報中心性

　情報中心性(infomation centrality)は、ネットワークに含まれる頂点間の最短経路以外の経路や、経路の長さも考慮した中心性指標である。点間の各経路の長さの逆数を重みづけし、その総和を規格化することで求める。

2.7 クラスタリング係数

　特定の一つのノードに対して定義できる値であり、隣接ノード間に辺が張られている割合によって表される指標である。グラフの全ノードのクラスタリング係数の平均が高いほどそのネットワークは密である。

3. 実験
3.1 中心性を付加したWatts-Strogatzモデルの実装

　Pagerankを用いたWatts-Strogatzモデルの小規模での実装を以下に示す。Watts-Strogatzモデルのノード数を20、 平均次数を3、 組み換え確率を0.1とした。中心性を加味しないWatts-Strogatzモデルを図表1に、Pagerank・近接中心性・次数中心性・固有ベクトル中心性・媒介中心性・情報中心性を付加したモデルを図表2から図表7に示す。同条件でのSIR図を図表8に、SIRの増減を表した図を図表9に示す。

図表 1　Watts-Strogatzモデルの
　　　　ネットワーク図

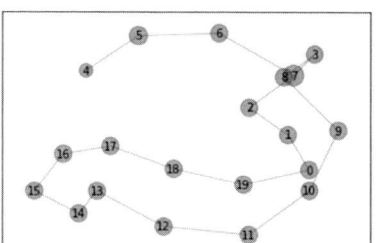

[出所：筆者作成]

図表 2　Pagerankを付加したWatts-
　　　　Strogatzモデルのネットワーク図

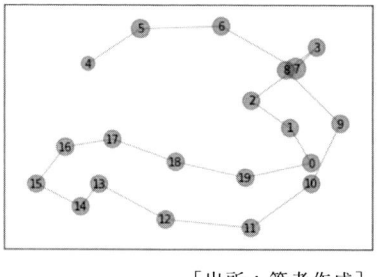

[出所：筆者作成]

図表 3　近接中心性を付加したWatts-
Strogatzモデルのネットワーク図

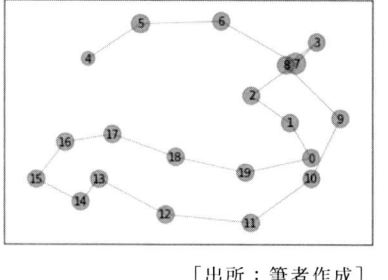

[出所：筆者作成]

図表 4　固有ベクトル中心性を付加した
Watts-Strogatzモデルのネットワーク図

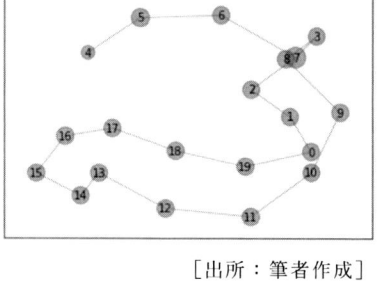

[出所：筆者作成]

図表 5　次数中心性を付加したWatts-
Strogatzモデルのネットワーク図

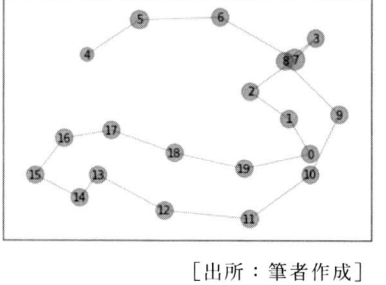

[出所：筆者作成]

図表 6　媒介中心性を付加したWatts-
Strogatzモデルのネットワーク図

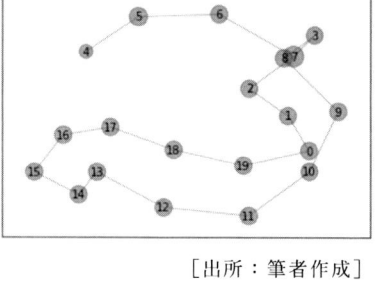

[出所：筆者作成]

岩本　隆志

図表 7　情報中心性を付加したWatts-Strogatzモデルのネットワーク図

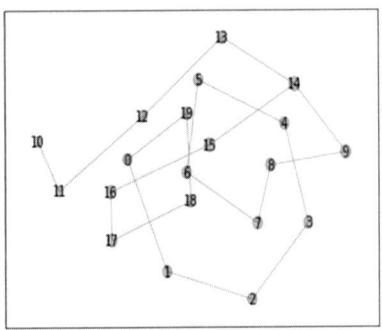

[出所：筆者作成]

図表 9　SIR の増減を表した図

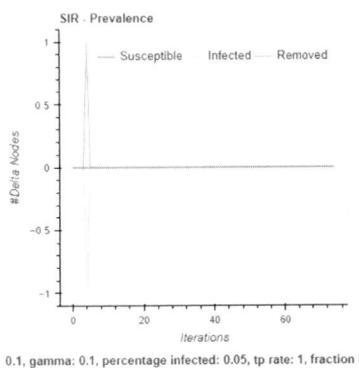

[出所：筆者作成]

図表 8　SIR図

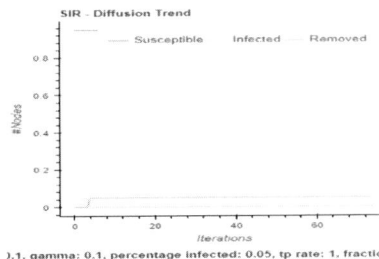

[出所：筆者作成]

図表 10　次数を変化させたときの平均ノード間距離とクラスタリング係数

Degree	Average distance between nodes	clustering coefficient
7	3.96152125	0.419122
8	3.46684563	0.480672
9	3.30836689	0.464976
10	3.01369127	0.500490
20	2.28581655	0.543546

[出所：筆者作成]

3.2 Instagramの世界を再現

　Instagramの世界で噂がどのように広まるのかについてWatts-StrogatzモデルとSIRモデルを組み合わせて、シミュレーションを実施する。本研究では、SIRモデルのパラメータはβ=0.1、γ=0.1、percentage_infected=0.0067 と設定した上で、Pageランクを付加したWatts-Strogatzモデルを実装した。アメリカのInstagramツールの会社、HashtagsForLikes[3] の調査結果より、平均フォロワー数が約 150 名程度であることが分かっており、ノード数を 150、組み換え確率はWatts-Strogatzモデルの前提として定義されている 0.1 とした時、Instagramのクラスタリング係数は 0.42 となる。尚、SIRモデルの実装にはNdlibを、可視化には、Bokehを用い、google colaboretory環境にて実装した。次数に関しては、クラスター係数が 0.42 になる次数を変化させて探ることとする。次数の変化とクラスタリング係数・平均ノード間距離を図表 10 に示す。図表 10 より Instagram の世界を作り出すためには、次数 7 が最適であることが分かった。次数を 7 とし、実装結果として、中心性を加味しない Watts-Strogatz モデルのネットワーク図を図表 11 に、Pagerank を付加した Watts-Strogatz モデルのネットワーク図を図表 12 に、SIR 図を図表 13 に、SIR の増減を図表 14 に示す。図表 15 に Pagerank 中心性の高いノード番号の TOP10 を示す。

図表 11 Watts-Strogatz ネットワーク図

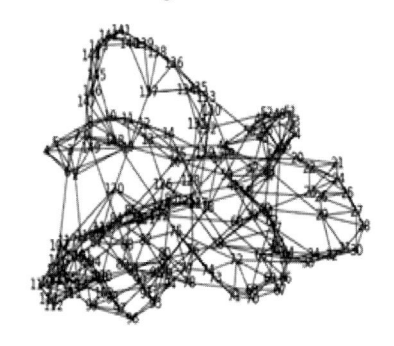

[出所：筆者作成]

図表 13 SIR図

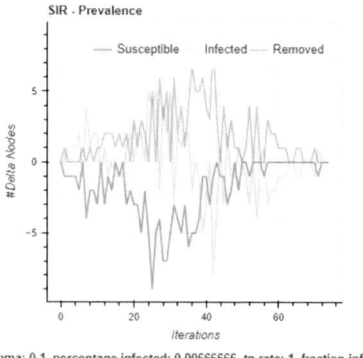

[出所：筆者作成]

図表 12 Pagerank を付加した Watts-Strogatz ネットワーク図

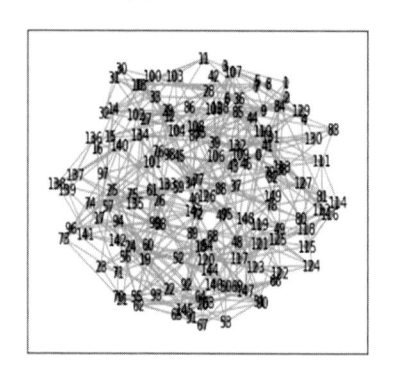

[出所：筆者作成]

図 14 SIR の増減を表した図

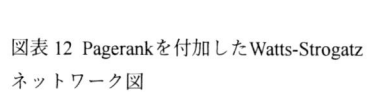

[出所：筆者作成]

図表 15 PagerankのTOP10 のノード番号と
Pagerank centrality

	Node Number	Pagerank Ccentrality
1	137	0.009
2	44	0.009
3	73	0.009
4	101	0.009
5	80	0.008
6	4	0.008
7	24	0.008
8	36	0.008
9	126	0.008
10	50	0.008

［出所：筆者作成］

4．考察

　Instagram の平均フォロアー数が約 150 人であり、クラスター係数が 0.42 とい
うことは知られているが、次数をどのように設定すればよいかが分からないため、
表 3 のように次数を 20 から 7 まで変化させた。結果として、次数 7 の時点で、ク
ラスター係数が 0.419122 となり、適切な次数であると判断した。図 6 で Watts-
Strogatz モデルのネットワーク図と図 7 に Pagerank を付加した Watts-Strogatz モ
デルのネットワーク図を示した。図 6 に比べて図 7 は、ぼやけているようにも見
えるが、Pagerank を付加した影響である。次に、図 8 で SIR 図を示したが、この
図を見るかぎり 36 日後に 3 割程度に噂が伝わり、70 日後には噂が消滅している。
図 9 で SIR の差異を表しているが、40 日を経過したあたりから新たに噂を耳にす
る人はほとんどおらず、消滅していく過程が見える。ただ、この状況では、具体
的に誰に対して噂を重点的に広めればよいか分からない状況である。そのため、
表 4 に Pagerank の TOP10 のノード番号を示した。

5．まとめ

　Watts-Strogatzモデルと SIRモデルを組み合わせて、噂の伝わり方のシミュレー
ションを行った。本研究では、SIRモデルのパラメータは固定し、Watts-Strogatzモ
デルの組み換え確率を 0.1 と固定し、次数を変化させて、Instagramの世界を作り、
その中で噂（情報）がどのような状況で伝わるのかを一例として示した。SIRモデ
ルでは、噂がどの程度の割合で伝わり、どの程度の期間で消滅するかを示し、
Strogatzモデルに Pagerankを付加することにより、ネットワーク図において、視覚
的に重要人物は拡大表示されるようにした。だが、Instagramでの平均フォロアー
である 150 人という小規模なクラスターでの可視化も、相当の拡大表示でもしな

い限り見分けがつかないという問題点がある。この問題点の改善策として、Pagerank中心性が高いものTOP10 を抜き出し、重点的に噂を流すことにより、噂の広がり方がより向上することが予測される。また、ネットワークにおける中心性には、他の指標もあり、Pagerankと他の指標の組み合わせにより、より精度の高い方法を見いだせるのではないであろうか。目指すべきは、広告宣伝の無駄を極限まで省くことであり、「広告宣伝におけるJust-In-Time化」である。本研究では、噂の広がり方の予測としたが、マーケティングにおける情報の宣伝などにも同様な分析が可能である。昨今は、インフルエンサーがテレビやラジオに変わって、広告宣伝の中心になりつつあるが、その根拠付けにもなろうか。

註

1) 人間関係のネットワークにおいて、知り合いを数人程度たどれば、世界の誰とでもつながりがあるという仮説。
2) フィリップ・ボナチッチに よって提案された中心性指標であり、単に次数の高い ノードを評価するのではなく、次数の高いノードと繋がったノードについても高く評価したもの。
3) Instagramに関係するツール開発会社。

参考文献

［1］ 公益信託 武見記念生存科学研究基金：「SIR モデルとその批判」、https://www.covid19-jma-medical-expert-meeting.jp/topic/3925（2022/10/25 閲覧）

［2］ 日本 FP 学会：「感染症数理(SIR)モデルから何を学ぶか？入門と応用」、https://www.jasfp.jp/moridaira.pdf（2022/10/25 閲覧）

［3］ 財務総合政策研究所：「経済学における感染症研究の諸潮流」、https://www.mof.go.jp/pri/publication/research_paper_staff_report/research06.pdf（2022/10/25 閲覧）

［4］ 統計数理研究所：「感染症流行の予測：感染症数理モデルにおける定量的課題」、https://www.ism.ac.jp/editsec/toukei/pdf/54-2-461.pdf（2022/10/25 閲覧）

岩本　隆志

［5］　東京大学：「ネットワーク分析の基礎」、
　　　https://gci.t.u-tokyo.ac.jp/tutorial/network/（2022/10/27 閲覧）

［6］　日立総研：「Ambient Intelligence and Beyond」、https://www.hitachi-hri.com/journal/__icsFiles/afieldfile/2015/08/25/vol.2-3.pdf（2022/10/27 閲覧）

［7］　国立研究開発法人情報通信研究機構（NICT）：「生命に学ぶ情報通信（ICT）の研究動向」、https://www.nict.go.jp/publication/shuppan/kihou-journal/kihou-vol54no4/0201.pdf（2022/10/27 閲覧）

［8］　京都大学：「複雑ネットワーク：統計物理学の視点」、http://mercury.yukawa.kyoto-u.ac.jp/~bussei.kenkyu/pdf/03/1/9999-031210.pdf（2022/10/27 閲覧）

［9］　筑波大学：「ソーシャルデータ分析の基礎」、http://www.kde.cs.tsukuba.ac.jp/~shion/lecture/KC-14/files/1_graph_model.pdf（2022/10/27 閲覧）。

［10］ HashtagsForLikes：「Instagram Followers: How Many Does the Average Person Have?」、https://www.hashtagsforlikes.co/blog/instagram-followers-how-many-does-the-average-person-have/#:~:text=The%20follower%20ratio%20matters%20mostbond%20with%20friends%20and%20family

［11］ 京都大学：「SNS上のフォロワー構造に基づく実際の支持度推定」、https://proceedings-of-deim.github.io/DEIM2022/papers/B24-4.pdf

［12］ 村田剛志（2019）『Pythonで学ぶネットワーク分析』　株式会社オーム社

特許分析を通じた国内電機機器産業の
企業価値と研究開発に関する一考察

長谷川友紀

1. はじめに

　国内電機機器産業において研究開発投資が必ずしも業績につながっていないといわれて久しい [1]。技術がアナログからデジタルへと変化し、ビジネスモデルが「モノが生み出すコトをサービスとして提供する」サービタイゼーションへと急速に変革が進んでいる世の中のスピードに対して適応していくことが企業には求められている。Drucker(1974)は企業を成長させるひとつの方向として多角化があることをふまえたうえで、市場・技術・価値観の一致が成功に不可欠であるとし関連多角化 [2] の重要性を述べた。Prahalad and Hamel(1990)は、コア・コンピタンスという概念を提唱し、具体的な事例としてホンダのエンジン技術、ソニーの小型化技術、シャープの液晶技術などをあげ、コア・コンピタンスを「顧客に対して、他社には真似のできない自社ならではの価値を提供する企業の中核的な力」として以下の3つの能力として定義したうえで、市場や競争環境の変化に柔軟に対応するためには常にコア・コンピタンスを見直し継続的に投資をしていくことが必要とした。

① 顧客価値をもたらす能力

② 模倣困難性のある能力

③ 複数の事業を展開可能な能力

　本稿ではビジネスモデルが変化している現在において、国内電機機器産業で複数の事業を展開可能な能力を持ち関連多角化を推し進めている企業の企業価値が高いのかを論じるために、複数の経営指標を用いて企業を分類したうえで、選定した4社について特許の IPC[3] 分類と発明者についてネットワーク分析による評価を行なう。

2. 分析対象企業の選定

　関連多角化戦略では、既存事業の製品や市場、流通、技術などの共通性が高い場合に既存資産やノウハウが活用できるとされている。本稿では技術の観点に着目し、各企業における研究開発能力を分析したうえで対象企業を選定する。コロナ禍においてはその影響が企業の置かれる状況を左右するため、2019年以前のデータを用いることとした。2020年8月30日時点で東証一部に上場していた電機機器分類の158社のうちコア・コンピタンスに必要な能力の一つである「複数の事業を展開可能な能力」を発揮するための十分なリソースを持つと想定される売上高1000億円以上かつ2010〜2019年度の10年間で後述する指標のデータが取得可能な50社を抽出した。データは企業データベースeol[4]にて収集した。抽出した企業を図表1に示す。なお企業により決算期が異なるが3月期決算の企業は4月から3月、12月期決算の企業は1月から12月の各指標値を用いて比較した。研究開発能力を分析する指標として一橋イノベーション研究センター(2017)、鈴木(2019)、長谷川(2021)が複数の指標をまとめているが、本稿では国内電機機器産業の企業の価値と技術に対する投資の関係を分析する観点から長谷川(2021)と同様のTobin's Q、使用総資本事業利益率(ROA)、売上高総利益率、売上高研究開発費率、設備投資対営業CF比率に着目し[5]、これらの指標を用いて主成分分析によって企業を分類した。なお各社の財務データは図表1の値を用い、分析は統計解析ソフトのIBMSPSSStatics26を使用した。結果を図表2から図表5に示す。主成分分析の結果、第1主成分からTobin's Q、ROA、売上高総利益率を抽出した。Tobin's Qは企業の資産の時価に注目した指標、ROAは資本をいかに効率的に運用できているかを表す指標、売上高総利益率は販売している商品の利益の高さを示す比率であり、これらの指標が高いということは企業の資産を活かして魅力ある商品を提供しているということで企業の魅力が高いと言える。第2主成分から抽出した売上高研究開発比率、設備投資対営業CF比率はそれぞれ売上高に占める研究開発費の比率、設備投資をどの程度営業キャッシュフローでまかなえているかを示す比率であり、これらの指標が高ければ十分に開発投資を行うリソースを持っていると考えられる。このような成分の特徴から第1主成分(縦軸)を「企業の魅力度」、第2主成分(横軸)を「開発投資」と定義した。

　図表5から企業の魅力度と開発投資はある程度の相関は見られるものの、第2

象限においては異なる傾向が見られた。これは必ずしも開発投資が企業の価値に結びついていないことを示している。そこで次章以降では図表 5 において企業の魅力度（縦軸）の上位 2 社であるシスメックス、キーエンスおよび開発投資（横軸）の上位 2 社であるルネサスエレクトロニクス、ロームを分析対象として選定する。3 章では本稿で用いるネットワーク指標について説明を行ない、4 章で技術資産の一つである特許の IPC 分類を用いて技術の共通性と企業価値の関係を分析し、5 章で特許を創出する発明者の関係性について分析を行なう。

図表 1　国内東証一部上場電機機器分類 158 社のうち
データが取得可能な 50 社（値は 2010～2019 年度の平均値）

証券コード	企業名	TobinsQ	使用総資本事業利益率(ROA)[%]	売上高総利益率[%]	売上高研究開発費率[%]	設備投資対営業CF比率[%]
E0077	イビデン㈱	1.02	4.52	22.68	5.09	458.20
E0098	コニカミノルタ㈱	0.99	5.34	46.84	7.81	507.49
E0118	京セラ㈱	1.00	4.81	26.54	3.75	300.94
E0158	㈱アルバック	1.13	5.58	23.63	3.31	185.72
E0159	ブラザー工業㈱	1.22	9.39	43.30	6.64	292.61
E0160	ミネベア ミツミ㈱	1.43	8.30	21.54	2.37	429.32
E0173	㈱日立製作所	0.93	4.64	24.87	3.60	528.09
E0173	三菱電機㈱	1.22	7.01	28.76	4.65	319.82
E0174	富士電機ホールディングス㈱	1.07	4.36	23.38	4.19	500.59
E0174	㈱安川電機	1.83	7.51	29.38	3.98	524.93
E0174	㈱明電舎	1.09	3.72	23.90	4.31	515.27
E0175	オムロン㈱	1.62	9.30	38.48	6.46	246.46
E0176	日本電気㈱	0.93	3.16	29.35	4.44	730.12
E0176	富士通㈱	1.08	4.57	26.94	4.29	451.15
E0176	沖電気工業㈱	1.08	4.52	26.20	2.58	364.59
E0177	パナソニック㈱	1.12	4.86	27.63	6.16	-232.99
E0177	㈱富士通ゼネラル	1.37	11.53	26.90	4.56	287.22
E0177	ソニー㈱	1.02	1.72	24.31	5.95	271.73
E0178	TDK㈱	1.09	5.43	25.76	7.07	504.56
E0179	サンケン電気㈱	1.09	3.76	23.48	10.05	667.53
E0179	アルプスアルパイン㈱	1.07	6.63	18.95	4.47	372.27
E0181	ホシデン㈱	0.76	2.22	6.56	1.29	-10.61
E0182	太陽誘電㈱	1.10	4.70	22.47	4.03	502.49
E0182	日本航空電子工業㈱	1.18	8.97	19.96	5.11	254.19
E0186	船井電機㈱	0.69	-2.12	14.10	4.49	-241.26
E0187	セイコーエプソン㈱	1.12	6.72	32.82	5.11	433.03
E0187	横河電機㈱	1.36	6.49	40.30	6.83	486.34
E0187	アズビル㈱	1.29	7.10	36.07	4.02	246.27
E0188	スタンレー電気㈱	1.29	10.12	22.34	2.54	313.75
E0188	東芝テック㈱	1.07	4.95	43.39	5.42	404.39
E0190	㈱堀場製作所	1.24	9.04	42.47	7.56	336.52
E0190	日本光電工業㈱	1.64	11.35	49.22	4.17	187.30
E0191	㈱村田製作所	1.81	10.56	34.36	6.73	308.32
E0192	ウシオ電機㈱	1.02	4.85	34.80	6.18	388.86
E0193	カシオ計算機㈱	1.45	5.96	38.65	2.31	469.92
E0194	ファナック㈱	3.08	15.07	47.22	5.67	241.58
E0195	ローム㈱	0.98	3.95	33.28	11.24	422.31
E0195	新光電気工業㈱	0.89	2.71	12.13	2.82	332.31
E0196	㈱キーエンス	3.29	15.83	78.89	3.37	24.69
E0197	日本電産㈱	2.14	8.82	23.36	4.33	458.28
E0201	シスメックス㈱	4.02	17.08	59.71	7.09	230.66
E0208	ルネサス エレクトロニクス㈱	1.60	3.31	36.99	16.05	126.76
E0208	㈱ジーエス・ユアサ コーポレーション	1.18	6.52	23.00	2.23	566.55
E0214	㈱小糸製作所	1.44	12.57	16.60	4.10	202.27
E0220	㈱ミツバ	0.97	6.05	14.70	2.72	637.13
E0227	キヤノン㈱	1.39	7.59	48.26	8.35	403.94
E0227	㈱リコー	0.88	2.75	39.82	5.55	1004.91
E0228	㈱SCREENホールディングス	1.42	6.24	26.79	5.94	-204.84
E0265	東京エレクトロン㈱	1.91	12.06	36.26	11.45	193.29
E2132	㈱JVCケンウッド	0.94	2.73	28.45	6.75	535.97

（出所：企業データベース eol を元に筆者作成）

図表2 主成分分析(成分行列)

成分行列[a]

	成分	
	1	2
Tobins'Q	.929	-.140
使用総資本事業利益率 (ROA) [%]	.876	-.255
売上高総利益率[%]	.826	.290
売上高研究開発費率[%]	.273	.847
設備投資対営業CF比率[%]	-.278	.423

企業の魅力度 → (成分1の枠)
開発投資 → (成分2の枠)

因子抽出法: 主成分分析
a. 2 個の成分が抽出されました

(出所:SPSS 分析結果を元に筆者作成)

図表3 主成分分析(説明された分数の合計)

説明された分散の合計

成分	初期の固有値			抽出後の負荷量平方和		
	合計	分散の %	累積 %	合計	分散の %	累積 %
1	2.465	49.294	49.294	2.465	49.294	49.294
2	1.064	21.285	70.579	1.064	21.285	70.579
3	.957	19.136	89.715			
4	.351	7.014	96.729			
5	.164	3.271	100.000			

因子抽出法: 主成分分析

(出所:SPSS 分析結果を元に筆者作成)

図表4 主成分分析(因子のスクリープロット)

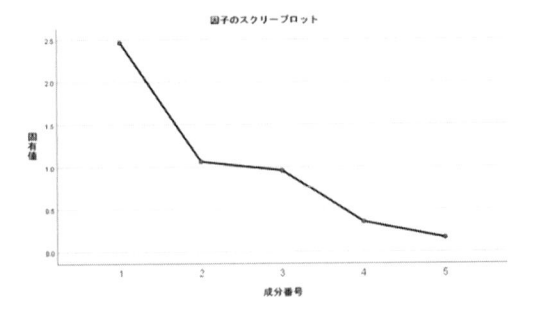

(出所:SPSS 分析結果を元に筆者作成)

図表 5　国内東証一部上場電機機器分類 158 社のうち

　　　　　データが取得可能な 50 社の 5 指標を用いた主成分分析結果

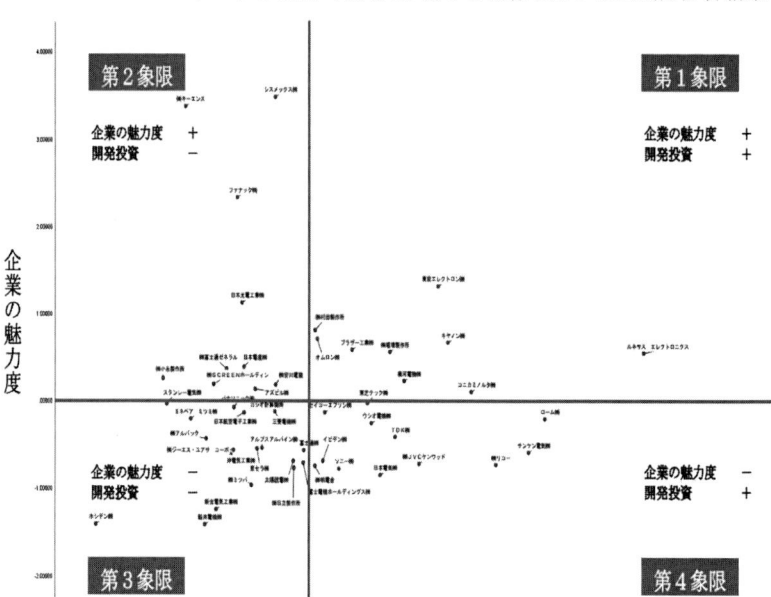

（出所：SPSS 分析結果を元に筆者作成）

　以降、選定した企業を KEYENCE(キーエンス)、SYSMEX(シスメックス)、RENESAS(ルネサスエレクトロニクス)、ROHM(ローム)と記載することとする。

3. 本稿で用いるネットワーク指標

　企業により決算期は異なるが特許分析においては 4 月 1 日から 3 月 31 日を年度とし、各社の出願人コード [6)] において出願日が 2010〜2019 年度の特許情報を日立の特許情報提供サービス「Share search」より 2022 年 6 月 9 日に取得したデータを用いることとする。各年度に出願された特許の IPC 分類の情報からネットワーク解析・可視化用オープンソースソフトウェア Gephi[7)] を用いてネットワーク指標(ノード数、ネットワーク直径、平均次数、平均パス長)を取得した。ノードとはネットワークの各点を示し、本稿では IPC 分類および発明者が該当する。

IPC のノード数は企業がその年度に特許を出願した技術領域を、発明者のノード数はその年度に発明を行なった人数を示す。ネットワーク直径はネットワーク内の最も離れた 2 つのノード間の最短距離でありネットワークの線形的な大きさを表すため、出願された特許の IPC 分類や発明者の重複が少ない場合に大きな値をとる。平均パス長はネットワークに含まれるノードの全ペアの最短経路長を平均した値である。IPC 分類においてはこの値が大きいということは複数の技術領域に関係する特許を出願しており共通となる技術領域があるため、その企業の持つ技術領域が幅広いといえる。発明者情報の分析においては、発明者間を繋ぐハブとなる発明者が複数存在していることを示す。エッジはノード間の関係を表すものであり次数はネットワークのノードから出ているエッジ数のことである。平均次数はノードから出ているエッジの数の平均値でありこの数が大きいほど 1 つの特許が複数の技術領域に関係していて幅広い技術領域を包含する特許が多いこと、あるいは発明者間の連携が多いことを示す。

4. IPC 分類を用いた分析

　図表 6 から図表 9 に各企業の IPC 分類を用いたネットワーク指標の 2010 から 2019 年度の変化を示す。企業の魅力度が高い上位 2 社(KEYENCE、SYSMEX)が各年度に出願した IPC 分類のノード数は他の 2 社よりも明らかに少なくネットワーク直径も小さいことから、開発投資の多い上位 2 社(RENESAS、ROHM)よりも共通性が高い技術領域に注力して出願していることが推測される（図表 6、図表 7）。また開発投資の多い 2 社は平均パス長が長いことから複数の技術領域に関係する特許を出願しており（図表 8）、企業の持つ技術が幅広い。一方、図表 9 から特に 2015 年以降においては 4 社の平均次数に大きな差が見られないことから 1 つの特許が包含している技術領域の数に大差はないと考えられる。

図表 6　各社のノード数(IPC 分類)

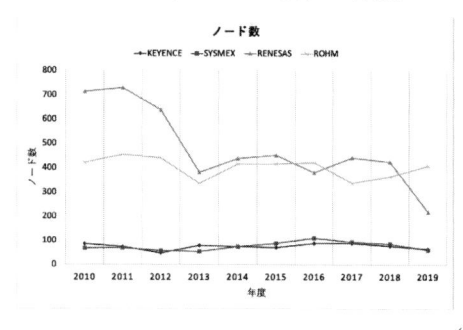

（出所：筆者作成）

図表 7　ネットワーク直径(IPC 分類)

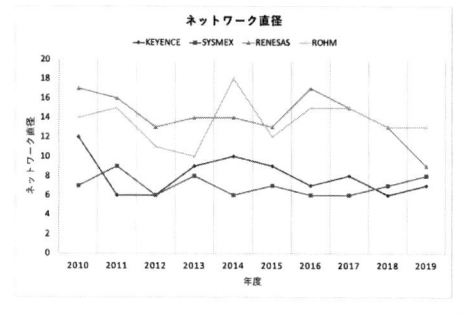

（出所：筆者作成）

図表 8　平均パス長(IPC 分類)

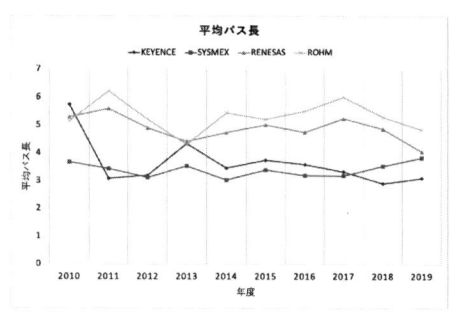

（出所：筆者作成）

図表 9　平均次数(IPC 分類)

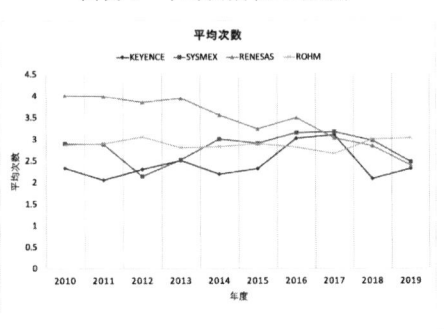

（出所：筆者作成）

5．発明者情報を用いた分析

　図表 10 から図表 13 に各企業の発明者情報を用いたネットワーク指標の 2010 から 2019 年度の変化を示す。RENESAS の発明者のノード数(図表 10)は 2013 年度に明らかに減少している。RENESAS は 2010 年度に NEC エレクトロニクスとルネサステクノロジによって誕生したが 2013 年度まで純利益の赤字が続いた。2013 年度に CEO の作田氏が掲げたルネサス変革プランを掲げて事業の選択と集中を進め、いくつかの事業分野からの撤退や早期退職優遇制度によって人員削減を行った結果が反映されていると考えられる。また企業の魅力度が高い 2 社は開発投資の多い 2 社よりも発明者のノード数が少ない傾向が見られる。図表 11、図表 12 において SYSMEX の 2017 年度の発明者のネットワーク直径と平均パス長の値が大きくなっている。この年、シスメックスグループは 2019 年度を最終年度とする中期経営計画を策定し、独自の技術を活用した競争力の高い製品開発や成長への投資(ネクストコアビジネス)を行うために開発組織を新設することを発表しており、専門性を持つ発明者がその技術を活用して新たな領域の発明を創出した可能性が考えられる。その他の 3 社においては各社若干の違いはあるものの、企業の魅力度や開発投資による傾向は見られなかった。

図表 10　各社のノード数（発明者）

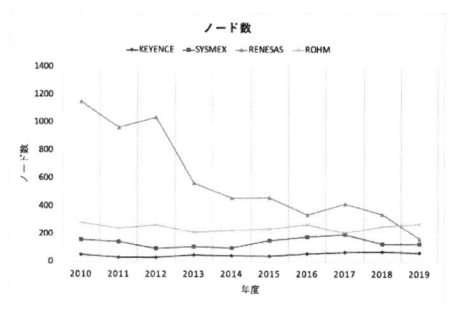

（出所：筆者作成）

図表 11　ネットワーク直径（発明者）

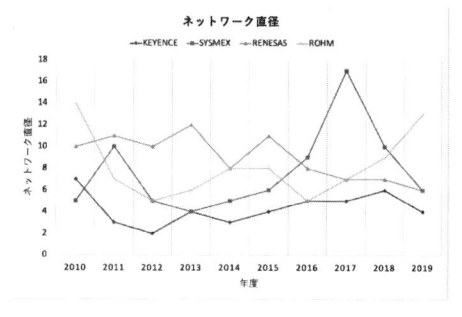

（出所：筆者作成）

図表 12　平均パス長（発明者）

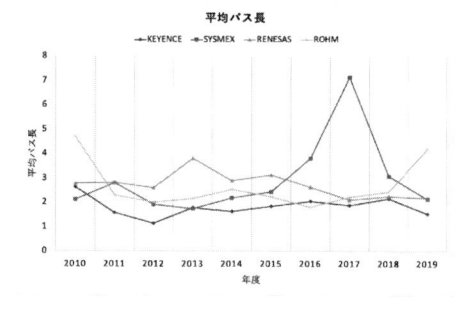

（出所：筆者作成）

図表 13　平均次数(発明者)

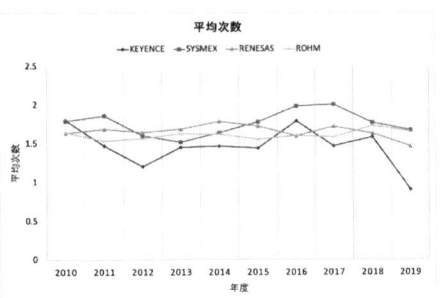

(出所：筆者作成)

6. 考察

　4、5 章より企業の魅力度が高い上位 2 社(KEYENCE、SYSMEX)は開発投資の多い上位 2 社(RENESAS、ROHM)よりも少ない発明者で共通性が高い技術領域に注力して特許を出願しているがことがわかった。2010 から 2019 年度の全期間における IPC のネットワーク指標を見ると（図表 14）、企業の魅力度が高い企業は全期間を通して明らかに IPC のノード数つまり技術領域が少なく、ネットワーク直径、平均パス長ともに小さいことから技術の選択と集中を実行しており、Prahalad and Hamel(1990)が掲げたコア・コンピタンスの 3 つの能力のうち、③複数の事業を展開可能な能力においては、技術領域を選定することが企業の魅力度を上げることに重要な要素だと示唆される。

図表 14　全期間(2010-2019 年度)のネットワーク指標(IPC)

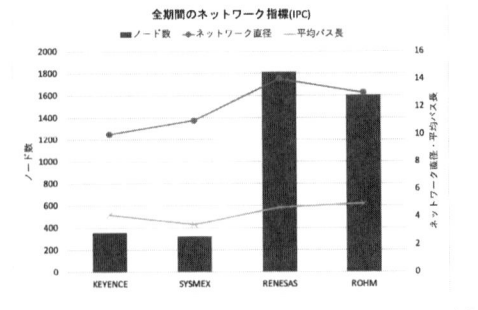

(出所：筆者作成)

また図表 15 における 2010 から 2019 年度の全期間における発明者のネットワーク指標によれば企業の魅力度が高い企業は発明者数となるノード数が少ない。特に KEYENCE は図表 16 に示すように一人あたり特許数が他企業に比べて多くコア・コンピタンスの能力のうち②模倣困難性のある能力について少ない発明者で効率的に特許を創出しているといえ、SYSMEX においては一人あたり特許数が 1 以下と少ないため、複数名で共同発明をすることで特許の質を上げていることで模倣困難性のある能力を高めていると考えられる。

図表 15　全期間(2010-2019 年度)のネットワーク指標(発明者)

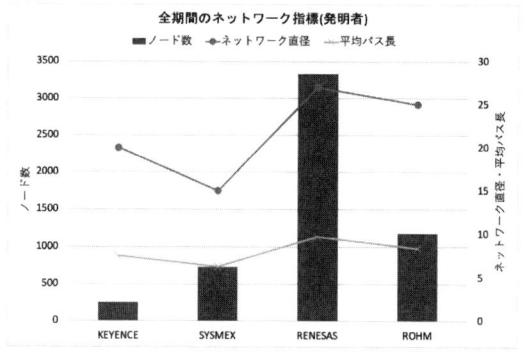

（出所：筆者作成）

図表 16　一人あたり特許数

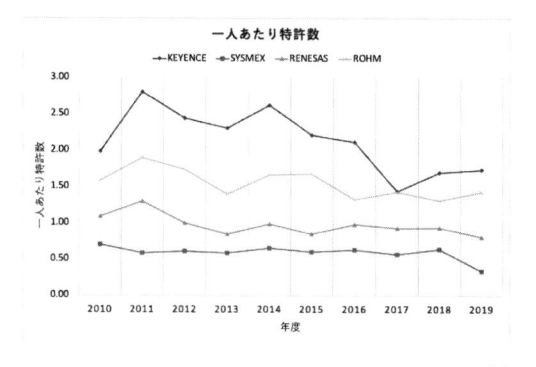

（出所：筆者作成）

7．おわりに

　本稿では複数の経営指標をもとに主成分分析を行い、企業の魅力度と開発投資を２軸として各軸における値が大きい上位２社(全４社)を選定した。各企業が持つ事業における技術領域の幅を明らかにするために特許の IPC 分類を用いたネットワーク指標を用いて分析を行った。その結果、各社ともひとつの特許が包含している技術領域の数に違いはないものの、企業の魅力度が高い企業は出願特許全体で見ると自社が注力する共通性が高い技術領域に注力して出願していることおよび技術領域に選択と集中を行なっていることが推測されるとともに少ない発明者で効率的に特許を創出していることが示唆された。各社ともに複数の事業を展開しているが、特に技術の共通性を活かした事業に注力している企業が企業の価値をあげている。コア・コンピタンス能力における複数の事業を展開する能力においては、自社の強みが生きる技術領域を選定することが企業の魅力度を高めることに重要な要素だと考えられる。関連多角化戦略においては既存事業と関連性が高い事業へ進出することで既存資産やノウハウを活用できると言われているが、その関連性については十分に検討し、技術を強みとする企業においては特にその技術を活かせるかを熟慮する必要があるのではないか。この点はさらに事業についての評価・分析をあわせて行うこと、および分析対象企業を選定した際の主成分分析の各象限における企業の分析を行なうことで企業の特性に応じた違いを明確にし、より深い考察につながる可能性がある。

註

1)　みずほレポート(2010),日本企業の競争力低下要因を探る〜研究開発の視点から見た問題と課題〜

2)　既存事業と関連性が高い事業へ進出することで成長していく戦略。既存事業の製品や市場、流通、技術などの共通性が高い場合は既存資産やノウハウが活用できる。

3)　国際特許分類(IPC)は、特許文献の国際的に統一した分類を得るための手段であり特許出願中の技術開示について新規性、進歩性又は非自明性を評価するために知的財産庁や他の利用者が特許文献を検索するための有効なサーチツールの確立を第一の目的としている。(特許庁ホームページ

https://www.jpo.go.jp/system/patent/gaiyo/bunrui/ipc/document/ipc8w
k/guide_ipc2018.pdf）引用。（2020 年 11 月 15 日アクセス）

4) https://ssl.eoldb.jp/EolDb/（2020 年 8 月 30 日アクセス）

5) 他にも営業利益成長率、売上高成長率、自己資本当期純利益率（ROE）、売
上高営業利益率なども検討したが最終的に上記 5 つに絞った。

6) 分析対象各社の出願人コードはシスメックス（390014960）、キーエンス
（000129253）、ルネサスエレクトロニクス（302062931）、ローム
（000116024）。

7) Gephi は様々なネットワークを探索的に解析するためのソフトウェア。
Windows、Linux、MacOSX で動作可能なフリーなオープンソース。
https://gephi.org/からダウンロードした Gephi0.9.2 および 0.10.1 を用い
て分析を行なった。

参考文献

[1] Drucker, Peter F. (1973), "Management: Tasks, Responsibilities,
Practice", New York: HarperCollins.（上田惇生訳(2001) 『マネジメン
ト［エッセンシャル版］基本と原則』 ダイヤモンド社）

[2] Prahalad, Coimbatore K., and Gary Hamel (1997), "The core competence
of the corporation," Strategische Unternehmungsplanung/Strategische
Unternehmungsführung. Physica, Heidelberg.

[3] 鈴木一充（2019）「研究開発型化学企業の R&D 組織マネジメントに関す
る研究」同志社大学大学院ビジネス研究科ソリューションレポート（未公
刊）

[4] 長谷川友紀（2021）「国内電機機器産業における研究開発型企業の技術経
営に関する研究」同志社大学大学院ビジネス研究科ソリューションレポー
ト（未公刊）

[5] 一橋大学イノベーション研究センター（2017）『イノベーション・マネジ
メント入門』 日本経済新聞出版社

"Small is beautiful." と "More is different."

吉田　信介

1. はじめに

　温故知新というほどには古い言葉ではないかもしれないが、最近気になる言葉が 2 つある。それがタイトルに示した、"Small is beautiful." と "More is different." である。奇しくも両方とも約半世紀前の言葉であり、その時代は筆者の生まれた時代に一致する。

　一つ目の "Small is beautiful." は、ドイツ生まれのイギリスの経済学者であるエルンスト・フリードリッヒ・シューマッハーによって 1973 年に発刊された書物 [1] のタイトルである。その前年にはローマクラブによる「成長の限界」も発刊されていたが、昨今市民権を得ている SDGs の考え方に通じる観点もその中に含んだ著作である。

　二つ目の "More is different." は、アメリカの物理学者であるフィリップ・ウォーレン・アンダーソンにより 1972 年に Science に投稿された論文 [2] のタイトルである。量が質の変化を生んだといえる相転移現象に相当する現象が物理→化学→生物→社会学にも当てはまるのではないかと論考している。本作は、現代の科学・技術などの進歩・変化を考える上で示唆的な観点を提供する。

　以上の 2 つの言葉を元に、筆者の所属する再生医療業界の現状について、その課題を含めて考察するとともに、今後の展望について述べることとする。

　2 章では再生医療全体の中で、筆者の所属する組織のメインテーマである iPS 細胞を使用した再生医療の立ち位置、現状についての概略を説明する。

　3 章では主に "Small is beautiful." 内で述べられた「中間技術」の概念を使用し、再生医療の実用化に向けて、現状の課題解決についての考察を実施する。

　4 章では主に "More is different." に示唆される現在の科学・技術の進歩の向かう先について、再生医療内外について思索を巡らし、現状と未来の可能性について論じる。

　5 章では、上記の議論の総括および今後の展望を述べて、しめの言葉とする。

2. 再生医療の現状と iPS 財団の活動

　タイトルに記載された二つの言葉に関する論考に入る前に、再生医療と筆者の所属する公益財団法人京都大学 iPS 細胞研究財団 [1]（以下、iPS 財団）の活動について述べる。

　日本再生医療学会のホームページでは、「再生医療は、幹細胞や iPS 細胞、その他の有効な細胞を用いることで、欠損した臓器や組織を再生させ、身体機能の回復を目指す医療です。」と記載されている [2]。再生医療＝細胞治療と思える記載ではあるが、正確には細胞を使用しない（例えば細胞を活性化する化学物質を使用した）再生医療もあるし、再生を目的としない（例えば癌細胞の除去を目的とした免疫細胞を使用した）細胞治療も存在する [3]。

　日本における再生医療の規制上の大きな進展としては、2014 年 11 月の「再生医療の安全性の確保等に関する法律（再生医療等安全性確保法）」と「医薬品、医療機器等の品質、有効性及び安全性の確保等に関する法律（医薬品医療機器等法）」の施行が挙げられる。前者の対象は臨床研究と自由診療であり使用される細胞は特定細胞加工物と呼ばれる。後者の対象は保険収載品として販売される製品であり、再生医療等製品と呼ばれる。再生医療等製品はヒト細胞加工製品 [4]と遺伝子治療用製品を両方含む。上記法律施工後、わが国で 2023 年 2 月現在保険収載品として承認されたのは、ヒト細胞加工製品 13 件、遺伝子治療製品 3 件である [5]。

　細胞治療に用いられるヒト細胞加工物にも様々な種類がある。採取した細胞を培養して増殖させて患者さんに投与するもの、いくつかの細胞に分化可能な体性幹細胞（例えば間葉系幹細胞：MSC）を培養し、使用・投与するもの、様々な細胞に分化可能な多能性幹細胞（ES 細胞、iPS 細胞）を目的の細胞に分化させて投与するものなどである。現在多能性幹細胞を用いた治療で承認されているものは存在しないが、承認を目指した臨床治験や臨床研究が進行中である [6]。加えて、上記の培養工程で遺伝子修飾過程を加えた細胞を使用 [7]することで、様々な再生医療等製品を用いた再生医療（細胞治療）の可能性が開かれている。

　それらの細胞治療の中で、iPS 財団が注力しているのが、iPS 細胞（人工多能性幹細胞）を使用した細胞治療の実用化である [8]。iPS 細胞の作製方法は 2006 年にマウスの細胞で発見され[3]、翌年ヒト細胞でも作製の成功が報告された[4]。皮膚や血液の細胞にたった 4 因子の遺伝子導入を実施することで細胞が初期化され、

原理的にはほとんど全ての種類の細胞に分化可能かつ無限に増殖可能である細胞を得ることができるというのは、当時の生物学の常識を覆した驚くべき発見であった[9]。その性質から iPS 細胞の用途として、疾患メカニズムの解明や創薬への応用に加えて、再生医療への応用が期待されてきた[6]。世界初の iPS 細胞由来細胞の移植は 2014 年に実施された[10]。しかしながら、患者さんの iPS 細胞を作成する自家移植治療は、コストが高く時間がかかるという欠点を持っていた。そこで我々は、免疫拒絶反応を起こしにくい健常人[11]から臨床用 iPS 細胞を作成し、他家移植治療用の原料として 2015 年より提供開始[12]している[8]。2023 年 2 月の現時点で 10 以上の臨床研究、臨床治験の原料として使用されており、特に有害事象は報告されていない。我々は上記に加えて、他家移植治療用の原料として、ゲノム編集技術[13]を用いて免疫拒絶反応の低減の恩恵をより多くの人が受けうる株の提供を試みている。更に、iPS 細胞ならではの特徴であるとも言える、自家移植治療用の iPS 細胞を使用した治療を安価で提供するというプロジェクト[14]も 2025 年の大阪万博を目途に推進している。

3．"Small is beautiful."から得られる示唆

"Small is beautiful."という言葉からは、立ち上げ時には small start が大事であるといった言説や、シンプルな理論ほど美しいという数学者や理論物理学者のスタンス（オッカムの剃刀）を連想させられる。元来の趣旨からは少し外れるかもしれないが、筆者が注目するのは、どちらかというと前者の言説である。

　この言葉をタイトルとするシューマッハーの著作の内容に関しては、例えば文献[10]に譲るとして、その中に生じる中間技術という概念と絡めて考察したい。中間技術または適正技術とは、先端技術を発展途上国へ移管する時にその国に適合した技術体系を選択して移転させるという考え方であるが、単に国の技術移転ではなく、未成熟な[15]（尖った）先進技術を社会実装するために制度面なども含めて磨いていく面でも成立するのではないか？と考える。商用の細胞を作るための技術／管理を治験開始段階から要求するのは、商用を睨むステークホルダーからすれば益のあると思いたい（安全性を重視した）過剰投資であるという考えも理解できる。しかし Proof of Concept を取りに行く段階からフルパワーでの過剰な（ゼロリスクを追求した）管理を要求されるのは、発展途上国に最初から先進国

と全く同じレベルの要求をする不条理さと似たものを感じるところである[16]。言い換えると、中間技術あるいは適正技術という考え方には、商用前の開発段階の臨床研究、臨床治験のヒントになるものがあるのではないかと考える。

　実際に現在の医薬品開発のコストは上がり、先進的な薬の薬価は上がる一方である[17]。現在の臨床治験→承認トラックに拘り過ぎず、臨床研究／自由診療[18]トラックも利用した試みも非常に有用であると考える。

4. "More is different." から得られる示唆

　"More is different." は、物事を分解するだけでは全体を説明できないという、要素還元主義に対する、あるいは（物性物理学者が）素粒子物理学帝国主義に対するアンチテーゼとして書かれたという見方もできる。この話はあらゆる階層で成り立つ[19]という話も、前章の註15)で記載した非科学的考察を幾分か後押ししてくれるかもしれない。

　再生医療に関連して、細胞とヒトの話でいうと、一細胞内の遺伝子発現解析に加えて、患者さんの数も蓄積されていくことで、これまでは単にバラツキと見られていたものの体系が見えてくるという期待感も無くはない[20]。加えて、規制対応のし易い（規格の作り易い）製品のみならず、多様な細胞加工製品に対する知見が蓄積することによる優位性が発生し得るとすれば、癌疾患に集中しすぎず、対象疾患を幅広くとっている日本[21]にとっては、対応の仕方によっては、有難いシナリオも発生しうると思われる。

　加えて、多くの臨床研究および臨床治験データで見えてくるものがあるとすると、やはり前章で述べたように過剰な管理を掛けずに実行することのメリットが見えてくる。Garbage in, garbage out の批判を交わすには、管理を厳しくすると言うよりは、データ取得の内容の方を手厚くすべきではないかと思われる。

　計算速度の向上に伴って実現性が見えてくると思われるのは、デジタルツインの概念の再生医療への適用[22]であろう。現在も可能性の見えているブロックチェーン技術を用いた知財管理や論文管理システムに対しては、ユーザーが多くなるに従って有効になるという、従来見られてきた現象以外の事象が起こり得るのかも興味深い。

　再生医療外では、シンギュラリティーの議論が連想される[23]。その文脈で再び

デジタルツインの話に戻るが、仮想世界の生成速度の向上も著しい。果たして、世界の物質を素粒子から丸ごとシミュレートするまではいかなくとも、人体が実時間よりも早くシミュレートできる時代がくるのだろうかと興味は尽きない [24]。

5. おわりに

これまで、タイトルとした"Small is beautiful."と"More is different."という二つの言葉と関連付けて、筆者の考える現在の再生医療（細胞治療）の問題点、将来像などについて述べてきた。これらの見解は、あくまでより良い世界に至るための選択肢の一つであると考えており、現在の自分の考えの記録である [25]。中間技術／適正技術に絡めて述べたように、適用する時期、場所、人によって適切な方法は変わると思われる [26]。様々なアプローチの中からどれが奏功するのか、また結果のフィードバックからこれまで主張してきた考えが修正されるのか、今後の歴史の判断に委ねたい。

註

1）　本コラムで述べられている見解は筆者個人の私見であり、筆者の所属する組織：公益財団法人京都大学 iPS 細胞研究財団の公式な見解では必ずしもありません。

2）　https://japan-saisei.org/regenerative/（2023 年 2 月 6 日閲覧）。

3）　例えば 2022 年の再生医療学会開催の一般向けのワークショップでは、国立医薬品食品衛生研究所の佐藤陽治氏により、後述の再生医療と細胞医療についてのより正確な説明もなされている。

4）　このヒト細胞加工製品には、再生を目的としない細胞製品も含まれる。

5）　https://www.pmda.go.jp/review-services/drug-reviews/review-information/ctp/0004.html（2023 年 2 月 6 日閲覧）参照。

6）　例えば、令和元年度（2019 年度）再生医療・遺伝子治療の市場調査報告書 https://www.amed.go.jp/program/list/01/02/shijou_chousa.html（2023 年 2 月 6 日閲覧）参照。

7）　6)の報告書内でも言及されているが、体内で遺伝子改変を行う遺伝子治療（in vivo 遺伝子治療）に対して、ex vivo 遺伝子治療と呼ばれる。

8) iPS 財団の理念は「最適な iPS 細胞技術を、良心的な価格で届ける。」である。「iPS 細胞技術」はより広く「リプログラミング（初期化）技術」と読みかえても良いかもしれない。

9) その可能性を示唆した理論物理学者の論文[5]もあったが、その知見とは独立にこの発見がなされたという事実も、科学の発展を鑑みる上で興味深い。

10) 当時理研に所属していた高橋政代氏による臨床研究で、加齢黄斑変性の患者さんへ、（本人の）iPS 細胞由来網膜色素上皮細胞移植が実施された。その結果は 2017 年に報告された[7]。

11) 父方と母方から同じ HLA（ヒト組織適合性白血球抗原）型を引き継いだドナーさんをリクルートした。患者さん自身由来の細胞を移植する自家移植ではなく、他人由来の細胞を移植する他家移植に使用するため、できるだけ多くの日本人の HLA 型とマッチするドナーさんから順番に作製した。

12) 当時は京都大学 iPS 細胞研究所(CiRA)附属細胞調製施設(FiT)で製造された。本プロジェクト従事者は 2020 年 4 月に公益財団法人化した iPS 財団へ移籍となった。提供株のラインアップについては、

https://www.cira-foundation.or.jp/j/research-institution/ips-stock-project/（2023 年 2 月 6 日閲覧)参照。

13) 例えば、その代表例である CRISPER-CAS9 の技術の歴史と今後の展望については、[9]にレビューされている。

14) https://www.cira-foundation.or.jp/j/research-institution/myips/（2023 年 2 月 6 日閲覧)参照。

15) 「未成熟な」と記載したが、そもそも生命としての細胞を物質に関する規制と同様の縛り方をしようとすること自体が不合理であるとも言えるかもしれない。以下やや非科学的考察となるが、細胞と人間、人体の組織と会社などの組織を対比させて考えた場合に、問題のある組織／会社の建て直し（組織改革）を実施したい時に必要な人材が画一的な、或いは平時に有能なキャラクターであるべきか？と考えると、そうではないケースも多々あるのでは？と思えてくる。

16) 患者さんの為になるからと、そういった要求に低コストで全て従うことが公益になるとはなかなか思えない。筆者が同志社ビジネススクール(DBS)

で 2021 年に執筆したソリューションレポート「非営利組織は死の谷を越える夢を見るか？」はそういった問題意識も抱いて記載されたものである。

17) https://www.cnn.co.jp/business/35196495.html（2023 年 2 月 6 日閲覧）にあるように、海外では遂に血友病 B に対する遺伝子治療薬で薬価 4 億円越えの薬が登場した。また、日本は薬価が抑えられることから、海外の開発ターゲットから敬遠される傾向も出てきている。

18) シン・自由診療という試みも出てきている。世界初の iPS 由来細胞の移植を実施した高橋政代氏も関与されており、イノベーティブな技術に関する規制はイノベーターも関与するべきであるということを体現しているとも見える。

19) 例えば、サフィ・バーコールは著書「Loonshots」[11]の中で、イノベーションについて相転移の考え方を適用している。

20) 常識的には、対象数（遺伝子やメチル化領域など）と同数以上の人のサンプル数が必要とも考えられるが、思ったよりも情報縮約が可能（パターン領域が限られている）とすると、常識外の話も起こるかもしれない。

21) https://oec.world/en/rankings/eci/hs6/hs96（2023 年 4 月 14 日閲覧）にあるように、日本は経済複雑性指標(The Economic Complexity Index(ECI))において 20 年間世界 1 位である。輸出品目が多岐に渡っていることがその原因の一つとすれば、現在日本が再生医療において幅広い対象疾患に取り組んでいることと調和的である。他方、現在筆者と関わりの深い台湾の順位の高さ(3 位)も目を引く。半導体産業の巨人 TSMC の存在が遍在性の低い品目の存在を増やしているのか、その品目の多さも順位の高さの要因であるのかは、今後の台湾での再生医療の発展の方向性を考える上でも興味深い。

22) 既に心疾患に関しては、in silico での非臨床試験の代替案が提案され得るかもしれない（例えば[12]参照）。また、わが国でも（筆者の母校の一つでもある）大阪大学は「ヒューマン・メタバース疾患研究拠点」に採択されている。https://prime.osaka-u.ac.jp/（2023 年 4 月 14 日閲覧）参照。

23) 元楽天グループ CDO の北川拓也氏の ChatGPT を絡めた本件に関するコメントから着想を得た。

24) 昨年(2022年)4月に、台湾のシリコンバレーと言われる新竹に初めて泊まった時に、筆者に降ってきたのが"Cell as a token."という言葉であった。用法として適切かはともかく、免疫拒絶反応が制御できる世界になった時に、自分の細胞を（ポータブルな自動培養装置で加工して）気軽に提供できる未来というのは、どんな社会なのか？という思考実験に暫し没頭した。

25) 学術的には未熟で飛躍もあるが、諸氏のコメントを頂ければ幸いである。

26) そこに至るには、倫理的、文化的、感情的要因などが大いに関わり、各ステークホルダーとの密な対話が必要と思われる。下記筆者の母校の一つの本年度入学式の祝辞においても、それを如実に表す事例が述べられている。筆者にとっても大いに刺激を与えてくれる30年以上ぶりの祝辞であった。
https://www.u-tokyo.ac.jp/ja/about/president/b_message2023_03.html
（2023年4月14日閲覧）。

謝辞）初稿のチェックと有益なコメントを頂いた伊達宗弘氏、同じく忌憚なきコメントとこの投稿のきっかけを与えてくれた林浩一氏に深く感謝する。

参考文献

[1] Schumacher E.F. (1973), "Small Is Beautiful: Economics As If People Mattered," Blond & Briggs.

[2] Anderson P. W. (1972), "More is different," *Science* 177, pp.393–396.

[3] Takahashi K. and Yamanaka S. (2006), "Induction of Pluripotent Stem Cells from Mouse Embryonic and Adult Fibroblast Cultures by Defined Factors," *Cell* 126, pp.663–676.

[4] Takahashi K. et al. (2007), "Induction of Pluripotent Stem Cells from Adult Human Fibroblasts by Defined Factors," *Cell* 131, pp.861–872.

[5] Furusawa C. and Kaneko K. (2001), "Theory of robustness of Irreversible Differentiation in a Stem Cell System: Chaos Hypothesis," *J. Theor. Biol* 209, pp.395-416.

［6］　Karagiannis P. et al. (2019), "Induced pluripotent stem cells and their use in human models of disease and development," *Physiol. Rev.* 99, pp.79–114.

［7］　Mandai M. et al. (2017), "Autologous induced stem-cell-derived retinal cells for macular degeneration," *N. Engl. J. Med.* 376, pp.1038–1046.

［8］　Yoshida S. et al. (2023), "A clinical-grade HLA haplobank of human induced pluripotent stem cells matching approximately 40% of the Japanese population," *MED* 4, pp.51–66.

［9］　Joy Y. Wang and Jennifer A. Doudna (2023), "CRISPR technology: A decade of genome editing is only the beginning," *Science* 379, eadd8643.

［10］　村本孜（2019）、「Small is beautiful. と Small is still beautiful.」『社会イノベーション研究』、第 14 巻、1 号、pp.025-040。

［11］　Bahcall S. (2019), "Loonshots: How to Nurture the Crazy Ideas That Win Wars, Cure Diseases, and Transform Industries," St. Martin's Press.

［12］　Filipovic N. et al. (2022), "In Silico Clinical Trials for Cardiovascular Disease," *J. Vis. Exp.* 183, e63573.

キャリアコンサルタントの必要性

—能力開発基本調査からの考察—

米倉みどり

1. はじめに

　昨今、急速な技術革新の進展や、経済社会環境が急激に変化し続け予測のつかない不確実性が高い時代となり、個人は一回限りの職業人生を、他人任せ・組織任せにして、過ごせる状況ではなくなってきていると考えられる。2019 (平成 31) 年 4 月には、「働き方改革」が施行され、多様な働き方を選択できる社会を実現することを推進している。また新型コロナウィルス感染症の影響もあり、リモートワークの普及や、2021 (令和 3) 年 4 月からは「高年齢者雇用安定法」が改正され、定年制の廃止だけではなく、70 歳までの就業機会確保が努力義務となり雇用期間も長期化している。人生 100 年時代 (Gratton & Scott、2016) の認識も広がり自分の職業人生をどう構想し実行していくのか、また現在の変化にどのように対応すべきなのか、各人自ら答えを出さなければならない状況となってきている。2016 (平成 28) 年 4 月 1 日に施行された「改正職業能力開発促進法」では、労働者は自ら職業生活設計（キャリアデザイン）を行い、これに即して自発的に職業能力開発に努める立場にあることが規定された。同時に、従業員の取り組みを促進するために、事業主が講ずる措置として、キャリアコンサルティングの機会を確保することが規定されている。キャリアコンサルティングとは「労働者の職業の選択、職業生活設計又は職業能力の開発及び向上に関する相談に応じ、助言及び指導を行うこと」と法律で規定され、これを担うキャリアコンサルタントの役割は、キャリアコンサルタント能力要件において、個別面談スキルを基にした個人に対する支援の他、組織への働きかけを含むことが示されている（厚生労働省、2019）。企業におけるキャリアコンサルティングの導入を促進する施策にセルフ・キャリアドックがある。セルフ・キャリアドック[1]とは「企業が人材育成ビジョン・方針に基づき、キャリアコンサルティング面談と多様なキャリア研修

などを組み合わせて、体系的・定期的に従業員の支援を実施することを通して、従業員の主体的なキャリア形成を促進・支援する総合的な取り組み、また、そのための企業内の「しくみ」としている（厚生労働省、2017）。セルフ・キャリアドックを実施することで従業員の仕事に対するモチベーションアップや定着率の向上などにより、企業の生産性向上にも寄与することが期待されている。

2．キャリアコンサルタント

　キャリアコンサルタントとは、職業選択、職業設計、職業能力開発に関する相談に応じ、助言・指導を行う専門家であると、職業能力開発促進法に規定されている。2015（平成27）年の「職業能力開発促進法」の改正により、2016（平成28）年4月から、名称独占国家資格となり、「キャリアコンサルタント」と名乗るには登録が必要になった。2023（令和5）年1月現在、キャリアコンサルタント名簿に登録済のキャリアコンサルタントは 65,842 人となっている [2]。主な活動領域として、企業組織内での人事担当者や、人材紹介・派遣会社などの人材ビジネス会社、大学など教育機関での就職支援活動、需給調整機関（ハローワーク）での職業相談支援、フリーランスとして講師活動などがある。最近では、福祉施設や医療機関、自治体などでの相談・支援活動と広がりを見せており、多岐にわたる領域で活躍している。2018（平成30）年に、独立行政法人労働政策研究・研修機構が、キャリアコンサルタント登録者の活動状況等に関する調査を実施しており、そのなかでキャリアコンサルタントの活動領域として企業での活躍が重要な位置づけを占めていると報告をしている。しかし木村（2015）は、キャリアコンサルティングが抱える問題として、企業内キャリアコンサルティングが進まないことを上げている。また独立行政法人労働政策研究・研修機構の報告書のなかで現在キャリアコンサルタントとして活動していないと回答する者が一定数おり、活動をしたいという希望があるにも関わらず、周囲に仕事（ニーズ）がないとしている。資格を取得したにも関わらずキャリアコンサルタントとして活動している数は少なく、活躍場所も限られている。キャリアコンサルタントの有用性や重要性はあるものの、その普及や促進が十分だとは言い難い。そこで本稿では、厚生労働省が実施している能力開発基本調査の結果に基づき、企業内領域においてキャリアコンサルタントやキャリアコンサルティングの実態を考察することで、キャ

リアコンサルタントの課題を発見し、今後の普及の可能性について検討する。

3. 結果

　厚生労働省は、2001（平成 13）年度から「能力開発基本調査」を実施している。2021（令和 3）年度調査で明らかになった、労働者のキャリア形成支援について「キャリアコンサルティング制度の導入状況（図表 1）は、正社員または正社員以外に対してキャリアコンサルティングを行うしくみを導入している事業所は42.3% である。

図表 1　キャリアコンサルティング制度の導入状況

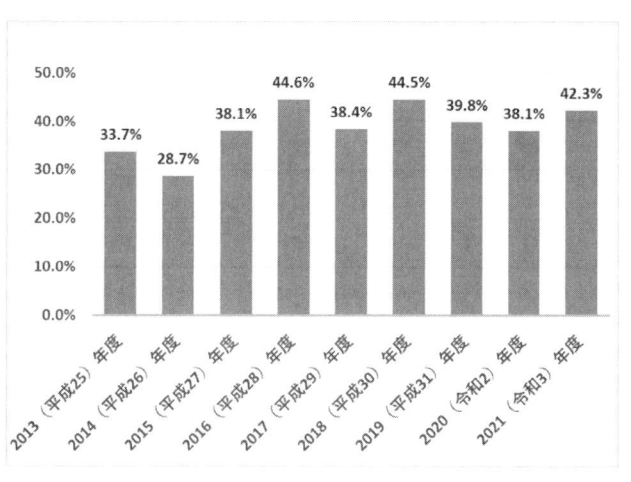

（出所：厚生労働省「能力開発調査（事業所調査）」より筆者作成）

　また、「キャリアコンサルティング制度の導入状況（総数）」（図表 2 ）」に関する調査では、約 60% に近い事業所がキャリアコンサルティングを導入していないことが明らかとなった。

図表2　キャリアコンサルティング導入状況（総数）

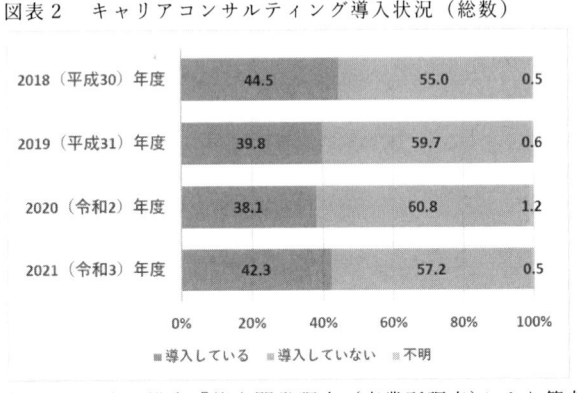

（出所：厚生労働省「能力開発調査（事業所調査）」より筆者作成）

図表3　事業所で相談を受けているのはキャリアコンサルタントであるか

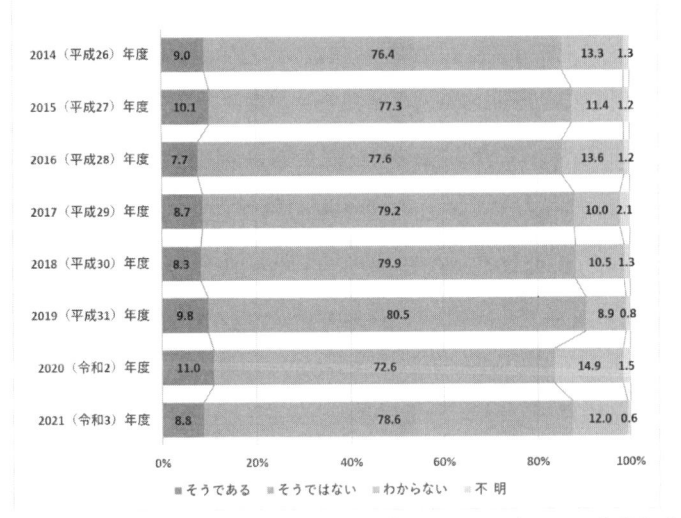

（出所：厚生労働省「能力開発調査」より筆者作成）

さらに、キャリアコンサルティングを行うしくみがある事業所のうち、「事業所で相談を受けているのはキャリアコンサルタントであるか」の質問（図表3）について、実際に事業所で相談を受けているのはキャリアコンサルタントではないと8割近い事業所が返答している。

　キャリアコンサルティングを行っていない理由（図表4）として、キャリアコンサルティングを行っていない理由（複数回答）は、「労働者からの希望がない」、「キャリアコンサルティング等の相談を受けることのできる人材を内部で育成することが難しい」、「キャリアコンサルティング等のサービスを外部から調達するのにコストがかかる」、「相談を受けるための人員を割くことが難しい」、「労働者がキャリアに関する相談をする時間を確保することが難しい」、「キャリアについての相談を行う必要はない」という項目が上位を占めている。その中でも「労働者からの希望がない」という理由は、正社員・正社員以外ともに約50％という高い割合になっている。

図表4　キャリアコンサルティングを行っていない理由（複数回答）

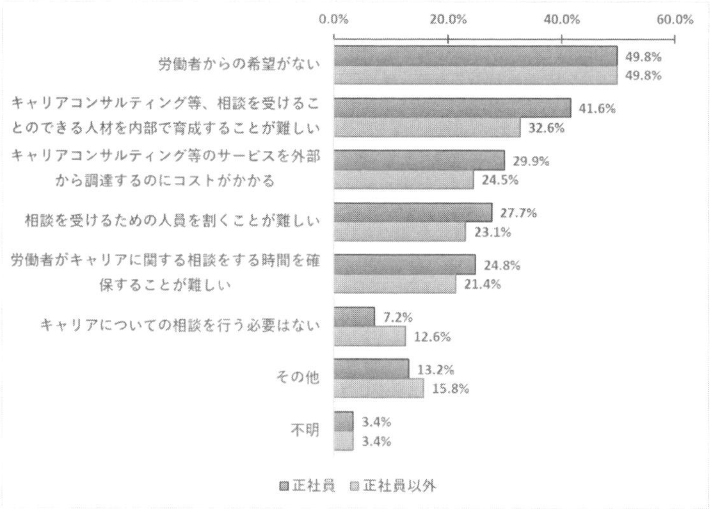

（出所：厚生労働省「能力開発調査（令和3年度版）」より筆者作成）

　キャリアコンサルティングを行う上での問題点の内訳（図表5）では、「キャリアに関する相談を行っても、その効果が見えにくい」が最上位の理由として挙げられ、続いて「労働者からのキャリアに関する相談件数が少ない」、「キャリアコンサルタント等に相談を受けることができる人材を内部で育成することが難しい」、「相談を受けることのできる者はいるが、その者の業務が多忙なため、キャ

リアに関する相談を受ける時間がない」、「キャリアについての相談を行う必要は
ない」という結果が示された。

図表5　キャリアコンサルティングを行う上での問題点の内訳（複数回答）

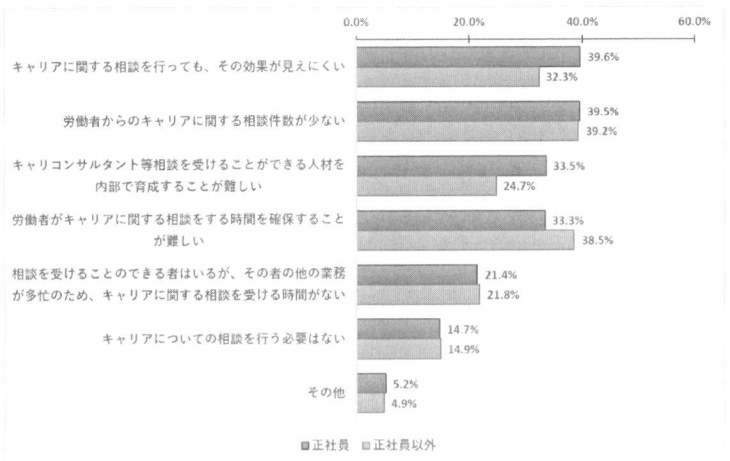

（出所：厚生労働省「能力開発調査（令和3年度版）」より筆者作成）

4．考察

　図表1・図表2の「キャリアコンサルティング制度の導入状況」により、キャ
リアコンサルティングを行っている事業所は、全体の 40%程度に留まっている。
2016（平成 28）年4月に「改正職業能力開発促進法」でキャリアコンサルティン
グの機会を確保することが規定された後、若干の増加は見られたがそれ以降は特
に目立った増加傾向には至っていない。また、キャリアコンサルティングを実施
している事業所を対象に「事業所で相談を受けているのはキャリアコンサルタン
トであるか」という項目に対しては、令和3年当時でも約8割程度で、そうでは
ないという回答である。実際には、キャリアコンサルタントに必要な知識を有し
ていない担当者が実施していることになる。これでは、従業員のキャリア形成が
十分に実施されておらず、「改正職業能力開発促進法」が施行される以前と同様に、
社内面談の一部でしかない。それゆえ図表5にもあるように、労働者からの希望
がなく、キャリアに関する相談を行う必要がないという結果に結びつき、キャリ

アに関する相談を行っても、その効果は見えにくいものとなっている可能性が高い。結果的に事業所だけでなく、従業員自身も特にキャリアコンサルタントの必要性を感じていないことが推察できる。組織内のキャリアコンサルティング担当者は社内の事情に詳しく、従業員のキャリアに関する問題を理解することが早い反面、キャリアコンサルティング担当者が上司や人事部門在籍者であれば、人事考課に影響するのではないかと心配になり、本音の部分は話しにくく当たり障りのない話だけをすることが予想される。特に将来的に転職などを視野に入れている従業員であれば、積極的に社内で相談することはできないはずである。相談内容に関しては、守秘義務があるため口外されないことになっているが、宮城（2018）は、組織上、人事部門に相談担当者がいる場合、不安で相談しにくく、相談を躊躇する従業員もいると説明している。また坂本（2013）は、組織におけるキャリア・カウンセリングは専門のキャリアカウンセラーとラインの上司、人事部がそれぞれ役割分担することで機能すると示唆している。これらのことにより、事業所と従業員との中立の立場をとる外部のキャリアコンサルタントの必要性があると考える。外部のキャリアコンサルタントを活用することで、図表5にもある「労働者がキャリアに関する相談を確保することが難しい」、「相談を受けることのできる者はいるが、その者の他の業務が多忙のため、キャリアに関する相談を受ける時間がない」という課題は解決できると考えられる。

　大企業においてはキャリアコンサルティングの導入が増えてきているが、中小企業に個別に配置することは厳しくキャリア支援者の育成や・人材育成に時間や費用をかけて取り組むのは消極的である。しかし、職業能力開発促進法の第十二条で、「職業能力開発推進者を選任するように努めなければならない」と掲げていることもあり、組織内外問わず、ここにキャリアコンサルタントを配置することが適任ではないかと考える。従業員のキャリア開発や、職務上の不安や悩みの相談、非正規社員から正社員への登用をする際など、キャリアコンサルタントが積極的に関わることで、人手不足の現状や職場のリテンションに貢献することにつながるのではないだろうか。従業員がいつでも気軽に相談できるキャリアコンサルタントの存在や、キャリアコンサルティングを提供できる場所があることが、従業員に安心感を与え仕事に対するモチベーションアップや生産性の向上にも寄与することが可能になると考えられる。

　坂本（2013）は、キャリア・マネジメントはすべての就業員に対して実行される必要性を説明し、杉本（2007）は、学校・企業・公的需給機関・民間ビジネス会社の4領域でキャリアコンサルタントの必要数は85,000人と試算している。企業等への導入は今後増えることが予想され、キャリアコンサルティングを促進させていくことができ、キャリアコンサルタントの活躍できる場所が増加するはずである。その反面、宮城（2018）は、実力に伴わないカウンセラーを量産しているため、今後はキャリアコンサルタントとしての質の改善の必要性を提唱している。木村（2015）も、これからのキャリアコンサルタントは、社会的自覚に基づき深い知識を持つこと、社会に普及するスキルが求められているとしている。キャリアコンサルタント自身が自己研鑽に励み、積極的に活躍の場を開拓していくことも必要になる。キャリアコンサルタントの社会的ニーズがあるにも関わらず、活用・活躍できていないのは、知名度・認知度が低いこと、効果が短期的に見えにくいことが考えられる。今後は、キャリアコンサルティングを長期的な視点で取り組んでいきながら、根気強く信頼を獲得していくことが必要になると言えよう。

5. おわりに

　つい数年前までは、「人生80年時代」と言われていたが、現在では「人生100年時代」になった。人生100年の時代において、職業人生を終えた（退職・リタイア）あとのことも視野に入れ、変化を続ける時代の不測の事態に備え自己主導のキャリアプランだけでなく、ライフプランを含めたキャリア形成の作成が必要になる。「自分がどんな人生を送りたいか」「そのために何が必要か」「働きがい」「生きがい」を早い段階からキャリアコンサルティングを通して考えていくことが重要である。

　今後は、個人が自分で選んだ納得のいく人生をおくるための支援として、キャリアコンサルタントの普及に向けた研究を進めていきたい。

註

1）　「セルフ・キャリアドック」「キャリドック」は厚生労働省が商標登録している

2） キャリアコンサルティング協議会Webページ 2023年2月末都道府県別
登録者数.pdf（mhlw.go.jp）（2023年3月26日）

参考文献

［1］ 木村周（2015）「これからのキャリアコンサルティングに求められるもの」
『日本労働研究雑誌』（658).p80-82

［2］ Gratton, L. & Scott, A. J. (2016) The 100-Year Life: Living and Working in
an Age of Longevity. London: UK, Bloomsbury Publishing.（池村千秋訳
（2016）『LIFE SHIFT（ライフシフト）：100 年時代の人生戦略』東洋経済
新報社）

［3］ 厚生労働省（2017）「セルフ・キャリアドック」導入の方針と展開」

［4］ 厚生労働省（2019）「キャリアコンサルタントの継続的な学びの促進に関す
る 報 告 書 」https://www.mhlw.go.jp/content/11805001/000466366.pdf
（2020年7月1日）

［5］ 坂本理郎（2013）「組織内キャリア・マネジメントとキャリア・カウンセリ
ング —自律的キャリア形成の時代における意義と課題−」『大手前大学論
集』第13巻

［6］ 杉本和夫（2007）「キャリアコンサルタント必要数の試算 必要とする機関と
その配置数」『経営行動科学』第20巻第１号

［7］ 宮城まり子（2018）「キャリア・カウンセリングの現状とその課題・今後へ
の展望」『法政大学キャリアデザイン学部紀要』第15巻

アンメット・メディカル・ニーズに関する
医療経済学的分析
－がん・難病に対するリンパケアの社会経済価値－

徳岡久美子

1. はじめに

「日本人の 2 人に 1 人が生涯でがんになる」[1]というデータがある中、日本が世界一の長寿国であることの背景には、我が国の医療の目覚ましい進歩がある。しかし一方で、複雑化しストレス社会ともいわれる昨今、アンメット・メディカル・ニーズ（未だ満たされない医療ニーズ）と呼ばれる、病院の検査の数値には顕れないさまざまな不調（不定愁訴）や、病院で確かな治療法がなく長年続く辛い症状を抱え、医療機関を渡り歩く方も増えている。筆者が勤務するリンパに特化したボディケアセンター、リンパ＆ボディケア WAI（以下 WAI）にはこういったアンメット・メディカル・ニーズを抱えた顧客が多く存在する。アンメット・メディカル・ニーズを抱えた顧客の大半は、ドクターショッピングと呼ばれる行動を繰り返す。つまり、WAI を訪れるまでに症状の改善を求めて、いくつもの医療機関を転々とされており、その間に休職、あるいは離職されている方もいる。

近年、増加傾向にあると言われるドクターショッピングと呼ばれる消費者行動は、心理的、経済的に大きな負担を与えると同時に、現在わが国が直面している急速に進む少子高齢化に伴う医療費の増大という深刻な問題に少なからず影響していると考えられる。

本稿では、アンメット・メディカル・ニーズを抱えた方々、また末期のがん・難病の方へのリンパケアを行う代替医療の現場に従事する者の立場から、ドクターショッピングの解決を考えるとともに、アンメット・メディカル・ニーズに関する医療経済学的分析をし、がん・難病に対するリンパケアの社会経済価値と課題について検討する。医療経済学とは、医療システムを有効に稼働させるために資源（人、モノ、金）をどう配分したらよいかを考え、人間行動や病院組織の行

動の背景に潜む傾向やくせを理解し分析する学問である（安川, 2017）。

　以下、第 2 章では現在の日本において不健康が経済に与える影響について、第 3 章ではアンメット・メディカル・ニーズからドクターショッピングという消費者行動へ移行する原因について述べる。続いて第 4 章で WAI のアンメット・メディカル・ニーズに対する取り組み、第 5 章ではがん・難病に関するアンメット・メディカル・ニーズへのリンパケアの事例を紹介し、第 6 章でその取り組みの社会経済価値を分析する。第 7 章では医療経済学の観点から結果を考察し、第 8 章で今後の医療業界における課題と展望を述べる。

2. 社会的背景

　人生 100 年時代を目前に、国民の健康意識は高まりをみせている。生き生きと充実した人生を送るための基盤となるのは、第一に健康である。インターネットで健康維持のための情報にアクセスしたり、ジムに通ったり健康グッズやサプリメント等を購入する人も増え、同時に日々進歩する医療に対する期待はより大きくなっていると言える。

　一方で、日本の労働人口の約 3 分の 1 は何らかの疾病を抱えながら働いている [2)]。また内閣府（2018）「国民生活に関する世論調査」によると、国民の半数以上が自分の健康に悩みと不安を抱えていると回答している。経済産業省（2019）は健康状態が経済に及ぼす影響について、健康状態の悪化は「就労中の生産性の低下」、「欠勤」、「早期退職」といった労働損失を生じさせ、経済に負の影響を与えると述べている。Grossman（1972）も指摘しているように、健康が経済に及ぼす影響は大きく、健康と就労の関係についての先行研究は多い。それらの研究関心は、主に所得に対する影響と就労率に対する影響に大別される（経済産業省, 2019）。所得に対する影響として、主観的健康状態の悪化（湯田, 2020; 佐藤, 2016; 戸田, 2016; 上村・駒村, 2017）、病気の数や生活習慣病の罹患（Hamaaki and Noguchi, 2013）、がん等の重大な病気の体験（Hamaaki and Noguchi, 2013）が指摘されている。また、就労率に対する影響として、主観的健康状態の悪化（清家・山田, 2004; Oshio, 2018）、機能障害の発生（Oshio, 2018）や、心臓病やがん、脳卒中等の経験（濱秋・野口, 2010）、生活習慣病やがん、脳卒中等による通院（内閣府, 2018）が指摘されている。

　主観的健康状態（Self-Rated Health: 以下、SRH）とは、個人が自分自身の健康に対して感じている状態や評価のことを指し、個人が自分を健康であると感じるか、あるいは病気や不調を感じているかどうかによって変化するため現在の医療技術では観測不能な変数である。例えば、ある疾患が医学的には軽度であっても、その疾患によって生じる症状や制限が大きい場合、SRH は低下する。また、現代医学によって明らかにされないアンメット・メディカル・ニーズによっても、SRH は低下すると考えられる。上村・駒村（2017）は、「健康状態と賃金の関係を分析する際には、主観的な健康指標、中でも SRH が用いられることが多い」と述べている。誰にも理解されない、共有されない体の悩みは労働生産性を低下させ、経済にマイナスの影響を与えると考えられる。

3. アンメット・メディカル・ニーズからドクターショッピングへ

　アンメット・メディカル・ニーズを抱え、常に健康に対し大きな不安を感じている方が陥りやすい消費者行動が、ドクターショッピングである。この「診断や治療に納得できず、何ヶ所も医療機関を渡り歩く不毛な堂々巡り」（小野, 2012）には様々なデメリットがある。重複診療、患者の心身への負担、検査、投与による経済的負担、他方で、薬の破棄による無駄、治療域を超えた過剰なオーバードーズに繋がることも考えられる。通院のためやむを得ず仕事を早退、欠勤しなければならない場合もあり、患者にも勤務先にも経済的デメリットが生じる。さらに病院を転々とすることで検査結果等のデータが集積されず医師側も患者側も症状の変化を知ることができなくなり、より良い治療が困難になる。

　なぜドクター・ショッピングへと走るのか。例えば、診療時患者の顔をほとんど見ることのない医師や、欲しい情報を与えてくれない医師に遭遇した場合、患者は医師、あるいは医療機関に不信感を抱く [3]。自分の辛い身体を預けることに不安を覚え他の病院を探したくなる方は多いのではないか。一方でドクターショッピングにはより良い治療を受けるための選択ができるというメリットもある。それは患者が自由に治療を選べるフリーアクセスという日本の医療システムにより保証されている権利である。問題は過剰なドクターショッピングを止められないことであり、そこには二つの大きな要因があるのではないかと考える。一つは患者と医師の間のコミュニケーションの不足である。

　「医師と患者のコミュニケーションに関する調査」[4]によると「治療方法の情報を十分に提供している/されている」と思う割合は医師側 52.0％、患者側 34.7％、「診療時間は充分に設けている/設けられている」と思う割合は医師側 43.3％、患者側 25.0％、「十分に対話している」と認識している割合は医師側が 56.7％に対して患者側は 34.8％と両者に意識の差がある。「信頼関係が築けている」と感じている医師は 43.3％と決して高い数字ではないが患者側の回答は 29.9％と 3 割を切っている。

　もう一つの要因は患者が、自分の体、思考の癖、これまでの生活環境、生活習慣等を冷静に深く見直す機会を見失っているのではないかということである。

4. WAI のアンメット・メディカル・ニーズへの取り組み

　WAI ではリンパに特化したボディケアを提供している。吉良（2017）は、私たち現代人は目には見えないウィルスや細菌等の微生物と有害物質があふれる中で生活をしていると述べている。また、飲食物を摂取するたびに体に必要なものと同時に農薬や重金属、食品添加物などの有害化学物質という毒性のあるものを慢性的に摂取していると指摘している。そんな状況の中、体に不調があれば、薬やサプリメントを摂取し改善を促す、またはそれによって症状を抑え込む、いわゆる体の中に何かを「入れるケア」が主流である。全身に張り巡らされている脈管系で説明すると、血管は全身の細胞に酸素と栄養分を供給している。つまり、体にとって、体に外から何かを「入れるケア」に貢献していると言える。それゆえに、血管が詰まると、細胞に酸素と栄養素が供給されずに壊死することになる。細胞の壊死は重篤な症状につながるので、医学において重要視されてきた。血管に関する医学論文は膨大にある。

　一方で、リンパ管は体の中に溜まった余分な水分や老廃物、有害ミネラルや重金属などの毒素、そしてリンパ球によって撃退されたウィルスや細菌などの微生物を体の外に排泄する。つまり、体にとって、体の中に溜まった毒を体の外へ「排泄するケア」に貢献していると言える。リンパに特化したボディケアを行う WAIでは、リンパの流れを促す「排泄するケア」を提唱している。吉良（2017）は、「"健康を維持する"ということは体に必要なものをどれだけ摂取して、体の毒になるものをどれだけ体の外に排泄できるかに尽きる（中略）摂取と排泄を見直す

ことで痛みや不調は著しく改善される」と述べている。さらに、血管と同じよう
に全身に張り巡らされたリンパ管の長さは、血管の2倍あると言われている。こ
れは、人類進化の歴史の中で「入れるケア」より「排泄するケア」の方が2倍重
要であることを端的に示していると吉良は主張している。リンパには、排泄機能
に加えて免疫機能が備わっており、リンパが滞れば、その防御機能が十分に働か
なくなる。リンパの流れを促すことで体に不必要なものを排泄し免疫機能を活性
化させ、痛みや不調の改善へと導くケアは、体質改善につながり、疾病予防のた
めのケアとしても有効である。

　加速する高齢化、増大する医療費の問題を抱えた日本で、予防医療、予防のた
めのケアは今後より重要性を増すと考えられる。しかし、現在日本においては代
替医療も予防医療も大部分が保険適用されていない。両分野ともエビデンスの蓄
積が少ないことや、資格や訓練等の基準が曖昧であることなどいくつかの原因が
考えられる。2006年にニコチン依存治療、2016年にリンパ浮腫治療が、施設基
準や対象部位、実施資格など条件付ではあるが保険適用されたように、エビデン
スがあり医療費を抑制できると判断できる治療に関しては保険適用化を進めるべ
きであると考える。

　顧客の症状はそれぞれであり、100人いれば100通りの原因がある（吉良,
2017）。カウンセリングを含め、多くは1時間半から2時間一人一人と向き合う
オーダーメイド型のケアを行っている。経過に個人差はあれ、体がほぐれていく
中で悩みやさまざまな心情を吐露される方は多く、体のケアと同時に顧客が自身
と向かい合い、セラピストと共に不調の根本の原因を探っていく機会となってい
ると考える。医師が外来の患者一人一人と充分な時間をとって向かい合い診断し
たいと考えても、多忙な一般外来の現場では現実的に難しい現状があるのではな
いだろうか。その現状からこぼれ落ちた人たちの心身の健康を援助することは代
替医療の大きな役割の一つであると考える。

　近年、こうした問題解決に向けて専門外来を設ける医療機関も増えており、女
性外来を例にとると、2001年に鹿児島大学病院が日本初の女性外来を開設して以
降、2018年には女性外来を設置する医療機関は全国に300を超えており[5]、患者
とのコミュニケーションを重視した治療環境がつくられている。「女性外来だけ
が個人を大切に、時間をかけて話を聞き、丁寧に説明しても一般外来から不満が

でる、特別に長く時間をとり、より快適に診療できるように工夫した外来なので、特別料金を設定している施設や保険診療を行わない施設もある。」（土井・青木・西山, 2004）などの問題を抱えながらも、患者に寄り添う治療の場が運営されていることは、患者にとって喜ばしいことである。

　またWAIでは末期のがん・難病に対するリンパケアを行っている。肉体的、精神的、経済的、社会的負担を抱え病院で辛い治療を続けてこられた末期がん患者の、これ以上薬に頼ることなく痛みから解放されたい、家族と自宅で少しでも穏やかな大切な時間を過ごしたいという願いに応えたく、疼痛緩和ケアチームを結成し、当センター内や病室でのケアだけでなく、自宅への訪問ケアも行ってきた。それまで痛みで睡眠がとれなかった方がケア中にいびきをかいて眠られたり、痛みで動くことができなかった方がケア後、家族の前で足踏みをされたり、全くものが食べられなかった方が病院の食堂で食事をされる光景に、本人はもちろん家族も大変喜ばれる。ただしこの効果は長時間続くものではなくケアの時間を入れて平均6時間ほどである。しかしながらこの数時間は痛みから解放され、薬の副作用も感じることなく家族と穏やかに過ごすことができる貴重な時間である。

5. がん・難病に対するリンパケアの事例

　図表1はWAIにおける顔面神経麻痺に対するリンパケアの事例である。患者は、WAIのセンター長である吉良浩一の実母である。口が動かせないという連絡を携帯電話で受けた彼が、その場で顔面神経麻痺であると判断し、車で近隣の病院に搬送した。

　近隣の病院に入院したが、1日24時間10日間にわたる点滴治療で麻痺は改善せず、10日後に退院することになった。退院時に、担当医からマッサージは厳禁と言われたが、吉良による1日15分のリンパケアで退院2日後には、本人評価で麻痺の8割が改善した。ケア前は口の端からこぼれて飲めなかったジュースもこぼすことなく飲めるようになりQOLは向上した。2週間後の再検診では、担当医師から医学的完治と評価された。発症後2年経過するも再発せず、リンパケアによってSRHは高まったと考えられる。

図表 1　顔面神経麻痺リンパケア症例

| 退院時 | 退院2日後 | 現在（発症2年経過） |
| 10日間の点滴治療 | 1日1時間×2日間施術 | 麻痺完全完治・再発なし |

（出所：吉良浩一の個人所有画像から筆者作成）

　図表2は、大腸がんの末期に対するリンパケアの事例である。家族からモルヒネが効かない状態で、本人が痛みで眠ることもできない状態が続いていると連絡を受け、毎回2時間にわたるリンパケアを実施した。その結果、ケアが始まって数分後に患者がいびきをかいて眠り始め、ケアが終わって目を覚ますと痛みが消えて体が元の状態に戻っていると言われた。「俺はこんなところで何をしているのだろう。今なら病院の外を走って回れる。」と喜んだ。もちろん、ケアの効果は半日も持続しないのだが、痛みで食事も睡眠も取れない患者にとって、例え2～3時間でも元の体の感覚を取り戻し、痛みから解放される時間があることは家族にとっても貴重であると考えられる。患者に負担を与えないため、手のひらで体に触れるか触れないか程度の極限まで微細なレベルのリンパケアであるにも関わらず、図表2では、足の浮腫が取れていることがわかる。

図表2　末期がん患者のリンパ浮腫ケア

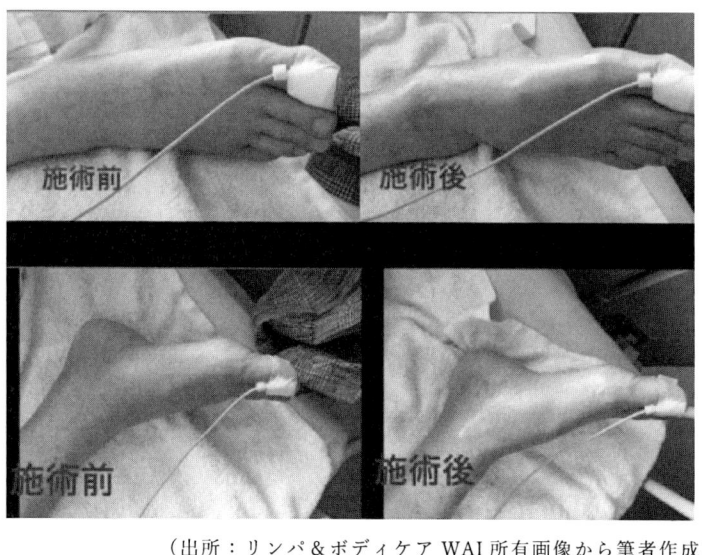

（出所：リンパ＆ボディケア WAI 所有画像から筆者作成）

図表3　末期がん患者の疼痛緩和ケアチームを結成

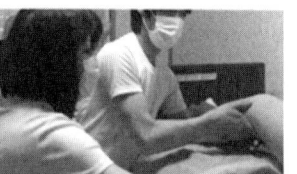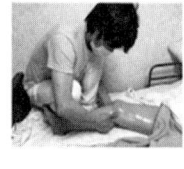

（出所：リンパ＆ボディケア WAI 所有画像より）

図表 3 は、図表 2 の事例経験から結成された、WAI の疼痛緩和ケアチームによる事例画像である。

当時の顧問医師の依頼を受け、ケアにあたった。末期がんのリンパケアにあたって、本人と識別できない形での画像撮影および研究のための画像使用許可を得ている。この事例も、足の浮腫で歩行が困難であった患者がリンパケア後に立ち上がり、嬉しそうに台所に立って、自ら手料理をセラピストたちにふるまってくれた。このように、アンメット・メディカル・ニーズに対するリンパケアは、患者の SRH を向上させていると考えられる。

こうしたアンメット・メディカル・ニーズに対するリンパケアという新領域に関する新技術を用いたサービスが、医療費の増大という問題を抱えた社会においてどのような社会経済価値を持つのか、加重限界効用曲線、生産可能性フロンティアを用いて経済学的に分析した。

6. 分析
6.1 加重限界効用均等の法則による分析

ここでは現代医療と代替医療の 2 財の組合せについて考える。限界効用と価格比が均等になるような組合せで財を購入すれば、消費者の効用は最大となる（加重限界効用均等の法則）。

アンメット・メディカル・ニーズに対するリンパケアという新領域に関する新技術を用いた新サービスで消費者の効用は矢印方向にシフトし、グレー部分だけ消費者の効用は増加する（図表 4）。

最適消費点が E から E*に移行することで消費者の効用を最大化しながら現代医療の消費は縮小する。

つまり、社会保障費は縮小し、経済は拡大すると考えられる。

図表 4　加重限界効用均等の法則による分析

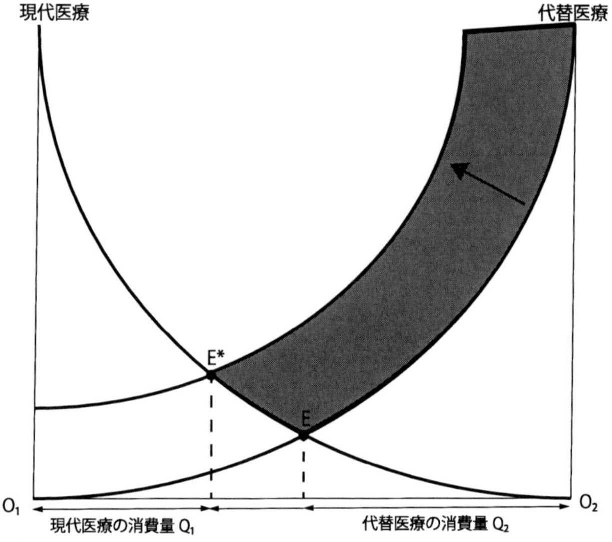

（出所：筆者作成）

6.2　生産可能性フロンティアによる分析

　ここでは、医療サービス財を現代医療（公共財）と代替医療（私的財）として供給することを考える。ただし、現代医療の供給量も増えるのが原則であるが、ここでは現代医療は固定した（図表 5）。

　PPF が右に拡大すると、消費者の消費量も右上に推移する。すると原則、代替医療も現代医療も消費量は拡大することとなる。よって、国民の健康は増進され、経済は拡大するといえる。

　片方の財の増加により、もう片方の財の生産・消費も増加し、新しい経済成長が生まれている。

　アンメット・メディカル・ニーズに対するリンパケアは新技術であり、発展の可能性が大きい（まさにフロンティア）。すなわち、国民の健康は増進されると考えられる。

図表 5　生産可能性フロンティアによる分析

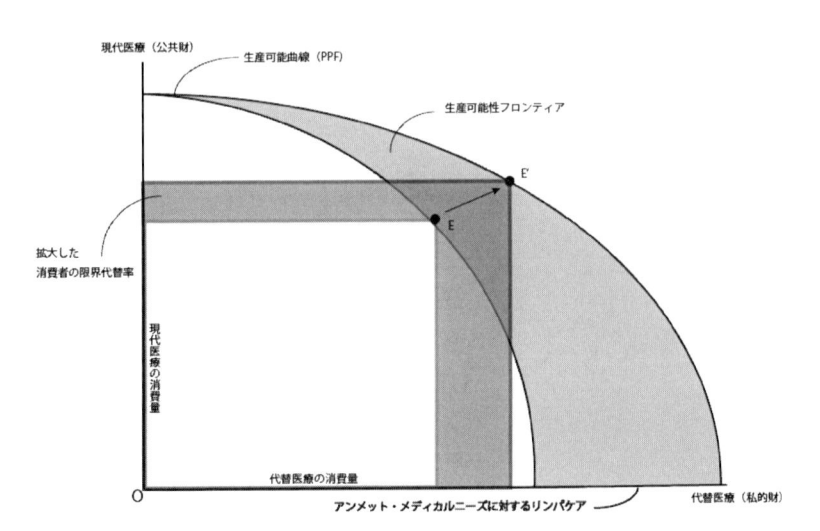

（出所：筆者作成）

7. 結論

　経済学の理論的枠組みである加重限界効用均等の法則を用いて分析した結果、アンメット・メディカル・ニーズによる代替医療の消費量が増えることで、現代医療の消費量が減少し、社会保障費の削減につながることが示された。また、生産可能性フロンティアを用いた分析結果では、消費者の限界代替率が拡大し、新しい経済成長が生まれることが示された。このように、アンメット・メディカル・ニーズに対するリンパケアが普及することによって、国民の健康と労働生産性が増進された結果、わが国の経済成長を促すと考えられる。

8. おわりに

　以下に、今後の医療業界における課題と展望を述べる。

　患者側、医師・医療機関側双方に、また国の経済にとって不利益なドクターショッピングは「現代医療の高度化、細分化による産物」（小野, 2012）とも言える。その高度化、細分化されていく医療の陰で置き去りにされる患者は少なくない。

人にはそれぞれのバックボーンがあり、固有のストーリーがある。患者とコミュニケーションを充分にとり、その人全体を診て信頼関係を築いていく努力は現代医療、代替医療の現場双方に求められる。そしてそのことは患者の無意味なドクターショッピングに歯止めをかけることになると考える。

　一方で患者側にも、冷静さを取り戻し、自分の身体、思考の癖、生活環境、生活習慣等を見つめなおす努力が必要である。代替医療にはそのサポートをする役割があり、そのことがひいては社会保障費の縮小につながると考える。

　また、辛い副作用のある治療をやめ、副作用の極めて少ない疼痛緩和ケアを受けたいという患者にアンメット・メディカル・ニーズに対するリンパケアという新サービスを用い、現代医療では難しい領域をカバーすることが、患者とその家族の苦しみを少しでも和らげ、同時に日本の社会保障費抑制の一助となることを切に願う。今後は現代医療と代替医療の融合がより一層必要である。現代医療も代替医療も目指すところはあくまでも国民の健康であり、国民が健康であることの結果として、日本の社会保障費は抑えられ、また労働力は確保され経済は活性化する。

　WAI の「健康こそ最大の国益である」という理念のもとに、これからも顧客満足度を上げ、アンメット・メディカル・ニーズに対するリンパケアという新サービスで身体的・精神的・社会的・経済的苦痛の軽減に努めていきたい。しかしながらその認知度はまだまだ低い。認知度を高め普及させること、その技術と全人的ケアを実践できる人材の育成は今後の課題である。

　また人生 100 年時代を迎える日本において、予防医療、代替医療の保険適用範囲について再検討を望む。今後もアンメット・メディカル・ニーズ、そして予防に対するリンパケアに一層力を注ぎ一人でも多くの人が、できる限り医療機関や薬に頼ることなく、人生を自分らしく健康に生きていくことの一助となりたいと考える。

註

1)　　最新がん統計：[国立がん研究センター　がん統計] (ganjoho.jp)
　　　https://ganjoho.jp/reg_stat/statistics/stat/summary.html（閲覧日：2023 年
　　　2 月 10 日）

2) 厚生労働省 Web ページ：広報誌「厚生労働」
https://www.mhlw.go.jp/houdou_kouhou/kouhou_shuppan/
magazine/2018/07_01.html（閲覧日：2023 年 2 月 10 日）

3) 日経メディカル「患者アンケート報告」第 1 回（病院への意識）深い「日
の医療」への不信感：MedWave Back Number (nikkeibp.co.jp)
https://medical.nikkeibp.co.jp/inc/all/hotnews/archives/276444.html
（閲覧日：2023 年 3 月 18 日）

4) NTT コム リサーチ 医師と患者のコミュニケーションに関する調査
https://research.nttcoms.com/database/data/002097/ （閲覧日：2023 年
2 月 10 日）

5) 内閣府 Web ページ：男女共同参画局（2018）コラム 10
https://www.gender.go.jp/about_danjo/whitepaper/h30/zentai/html/
column/clm_10.html（閲覧日：2023 年 4 月 25 日）

参考文献

[1] Grossman, Michael,（1972）,"On the Concept of Health Capital and the Demand for Health", *The Journal of Political Economy*, 80（2）

[2] Hamaaki, J., & Noguchi, H., (2013), "The Impact of Health Problems on Income of the Elderly in Japan", *Institute of Economic Research*, Hitotsubashi University.

[3] Takashi, OSHIO,(2018),"Health Capacity to Work and Its Long-term Trend among the Japanese Elderly ", *RIETI Discussion Paper Series* 18-E-079 (No. 18079).

[4] 上村一樹 & 駒村康平（2017）「労働者の健康増進が労働生産性に与える影響 パネルデータによる分析」『生活経済学研究』45

[5] 小野繁（2012）『ドクター・ショッピング―なぜ次々と医者を変えるのか―』 新潮新書

[6] 清家篤 & 山田篤裕（2004）『高齢者就業の経済学（Vol. 2）』 日本経済新聞社

[7] 吉良浩一（2017）『不調を治す！リンパストレッチ＆マッサージ Book』

ソーテック社

[8] 経済産業省 Web ページ：経済産業省（2019）予防・健康づくりの意識と課題 平成 31 年 2 月
https://www.meti.go.jp/shingikai/sankoshin/2050_keizai/pdf/003_02_00.pdf（閲覧日：2023 年 2 月 15 日）

[9] 佐藤一磨（2016）「健康状態の変化と賃金の関係」『社会保障研究/国立社会保障・人口問題研究所 編 = Journal of social security research/National Institute of Population and Social Security Research』 1(1)

[10] 土井卓子, 青木昭子, & 西山潔（2004）「女性外来の現状と今後」『医療』58(7)

[11] 戸田淳仁（2016）「中高年の就業意欲と実際の就業状況の決定要因に関する分析（平成 27 年度 「経済の好循環と日本経済再生に向けた国際共同研. 究」（労働分野）」『経済分析 = The economic analysis』(191)
https://www.esri.cao.go.jp/jp/esri/archive/bun/bun191/bun191h.pdf

[12] 内閣府 Web ページ：内閣府（2018）60 代の労働供給はどのように決まるのか？
https://www5.cao.go.jp/keizai3/2018/09seisakukadai16-0.pdf（閲覧日：2023 年 4 月 15 日）

[13] 内閣府 Web ページ：内閣府（2018）国民生活に関する世論調査
https://survey.gov-online.go.jp/h29/h29-life/zh/z13-1.html（閲覧日：2023 年 4 月 15 日）

[14] 濱秋純哉 & 野口晴子（2010）「中高齢者の健康状態と労働参加」『日本労働研究雑誌』601

[15] 安川文朗（2010）「医療経済学①」帝京科学大学 2017 年講義 20170512
https://yasukawafumiaki.weebly.com/uploads/2/6/5/5/26557135/teikyo1.5.12.pdf（閲覧日：2023 年 4 月 26 日）

[16] 湯田道生（2010）「健康状態と労働生産性」『日本労働研究雑誌』601

[17] 吉岡郁郎, 窪田文香, & 今西俊明（2018）「不定愁訴患者と当科考案の 『不定愁訴スコア（SIC）』 との関係〜『ドクター・ショッピング』 という視点からの検討〜」『女性心身医学』23(2)

子育て支援が日本を救うために
－「地域子育て支援拠点事業」の変遷と学際的視点からの考察－

河村　信子

1. はじめに

　超少子化が急速に進む時代において子育て支援に関する議論が活発化している。筆者は、矢継ぎ早に国が打ち出す「子育て支援」事業の担い手として、益々アウトソーシングが増大し民間起業が参戦すると予測している。今後は官民連携の充実が不可欠な時代であろう。

　そこで、子育て支援政策の老舗的位置づけといえる「地域子育て支援拠点事業（以下、拠点事業）」をとりあげ、少子化対策として打ち出された政策の意義と目的を示し、時代のニーズに伴う政策の変遷、さらに変遷に伴う研究領域の広がりを検証し、今後の円滑な官民連携の一助となる知見を提供することを目的とし、以下の事項について述べる。

2. 背景

　わが国は人類が経験したことのない超少子高齢社会を迎える。平成 28（2016）年 6 月 2 日閣議決定「ニッポン一億総活躍プラン」において、子ども・高齢者・障害者など全ての人々が地域、暮らし、生きがいを共に創り、高め合うことができる「地域共生社会」の実現が指標とされた。これからは、福祉の分野だけではなく、あらゆる分野において、国民一人一人がそれぞれの理念を大切にしながら、世の中の仕組みを変えていく営みが必要な時代になると言える。

　子ども家庭福祉の分野において「子育て支援」の必要性は、1993 年に記録した合計特殊出生率 1.57 ショックを背景に、急速に高まり様々な政策が始まった。少子化対策は、エンゼルプラン（平成 6（1994）年策定）、新エンゼルプラン（平成 11（1999）年策定）において進められ、国の取り組みとして計画的な展開が目指

176

された。さらに、平成 15（2003）年制定の次世代育成支援対策推進法に伴い、児童福祉法が一部改正され、すべての子どもと子育て家庭に対する支援が法的に義務付けられた。また、平成 16（2004）年に策定された「子ども・子育てプラン」では、市町村における地域住民や関係者を交えた「子育ての新たな支え合いと連帯」が挙げられており、各地域単位での地域子育て支援事業の普及が推し進められることとなった。その後、平成 24 年（2012）年に子ども・子育て支援法が制定され、さらに、本年令和 5（2023）年 4 月より「こども家庭庁」が創設される。子育て支援政策は少子化対策から、より包括的な子育て支援政策へと大変換期を迎えていると言えよう。

3.「地域子育て支援拠点事業」とは
3.1 現在の「拠点事業」の意義と目的及び事業内容について

　「拠点事業」は、児童福祉法第 6 条の 3 第 6 項に基づき、市町村が実施する事業である。平成 30（2018）年 6 月通知（厚生労働省雇用均等・児童家庭局長）地域子育て支援拠点事業の実施要綱において、その事業目的は「少子化や核家族化の進行、地域社会の変化など、子どもや子育てをめぐる環境が大きく変化する中で、家庭や地域における子育て機能の低下や子育て中の親の孤独感や不安感の増大等に対応するため、地域において子育て親子の交流等を促進する子育て支援拠点の設置を推進することにより、地域の子育て機能の充実を図り、子育ての不安感等を緩和し、子どもの健やかな育ちを支援することを目的とする」と明記されている。また、実施主体は、市町村とし、市町村が認めた者へ委託等を行うことができる。事業は、乳幼児及びその保護者が相互の交流を行う場所を開設し、子育てについての相談、情報の提供、助言その他の援助を行う内容である。具体的には、4 つの事業内容（①子育て親子の交流の場の提供と交流の促進・②子育て等に関する相談・援助の実施・③地域の子育て関連情報の提供・④子育て及び子育て支援に関する講習会等の実施（月 1 回以上））が定められており、4 つの基本事業を全て実施することが義務付けられた。これらの運営費用は、事業の実施に要する経費について、国は別に定めるところにより補助する、また、事業を実施するために必要な経費の一部を保護者から徴収できるものと記載されている。

河村　信子

図表1　子育て支援拠点事業の変遷及び児童福祉に関する年表

称号	西暦	拠点事業の変遷	子ども福祉に関連する法律など	少子化対策・子育て支援 閣議決定及び少子化社会対策会議決定
平成2	1990			【合計特殊出生率1.57ショック】
平成3	1991		育児休業法	
平成5	1993	保育所地域子育てモデル事業創設		
平成6	1994		児童の権利に関する条約に批准	エンゼルプラン 緊急保育対策五カ年事業
平成7	1995	地域子育て支援センター事業に名称変更	育児・介護休業法　改正	
平成11	1999		児童福祉法　一部改正	新エンゼルプラン 少子化対策推進基本方針
平成12	2000		児童虐待に関する法律（虐待防止法）	健やか親子21
平成13	2001		DV防止法	
平成14	2002	つどいの広場事業創設		少子化対策プラスワン
平成15	2003		次世代育成支援対策推進法 少子化社会対策基本法 （保育士国家資格施行）	
平成16	2004		発達障害者支援法	
平成17	2005		障害者総合支援法 食育基本法	子ども・子育て応援プラン
平成18	2006	地域子育て支援拠点事業「センター型」 「ひろば型」「児童館型」に再編	認定こども園法	新しい少子化対策について
平成19	2007			ワーク・バランス憲章 仕事と生活の調和推進のための行動指針
平成20	2008	児童福祉法に位置づけられる。	幼稚園教育要領　改定 保育所保育指針　改訂	待機児童ゼロ作戦について
平成21	2009		子ども・若者育成推進法	
平成22	2010			子ども・子育てビジョン
平成23	2011			
平成24	2012		子ども・子育て支援法 子ども・子育て関連三法	子ども・子育て新システムの基本制度について
平成25	2013	事業類型を「一般型」「地域機能強化型」 「連携型」に再編	子どもの貧困対策法	待機児童解消加速化プラン 少子化危機突破のための緊急対策
平成26	2014	事業類型が「一般型」「連携型」に再編 され、4つの基本事業が規定される。 地域強化型機能は「利用者支援事業 （基本型）」に移行。	母子及び父子並びに寡婦福祉法	
平成27	2015		子ども・子育て支援法　施行	少子化社会対策大綱
平成28	2016	地域共生社会の実現に向けた包括的支援 体制における子ども・子育て家庭を対象に した相談機関として記載される。		ニッポン一億総活躍プラン
平成29	2017			子育て安心プラン・働き方改革実行計画 子育て世代包括支援センターの設置運営 について（通知）
平成30	2018			居宅訪問型児童発達支援の創設
令和元年	2019			
令和2年	2020	「地域子育て支援拠点事業の実施に ついて」の一部改正		
令和3年	2021			
令和4年	2022		特定教育・保育施設及び特定地域型 保育事業並びに特定子ども・子育て 支援施設等の運営に関する基準及び 子ども・子育て支援法施行規則の一部 を改正する内閣府令 （令和4年内閣府令第25号）	
令和5年	2023		こども家庭庁　設置	

（出所：筆者作成）

3.2「拠点事業」の変遷

　「拠点事業」のルーツとなる取り組みは、約 27 年前に記録した合計特殊出生率 1.57 ショックを背景に、次々と打ち出された少子化対策の中で平成 5（1993）年に登場した「保育所地域モデル事業」であり、主に保育所に併設された。次いで、NPO 等が平成 14（2002）年に「つどいの広場事業」として創設された。また、平成 19（2007）年に、上記の 2 つの事業に、新たな事業類型（児童館型）が加わり事業が見直され、「地域子育て支援拠点事業」として事業名称を変えて再編された。その後、平成 20（2008）年に、児童福祉法と社会福祉法の第二種社会福祉事業に位置づけられ、法的根拠を持つ子育て支援として強化された。

4. 学際的な視点
4.1 保育学の視点

　国が少子化対策として策定したエンゼルプラン（1994）により、平成 7（1995）年に全国に設置された地域子育て支援センターについて、松永（2005）は（設置）以降、様々な形態の活動が行われてきたが、何が親子にとっての支援になりえるのか試行錯誤している状態であり、約 10 年が経った現在でも「子育て」を支援するという時の「支援」の概念は未だ曖昧であり、そのため、配属されているスタッフの専門性も確率されていないと述べた。時代背景に、「保育所保育指針」（厚生労働省が告知する保育所における保育の内容に関する事項及びこれに関する運営等に関する事項を示したもの）の改定の経緯がある。平成 5（1993）年の創設時は保育所保育指針改定前であり（平成 20（2008 年）改定、次いで平成 30 年（2018 年）改定）、「支援」についての明らかな記載がない時代であった。そのため、保育所保育士（当時は「保母」）は、子どもを対象としたケアワークとして支援を捉えていた。その後、地域子育て支援の役割が重視されてきた現状を踏まえ、平成 20（2008）年に改定された「保育所保育指針解説」第 6 章に、保護者に対する支援が掲げられ、地域子育て支援の原則として、児童福祉法第 48 条の 3「保育所は、当該保育所が主として利用される地域の住民に対してその行う保育に関しての情報の提供を行い、並びにその行う保育に支障がない限りにおいて、乳児、幼児等の保育に関する相談に応じ、及び助言を行うように努めなければならない」と定められた。

　しかしながら、少子化傾向に歯止めがかかることはなく、女性の社会参画を困難にする要因となる深刻な待機児童問題へと状況は悪化していった。その後、平成 30（2018）年の改定では「保育所保育指針解説」（以下、「指針解説」）第 4 章に「子育て支援」と明記され、保育所における子育ての支援の基本事項・保育所を利用している保護者に対する子育て支援・地域の保護者に対する子育て支援が掲げられ、児童福祉法に基づく児童福祉施設である保育所の「支援」のあり方が、法的に明文化された。

　具体的な改定点として、市町村の支援を得て、地域の関係機関等との積極的な連携及び協働を図るとともに、子育て支援に関する地域の人材と積極的に連携を図るよう努めることが明記された。超少子高齢社会を迎え、地域ぐるみの子育て支援が積極的に求められる時代になったと言える。また、「指針解説」第 5 章においては、職員の資質向上に関する事項が記され、職員研修については、「各保育所における保育の課題への的確な対応や、保育士等の専門性の向上を図るためには、職場内での研修にくわええ、関係機関等による研修の活用が有効であることから、必要に応じて、こうした外部研修への参加機会が確保されるように努めなければならない」と記された。

　このように、子どもを取り巻く環境の変化に伴い「子育て支援」の重要性が高まり、その職務域にカウンセリングマインドを必要とする業務内容の多様化、及びソーシャルワークが加わり、保育士の専門性の向上がますます必要になったと言える。このような背景により、名称もケアワークを主たる業とする「保母」から「保育士」に名称変更され、児童福祉法 18 条第 4 項において「保育士の名称を用いて、専門的知識及び技術をもって、児童の保育および児童の保護者に対する保育に関する指導を行うことを業とする者をいう」と定義された。さらに、平成 15 年 11 月の児童福祉法改正により名称独占資格の国家資格として規定され、「保育士」は国家資格となった。山本（2013）は、これらの施策の流れは、地域子育て支援の一つの拠点として保育所が位置づけられたこと、また子育て支援の中核を担う保育士の資質向上を意図したものと述べている。

　また、保育所においての「子育て支援」、及び保育士の業としての「子育て支援」が法的根拠をもつと同時に、平成 19（2007）年に、「子育て支援センター事業」と「つどいの広場事業」拠点事業として再編され、センター型・ひろば型・児童

館型（児童館で実施）として3つの事業形態を有する事業となった。次いで平成20（2008）年には、拠点事業が子育て支援事業として児童福祉法と社会福祉法の第二種社会福祉事業（保育所も第二種社会福祉事業に当たる）に位置付けられ、保育所同様に、法的根拠を持つ事業として位置付けられた。安川（2014）は、「拠点事業」は地域子育て支援の推進の中心施策として、平成20（2008）年に保育所と同様の第二種社会福祉事業として位置付けられ、保育所とは異なる事業であることが強調されたが、一方、保育所にも地域子育て支援の機能が求められており、拠点事業が保育所に併設されていることも多いことを指摘し、制度の再編が繰り返される中で、これらの役割や専門性が確実に整理されているとは言い難いと述べている。

　筆者は、このような「支援」の定義についての錯綜は、創設期の拠点事業が平成5（1993）年に少子化対策の「保育所地域子育てモデル事業」として創設され、主に保育所に併設して設置された出発点に起因すると考える。現行の拠点事業は、人的環境（配属されるスタッフ（主として保育士））をそのままに、様々な物的環境（法律・施策・対策等）のみが整備され続け、事業内容が再編され引き継がれてきた事業である。具体的に言うと、そのスタートは保育所に併設の保育所地域モデル事業であった性質上、配属スタッフは必然的に保育所保育士（保母）が兼務するため、子育て支援の場においても「保育のサービス」を提供すると言う性質が高まり「支援」の概念が曖昧になったと考えられる。故に現場においては、当然ながら、保育士（保母）の専門性を有したスタッフが従事するため、ケアワークの延長線としての「支援」という性質が強まっていったと考えられる。「支援」の定義が曖昧なまま錯綜してきた「拠点事業」において、制度が新たになり、メディアやSMS上での国民の意識も高まっている今こそ、子育て支援を実施する施設のそれぞれの役割の再認識が必要であり、かつ、保育士の職務の広がりについての保育士個々の再認識が必要であると考える。従事する人的環境（それぞれの施設に携わるスタッフ）同士の共通認識のために、きめ細やかな縦割り・横割り・ごちゃ混ぜな（多職種）教育及び研修がより一層必要になると考えられる。

　水内・林・七木（2000）は、利用者である母親が子育てに際し、どのようなサポートを活用し、また、どのようなサポートを望んでいるかについて、第1に子育て支援センターという場所（環境）が家庭保育をする母親たちに対しサポート

をうける上で重要な役割を果たしている、第2に子育て支援センターを利用する母親は漠然としたストレスや不安を抱えているが、積極的に日常生活を楽しく送ろうと心がけており母親は具体性の強いサポートを必要としていると示唆した。

4.2　社会福祉学（ソーシャルワーク）の視点

　松永（2005）は、地域子育て支援センターの役割は、失われた「地域」を再び必要とする人々のために人間関係の調整を行い「地域」を施設内に作り出すことだと述べ、保育士が子どもを保育する能力と、親子の居場所を創る能力は異なり、個人を個室でカウンセリングする場合の能力と、集団が創る状況に応じて個人を支援する能力は異なると指摘した。この視点から「子育て」を支援するという時の「支援」の概念は未だ曖昧であり、配属されているスタッフの専門性が確率されていない（松永 2005）拠点事業の抱える課題解決には、どのような専門性を持つ従事者が適切なのかという議論が必要になると示唆される。平成 12（2000）年以降の保育のソーシャルワークに関する研究動向について、山本（2013）は、1990年代後半から 2000 年代半ばにかけて、子育て支援施策の進展および児童福祉法の改定による保育所や保育士の役割の明記、子育て支援事業の法定化の影響により、ソーシャルワーク研究件数に影響を与えていると述べた。外発的な保育所における地域を含めた「子育て支援」への取り組みの要請と、保育所を利用する子どもの最善の利益への保証に伴う、保護者ないし家庭への支援の重要性といった内発的動機がソーシャルワークの活用と関心を高めていったと考えられると述べている（山本 2013）。山本（2013）は保育におけるソーシャルワーク実践の意義は、目の前の子どもに焦点化されず、彼らが育つ一義的な環境である家庭、そして地域へとその視野が拡大し、支援にあたれることにある。乳幼児期は人生の初期であり、成長段階に重要な時期であり、その基盤を支えるしくみを生み出すことは長い子育てのスパンに大きな意味を持つと述べている。

　保育の視点でも述べたように、児童福祉法の一部改正に伴い、平成 20（2008）年に改定された保育所保育指針解説にも、保育所が主として利用される地域の住民に対してその行う保育に関しての情報の提供を行い、並びにその行う保育に支障がない限りにおいて、乳児、幼児等の保育に関する相談に応じ、及び助言を行

うように努めなければならないと記され、保育所保育者はケアワークに加え、ソーシャルワーク機能を果たすことが必要になり、保護者支援業務が重要な位置付けとされた。また、平成20（2008）年の児童福祉法の一部改正においては、第2章で述べたとおり、多くの保育所が併設する拠点事業（地域子育て支援センター）が、つどいの広場事業と統合され、拠点事業の目的が、少子化対策から子育て支援施策へ包括的に変換された。

　また、保育ソーシャルワークについて、若宮（2012）はマクロレベルに着目すると「ウェルフェア」（救貧的・慈恵的歴史を背景として有する最低限の生活保障としての児童福祉）から「ウェルビーイング」（子どもの自己実現・権利擁護・予防・教育・協働的プログラムの重視）へと理念が大きく転換したと述べている。平成元（1989）年、国連の「児童の権利に関する条約」（子どもの権利に関する条約）の理念に具体的方向性が示され、「自立支援」「家族間の調整」「関係機関との協働」というソーシャルワーク機能が明文化されたともいえる（若宮2012）。若宮（2012）は、保育ソーシャルワークの基本視点として、子ども、家庭、地域をホリスティック（全人的・包括的）にとらえる視点に立脚したソーシャルワークの展開や親・保護者・関連機関との連携など、子育てをめぐる協働性の開発といったコミュニティワーク機能やケアマネジメント機能を示唆し、保育士の役割が自己完結的であったミクロレベルの実践を、メゾ、マクロレベルへと拡大していくことが社会的・時代的要請となっており、保育ソーシャルワークの基本的視座であると述べた。このように、子どもを取り巻く環境の変化に対応する形で、保育におけるソーシャルワークの必要性はますます高まっていると言える。

　さらに、地域子育て支援センター事業においては、平成15（2003）年に子育て支援総合コーディネート事業が創設された。事業創設案ではケースマネジメント機能を果たすものとして子育て支援総合コーディネート事業が展開されることが期待されていたが、実際に事業がスタートしてからは子育て支援総合コーディネートの機能を担う人的資源である子育て支援総合コーディネーターの専門性が曖昧にされ、子育て支援総合コーディネート機能は、ケースマネジメント機能からコーディネーション機能、情報提供機能へと援助技術機能が簡単なものになっていくことになった（平田2012）。平田（2012）は、地域子育て支援センター事業での保育士の専門性とコーディネーターの役割期待の乖離が課題の1つとなって

子育て支援総合コーディネート事業が創設されたことを見ていけば、結局問題が元に戻っていることが示唆されると述べている。

　その後、平成 25（2013）年、子育て支援総合コーディネート事業を引き継ぐ形で、子ども・子育て支援法の施行に伴い、創設された事業が「利用者支援事業」である。この事業は、一人一人の子どもが健やかに成長することができる地域社会の実現に寄与するため、子ども及び保護者、または妊娠しているかたがその選択に基づき、教育・保育・保健、その他の子育て支援を円滑に利用できるよう、必要な支援を行うことを目的とする（厚生労働省）。子ども・子育て支援法第 59 条第 1 号に基づき、子ども又はその保護者の身近な場所で、教育・保育・保健、その他の子育て支援の情報提供及び必要に応じ相談・助言等を行うとともに、関係機関との連絡調整等を実施する事業である。

　平田（2014）は、子育て支援コーディネートの反省点を踏まえ、利用者支援事業において改善されたと考えられる点は、①事業を法定化し、すべての市町村で利用者支援事業が提供されることが決まったこと、②ガイドラインを作成することによって、子育て支援総合コーディネート事業よりも目指すべき方向性が具体的に示されつつあるようになったこと、③ケースマネジメントという用語こそ使用されていないものの、ソーシャルワークの視点に基づいた援助の必要性やケースマネジメントと考えられる方法によって、今までサービスを必要としているにも関わらずサービスの利用ができなかった層にまで援助をしようと試みられている点であり、④利用者支援専門員に対して研修を必須としたことによって、求められる専門性について議論するきっかけとなったと述べている。さらに、平田（2014）は、理論的には社会福祉士を利用者支援専門員とし、社会福祉士に必要な研修をおこなうことが望ましいと指摘した上で、現在この利用者支援事業の主な拠点は、地域子育て支援拠点であり、ソーシャルワークの視点から今後の展開に期待したい事業であると述べている。（平田 2014）

　これまで、拠点事業創設時の設置主体が保育所であったことから、その従事者は必然的に保育士が担ってきた。拠点事業の再編と法的位置付けに並行して、保育所および保育士の業に関する法的位置付けの改定が重なり、拠点事業においても、保育所においてもケアワークに加えて、ソーシャルワークの必要性が求められ、「支援」の意義が曖昧なまま継続されていったことが考えられる。「支援」と

してケアワーク優位で発展してきた「拠点事業」のあり方に、ソーシャルワーク的機能が必要となった今、ソーシャルワークの視点からの従事者の専門性についての議論は避けられない。「支援」の定義が曖昧であるという創設期からの課題の解決策もこの議論を熟成させることで、打開策が見出せるのではないだろうか。

4.3 社会学の視点

「拠点事業」を社会学の視点から見ていくと、「子育て支援が日本を救う-政策効果の統計分析-」（柴田 2018）によると「保育サービス支出が増えると、翌年の出生率が上がる」傾向が示されており、非常に興味深い統計結果である。「潜在的待機児童を完全に解消することで、労働生産性を最大限に伸ばし、子どもの貧困率を先進国平均にまで減らし、財政余裕を 10 年間かけて先進国平均にまで増やすには、単年度予算において、保育サービスは 1,8 兆円（追加後は OECD2009 年調整平均レベル）、児童手当は 2,5 兆円、1,8 兆円（追加後は OECD2009 年調整平均レベル以下）になる」と記されている。また、「子ども・子育て支援新制度導入後の基礎自治体の実態（2018）」には、乳幼児期はその後の人間形成の基盤となる重要な時期であることが多くの縦断的研究によって実証される中で、OECD（2012）が質の良い保育・幼児教育が子どもの幸福な人生を保障するのみならず社会の文化的・経済的発展にも寄与すると提言し、乳幼児期の保障・幼児教育の質の向上が国際的に課題となっていると記されている。

このように、様々な角度から「子育て支援」の意義が問われる時代となった今、保育サービスのステーション的役割を担い続けてきた「拠点事業」の意義と目的を明らかにし、「支援」の定義を明確にしていくために、今後は学際的な学問領域からの視座を含めて総合的な議論が不可欠になると推測される。

4.4 心理学の視点

子育てという問題について、内閣府（2001）の国民生活白書では、1997 年の国民生活選好度調査より、子育てに自信がなくなることがある母親は、専業主婦で 70.0%、共働きで 46.7%、自分のやりたいことができなくてあせる母親は、専業主婦で 74.0%、共働きで 70.0%、イライラする母親は、専業主婦で 78,7%、共働きで 86.6％と報告されており、専業主婦が自信をなくして落ち込み、共働きの母

親はイライラしている状況が見られた（米沢 2004）。このような背景の中で「拠点事業」は心理的支援の一助となる意義をもつ居場所となっていることは、多くの研究で実証されている（松永 2005, 寺田・津川 2018）。米沢（2004）は、子育ては個育てであり、育児は育自であると言われており、子育ての担い手である親世代が自身の成長途中であるという理解を踏まえると、子育てと自分育てを排他的に考えるのではなく、子育てを通してお互いに親もこどもも自分育てをしていくのだという考え方が重要になってくると述べている。子育て支援は、子育て支援連鎖ネットワークの構築によって、更に充実したものになる必要があり、局所的・画一的支援から複数的・柔軟な支援へと、様々なニーズと親子関係に応じた支援が用意される必要がある（米沢 2004）。さらに、米沢（2004）は、『生きたネットワークとそのネットワークの担い手の育成が必要であり、こうした「つながり」が「子育て」を支援し、育むことによって、子育てをしている大人もこどもも、それぞれに子育てを通して変わり、育っていくと述べている。異なる他者としてこどもとかかわり、他者理解・自己理解の難しさとその大切さを再認識することで、こどもを大切にすることは、自分を大切にすることであることに気づき、子どもへの愛おしさは自分への愛おしさとして意識され、お互いがお互いを育て合っていることに気付いていけるのである。「子育て」は決して一方通行ではなく、双方の営みである。「子育て」を通して、私たちが忘れつつあった、人と人の「つながり」、地域の「つながり」が再構築される可能性も示唆される』と述べている。

　また、主に子育て支援の担い手となっている「保育士」を養成する指定保育士養成施設における必須科目も平成 31（2019）年より改訂され、心理学的視座を有する「支援」に関わる科目が重要視されるようになり「子ども家庭支援の心理学」が加わった。この科目の目標は、1.生涯発達に関する心理学の基礎的な知識を習得し、初期経験の重要性、発達課題などについて理解する、2.家族・家庭の意義や機能を理解するとともに、親子関係や家族関係等について発達的な観点から理解し、子どもとその家庭を包括的に捉える視点を習得する、3.子育て家庭をめぐる時代の社会的状況と課題について理解する、4.子どもの精神保険とその課題について理解する（全国保育士養成協議会 2018）と掲げられた。拠点事業の従事者の専門性についての議論が続いている中、教育段階で、指定保育士養成施設カリキュラム編成内容にカウンセリングマインドを育む取り組みが始まっている。「子

育て支援の心理学」（安藤・無藤 2014）には、「いかなる子育て支援であろうと、そこに支援する側のさまざまな知識や技能が必要になる。正確に言えば、いかなる限界があるかを心得て、支援する側ができる範囲について努力し、それを超えたところではほかの専門家の助力を得るようにできるからこそ、専門性と呼べる」と記されている。また、「子育て支援とは『親』を育む営みであり、親として子育てを行う際のポイントが、支援のポイントでもある」と記されている。

　しかしながら、「保母」から「保育士」への名称変更、保育所保育指針の改訂、養成カリキュラムの改正など、拠点事業の創設とともに約 25 年間、保育業界は激動の時代を迎えており、免許・資格取得時期の違いよる保育者同士の保育観の相違が「支援」に対する定義の曖昧さを持続させ、支援現場において人間関係の溝を生じさせている要因となっていることも示唆される。このような世代間の溝を解消するためにも、今後、発達心理学的視点を含めた研修制度などの再構築が必要と考える。これらを概観して、ソーシャルワークの視点でも述べたが、拠点事業の従事者として誰がふさわしいのか、どのような専門性が必要なのか、さらにはどのように多職種連携・協働を行っていけるのかという課題が具体的になり、議論が実践可能な形に展開されることを期待する。

　また、今後の拠点事業の意義として、心理学的視点からの親子のコミュニケーション支援の必要性が挙げられる。子育てを通して親子が自分自身に向き合えるようにする支援、さらには、親が新たな自己発見をしながら成長していく場としての支援の必要性が示唆される。「子育て」を通して、私たちが忘れつつあった、人と人の「つながり」、地域の「つながり」が再構築される可能性（米沢 2004）を追求すること、そのまなざしが拠点事業の「支援」における根源的な定義を創造し育むのではないだろうか。拠点事業の「支援」の定義は、初めから決めるものではなく、曖昧さを受け入れながら、利用者及び従事者との相互作用の中で熟成されていくものなのかもしれない。これらの視点から「拠点事業」を概観すると、親のエンパワメント、生涯発達、生涯学習といった新たな役割が考えられる。

4.5 学際的視点からの考察

　保育学の視点において、「拠点事業」は地域子育て支援の推進の中心施策とて、平成 20（2008）年に保育所と同様の第二種社会福祉事業として位置付けられ、保

育所とは異なる事業であることが強調されたが、一方、保育所にも地域子育て支援の機能が求められており、拠点事業が保育所に併設されていることが多いことを指摘し、制度の再編が繰り返される中で、これらの役割や専門性が確実に整理されているとは言い難い（安川 2014）という指摘があった。その背景には「保育士」の国家資格化（2003）が影響していると考えられる。「保母」の時代は、主たる職場は保育所であったが、現在では、福祉施設の様々な現場において活躍を期待される専門職として位置付けられている。指定保育士養成施設のカリキュラムにおける必須実習先として、保育所（地域型保育事業に位置づけられる「小規模保育事業所」を含む）及び施設（児童福祉法に定められているその他の児童福祉施設、乳児院・児童養護施設・児童発達支援センター・児童心理治療施設・母子生活支援施設等）実習が義務付けられており、保育士の養成段階において様々な児童福祉の現場における「支援」の理解を深めるための教育カリキュラムが進んでいる。今後、保育学を入り口として、必要に応じて、必要な専門性を重ねながら、ゼネラリストとしての「保育士」が登場するようになると、支援従事者の「専門性」についての議論はさらに具体的に発展するのではないか。現在、保育士の国家試験資格制度においても、社会福祉士・介護福祉士・精神保健福祉士については、試験科目の免除科目を設定し、福祉の各専門家が「保育士」国家資格を有することを推奨する方向で制度変革も進んでいる。

　また、社会福祉学（ソーシャルワーク）の視点で述べたとおり、相談・援助に特化した専門性を鑑みると、理論的には社会福祉士を利用者支援専門員とし、社会福祉士に必要な研修を行うことが望ましいと指摘した上で、現在この利用者支援事業の主な拠点は、拠点事業であり、ソーシャルワークの視点から今後の展開に期待したい事業である（平田 2014）といった拠点事業の特性を考慮した、「支援」についての議論を具体化していく必要性が高まっていると考えられる。

　心理学の視点から「支援」の意義を述べると、子育てを通して親子が自分自身に向き合えるようにする支援、つまり、親が新たな自己発見をしながら成長していくための支援の場としての意義が考えられる。「子育て」を通して、私たちが忘れつつあった、人と人の「つながり」、地域の「つながり」が再構築される（米沢 2004）営みとしたなら、支援者のカウンセリングマインド（受容・共感・純粋性）が今後ますます求められる時代と言える。前述した拠点事業従事者に必要な専門

性の議論に必要な視点であると考える。また、拠点事業が保育所と同様の第二種
社会福祉事業に位置付けられたことにより、政策的には「地域子育て支援」が保
育所や社会的養護の「保育」とは異なる固有の実践領域を有することが明らかに
なっており、（橋本 2015）、従事者に求められる業務は広範囲な知識に基づく営み
となっていることが推測できる。故に、その専門性についての議論を具体的に深
めることが、「支援」の意義を明確にし、その議論の過程において、必要な「支援」
のための適切な課題が見出せると考えられる。また、拠点事業に義務付けられた
４つの基本事業を遂行するにあたり、多角的な視点から「拠点事業」を概観する
と、施設従事者に必要な「専門性」を学際的に検討することが今後さらに必要に
なると考えられる。その学際的な議論の過程で「支援」の意義が明確となり、今
後の課題が具体的に抽出されると考える。具体例として、拠点事業が、地域に根
付いた場として、親のエンパワメントの場、さらには、生涯学習の場といった新
たな意義を持つことも期待する。

　「拠点事業」の学問領域は、創設期の保育学から出発し、現在では、社会福祉
学（ソーシャルワーク）、心理学と学問領域を広げて、研究が進んでいることが確
認できた。背景には、子どもを取り巻く環境の変化と、それに伴う社会制度の急
速な変化がある。本稿では、拠点事業の変遷と共に、研究の学問領域が重ねられ
ていることに注目した。今後「拠点事業」は、それぞれの学問からの視点を大切
にしながら、「子どもの最善の利益のために」を共通理念として、複数の学問と融
合された学際的な学問領域として捉えていくことが必要になろう。

5. おわりに

　今後「子育て支援」を学際的な視点で捉え、社会で包括的な支援を実現してい
くためには、パーパスの共有と理解が支援の質の向上の鍵となるであろう。今回
は、その一助となる知見提供として「地域子育て支援拠点事業」を取り上げた。
筆者は、福祉と産業の融合のために、子育て支援の意義と目的を人々が共通理解
のうえ進めていく姿勢が大切であると考えている。今後、両者の対話・議論がフ
レキシブルに深まることを願っている。

河村　信子

参考文献

[1] 安藤智子・無藤隆編（2014）『子育て支援の心理学』　有斐閣コンパクト

[2] NPO 法人子育てひろば全国連絡協議会 Web ページ：
https://kosodatehiroba.com/（閲覧日：2023 年 3 月 27 日）

[3] 岡本聡子（2015）「母親の育児不安解消における地域子育て支援拠点事業
の効果―利用者アンケートを通じた測定と検証―」創造都市研究 e,10（1）

[4] 小野セレスタ摩那（2013）「A 市地域子育て支援拠点事業の利用者評価に関
する研究―実施場所別の分析結果を中心に―」Human Welfare、Vol5.1

[5] 木脇奈知子（2012）「多様化する「子育て支援」の現状と課題―新たなニ
ーズとそれに対応する事例から―」QOL 研究所紀要、vol7、no1

[6] 香崎智郁代子（2012）「育て支援施設非利用者の現状と支援の課題に関す
る一考察 －非利用者を対象にしたアンケートを参考に－」社会関係研究
第 18 巻第 1 号

[7] 厚生労働省 Web ページ：利用者支援事業・地域子育て支援拠点事業の概要
について
https://www.mhlw.go.jp/file/05-Shingikai-11901000-Koyoukintoujidouka
teikyoku-Soumuka/sankou2_6.pdf（閲覧日：2023 年 3 月 27 日）

[8] 厚生労働省 Web ページ：ニッポン一億総活躍プラン
https://www.mhlw.go.jp/file/05-Shingikai-12602000-Seisakutoukatsukan-
Sanjikanshitsu_Roudouseisakutantou/0000135240_1.pdf（閲覧日：2023 年
3 月 27 日）

[9] 厚生労働省 Web ページ：「地域共生社会」の実現に向けて
https://www.mhlw.go.jp/stf/seisakunitsuite/bunya/0000184346.html（閲
覧日：2023 年 3 月 27 日）

[10] 厚生労働省 Web ページ：少子化対策プラスワン（要点）平成 14 年 9 月
20 日 https://www.mhlw.go.jp/houdou/2002/09/dl/h0920-1b.pdf
（閲覧日：2023 年 3 月 27 日）

[11] 厚生労働省 Web ページ：次世代育成支援対策推進法の概要
https://www.mhlw.go.jp/bunya/kodomo/jisedai-suisinhou-gaiyou.html
（閲覧日：2023 年 3 月 27 日）

[12] 厚生労働省 Web ページ：「地域共生社会」の実現に向けて（当面の改革工程）「我が事・丸ごと」地域共生社会実現本部　平成 29 年 2 月 7 日
https://www.mhlw.go.jp/file/04-Houdouhappyou-12601000-Seisakutoukatsukan-Sanjikanshitsu_Shakaihoshoutantou/0000150632.pdf
（閲覧日：2023 年 3 月 27 日）

[13] 一般社団法人　全国保育士養成協議会 Web ページ：指定保育士養成施設の指定及び運営の基準について［改正後全文］平成 30（2018）年
https://www.hoyokyo.or.jp/http://www.hoyokyo.or.jp/nursing_hyk/reference/30-2s1.pdf（閲覧日：2023 年 3 月 27 日）

[14] 柴田悠（2018）『子育て支援が日本を救う』　勁草書房

[15] 柴野松次郎（2013）『ソーシャルワークとしての「子育て支援総合コーディネート実践モデルの開発的研究」』科学研究費助成事業研究成果報告書

[16] 渡辺健一郎・橋本真紀（2016）『地域子育て支援拠点ガイドラインの手引き』　中央法規

[17] 寺島恵美（2014）「Nobody's Perfect プログラム「完璧な親なんていない！」―地域における親支援プログラムの実践について―」ソーシャルワーク研究、40、3

[18] 寺田和永・津川秀雄（2018）「地域子育て支援拠点施設における利用者満足の規定因子」チャイルドサイエンス Vol.15

[19] 内閣府 Web ページ：少子化社会対策基本法（概要）
https://www8.cao.go.jp/shoushi/shoushika/meeting/measures/shidai1/ka1-1.html（閲覧日：2023 年 3 月 27 日）.

[20] 中谷奈津子（2006）「子育て支援施策の変遷と課題--親のエンパワーメントの観点から」社会保障研究/国立社会保障・人口問題研究所 編 =Journal of social security research/National Institute of Population and Social Security Research,42(2)

[21] 日本保育学会編（2016）『保育学講座　保育学とは』　東京大学出版会

[22] 野田定久編（2014）『ソーシャルワーク事例研究の理論と実際』　中央法規

[23] 橋本真紀（2018）「包括的な子育て支援体制における地域子育て支援拠点授業の可能性」社会保障研究、vol.3、no2

[24] 橋本真紀・奥山千鶴子・坂本純子編（2016）『利用者支援事業のための実践ガイド』　中央法規

[25] 平田裕子（2012）「子育て支援総合コーディネート事業の変遷―子ども家庭福祉分野のケースマネジメントとしての必要性―」Human Welfare 第 4巻第 1 号

[26] 平田裕子（2014）「子ども・子育て新制度における利用者支援事業の実施に向けての課題―ケースマネジメントの理論的枠組みを用いて―」滋賀大学教育学部紀要 No.64

[27] 平田裕子・小野セレスタ摩那・柴野松次郎（2013）『ソーシャルワークとしての子育て支援コーディネート』　関西学院大学出版会

[28] 厚生労働省編（2008）『保育所保育指針解説』　フレーベル館

[29] 厚生労働省編（2018）『保育所保育指針解説』　フレーベル館

[30] 松永愛子（2005）「「地域子育て支援センターの役割について」―状況の多様性の中での「居場所」創出の場として―」保育学研究第 43 巻第 2 号

[31] 水内豊和・林千鶴子・七木田敦（2000）「子育て支援センターを利用する母親の意識」幼年教育研究年報、第 22 巻

[32] 守泉理恵（2018）「市町村子ども・子育て支援事業計画の策定と実施に関する検証：自治体ヒアリングにもとづく考察」社会保障研、Vol.3No2

[33] 文部科学省 Web ページ：子ども子育てビジョン
https://www.mext.go.jp/b_menu/shingi/chukyo/chukyo2/siryou/__ics
Files/afieldfile/2010/03/16/1290947_2_2.pdf（閲覧日：2023 年　3 月 27日）

[34] 文部科学省Webページ：子ども子育て新システムについて
https://www.mext.go.jp/b_menu/shingi/chukyo/chukyo3/002/siryo/__ics
Files/afieldfile/2012/03/02/1317122_06.pdf（閲覧日：2023年　3月27日）

[35] 安川由貴子（2015）「地域子育て支援拠点事業の役割と課題：保育所・保育士の役割との関連から」東北女子大学・東北女子短期大学紀要 53

[36] 山本佳代子（2013）「保育ソーシャルワークに関する研究動向」山口県大学学術情報、第 6 号、社会福祉学部紀要、通巻第 19 号

[37] 米澤好史（2004）「子育てと子育て支援のあり方の関する心理学的考察」

和歌山大学教育学部実践総合センター紀要 No14

[38] 橋本真紀・奥山千鶴子・坂本純子編（2016）『利用者支援事業のための実践ガイド』　中央法規

[39] 若宮邦彦（2012）「保育ソーシャルワークの意義と課題」南九州大学人間発達研究　第 2 巻

[40] 内閣官房 Web ページ：こども政策の推進（こども家庭庁の設置等）

https://www.cas.go.jp/jp/seisaku/kodomo_seisaku_suishin/index.html

（閲覧日：2023 年 3 月 27 日）

地域の文化資本における
情報経済論アプローチによる一考察
－瀬戸内海圏の地域型アートフェスティバルを
事例として－

但馬　智子

1. はじめに

　2020 年代の世界は、COVID-19 のパンデミックとともに幕を開けた。2020 年代も半ばに差し掛かろうとしているなか、今後さまざまな分野でコロナ禍の社会変化における中間総括が行われるのではないか。

　新型コロナウイルス感染症禍にあって浮き彫りになったことの一つは、公の場に人々が密に集うことへの懸念である。イベントや会合を中止したり、生産活動を規模縮小することは不経済性の要因であり、大都市であってもヒト（のみならず、モノやコト）の集積による利益が成立しえなくなる。都市の規模にかかわらず地域においても影響が及んだ。本稿では、コロナ禍影響下に行われる地域におけるイベントの経済波及に関する一考察として、地域振興を担う地域型アートフェスティバルの事例について検討した。

2. 先行研究

　文化経済学者の Throsby (2001) は、文化的財とサービスの価値について、文化的遺産（cultural heritage）などの文化資本（cultural capital）は、文化的意義における相当な文化的価値（cultural value）と、経済的意義における経済的価値（economic value）の両面があると説いている。さらに、Throsby (2009) は、ツーリズムの持続的発展は、観光資源における価値の持続的発展のもとにおいて可能という、新たな観光学研究のパラダイムを提示した。

　文化的価値と経済的価値をもつ文化資本を観光資源とするこれからの文化観光（cultural tourism）は、情報通信技術の進歩に支えられると言える。日本でも 2020年 5 月、地域における文化観光の推進に関する法律「文化観光推進法」が制定さ

れた。この法律における文化観光とは、有形又は無形の文化的所産その他の文化に関する資源の観覧、文化資源に関する体験活動その他の活動を通じて、文化についての理解を深めることを目的とする観光を指す（文化観光推進法第 2 条）。文化観光推進法は文化の振興を観光の振興と地域の活性化につなげ、博物館を始めとした文化施設は文化資源の文化的・歴史的背景を掘り下げ、その価値を磨き上げるとともに、わかりやすく、親しみやすい表現で情報発信・提供することで地域の文化資源の価値と魅力に触れる機会を今以上に創出するものとしている。

　観光における「情報」とは、交通、レジャー、宿泊、食事等の観光地について人々に伝えられるべき事実やコンテンツであり、その獲得は、潜在的な観光客の周遊に多大な影響を及ぼす。観光の目的として人々が訪れる文化施設や機関などの文化拠点は、来訪者の体験価値向上のためにあらゆるメディアで情報発信する必要がある。

　当然、人流が制限されたコロナ禍においても情報通信技術の重要性はますます高まった。「遠隔」を意味する「リモート（remote）」は今や、「コンピュータとネットワークを利用して（非対面で）オンラインでコミュニケーションを取る手段や方式」を意味し、すでに私たちの共通認識となっている。

　「情報の非対称性」とは、売り手の方が商品の品質や市場価格などについて多くの情報を持っているが、買い手の方はあまり持っていないという情報格差における効率的な取引の形成が阻害される現象を意味する（Arrow, 1963）。理論経済学者の Akerlof（1970）は、*The Market for Lemons: Quality Uncertainty and the Market Mechanism*（『レモンの市場：品質の不確実性と市場メカニズム』）でこの問題を指摘している。中古車のレモン（米語の俗語で質の悪い中古車という意味で、「レモン」とは悪質な財の表現として使用されている）市場では、販売者は取引する車の状態をよく知っているが、購入者は車を購入して使用するまでその状態を把握することはできない、つまり「情報の非対称性」が存在する。売り手が買い手の無知につけ込んで悪質な財（レモン）を良質な財と称して販売すると、結果的に市場に出回る財はレモンばかりになってしまうという指摘である。

　現代は情報社会の進展により、消費者側が得る情報は企業側が付加するメタデータ（企業が顧客に提供する情報）だけではなく、インターネットや、近年では Twitter や Instagram などの SNS 等を通じて顧客サイドが広範に発信する価格、

使用方法、使用感、比較等の情報もあり、消費者はより多くの情報量を持つようになっている。この状況は、売り手と買い手の間の情報量に関する非対称性の逆転と表現されている（Emir Kamenica et al., 2011; 沼田・池田, 2017）。

　文化観光においても、「売り手＝文化施設や機関などの文化拠点や文化イベントの提供者・実施者」がコンテンツや地域の交通などについて多くの情報を持っているが、「買い手＝観光の受益者」にその財・サービスの便益を満たす情報が届けられる必要がある。それによって十分な体験満足度（＝顧客満足度 customer satisfaction: CS、顧客体験 customer experience: CX）や、もう一度来たいという現在と未来を含めた長期的な満足度（＝顧客のロイヤルティ customer loyalty: CL）によって経済効果が最大限発揮される。また情報によって地域文化の振興に再投資される好循環を創出する可能性がある。情報化社会の恩恵により誰もが多くの情報を簡易に獲得し、発信し、かつ共有化が可能になった一方で、情報は常にすぐ手の届くところにあり、その情報によって受け手の行動が左右される可能性も考慮する必要がある。

3. 本研究における事例：瀬戸内国際芸術祭の経済効果

　本研究では、香川・岡山の備讃瀬戸にまたがる瀬戸内海の離島および港湾都市を舞台に 2010 年から 3 年に 1 度行われている地域型アートフェスティバル「瀬戸内国際芸術祭」を事例に取り上げる。アートの聖地と呼ばれる香川県・直島を中心に「海の復権」をテーマに行われる現代アートの祭典は、2022 年度に第 5 回を数えた。同芸術祭は 2019 年の第 4 回開催までは安定的に来場者数が増加し、国内最大級の現代アートフェスティバルを標榜していたが、新型コロナの影響による海外からの来場者減少などで 2022 年度は 2019 年度より約 4 割減の 72 万人までに落ち込んだ（図表 1）。

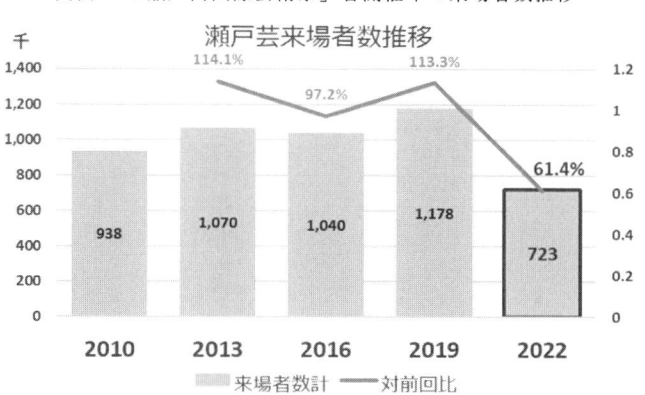

図表 1：「瀬戸内国際芸術祭」各開催年の来場者数推移

（出所：瀬戸内国際芸術祭実行委員会）

4. 事例分析：瀬戸内国際芸術祭の過年度来場者分析

　本研究では、コロナ以前とコロナ以降のイベント開催年において、イベント来場者のアンケート結果をもとに開催年度ごとに比較検討する。同芸術祭の主催者（瀬戸内国際芸術祭実行委員会）が行った 2019 年（コロナ前で最大の来場者数を記録した開催年）と 2022 年（コロナ禍中で最低の来場者数を記録した開催年）の来場者アンケートから、①来場者の属性および情報の入手経路（情報アクセスしたメディア）と、②来場者の満足度（CS）および CL としての「再訪意欲」の関係を調べた。

　同芸術祭の来訪動機に関連して、来場者の主な情報源となったのは、新聞、雑誌といったマスメディアや、チラシ・ポスター、芸術祭スマートフォン公式アプリ、ウェブサイトなどのオウンドメディア、SNS や口コミなどの UGC（User Generated Content: 一般ユーザーによって作られたコンテンツ）といった、複数かつ多様な媒体であった（図表 3）。

図表 2：瀬戸内国際芸術祭 2019 年度と 2022 年度の来場者アンケートの概要

サンプル数	2019年度	6,781件（日本語紙アンケートのみ）
	2022年度	12,462件（紙8,671件＋Webアンケート3,791件）
主な質問	Q1	性別
	Q2	年齢
	Q3	どのようなグループで来たか
	Q4	どこから来たか
	Q5	会場まで利用した交通機関について
	Q6	芸術祭2019で訪れた（訪れる予定の）会期について
	Q7	今回の行程で訪れた（訪れる予定の）場所について
	Q8	過去の芸術祭のうち訪れたことがあるものについて
	Q9	会場にはどちらから入ったか/どちらへ帰るか
	Q10	芸術祭鑑賞のために何泊するか
	Q11	宿泊する方はどこに泊まったか
	Q12	①芸術祭鑑賞パスポートを持っているか ②持っているパスポートの種別について
	Q13	フェリー乗り放題3日間乗船券を持っているか
	Q14	公式アプリはダウンロードしたか
	Q15	芸術祭の開催を何で知ったか
	Q16	芸術祭鑑賞のために要した費用や鑑賞料
	Q17	香川県内で芸術祭の他に訪れた、または訪れる予定の観光地について
	Q18	芸術祭に来てみて、総合的にどう思ったかとその理由
	Q19	実際に来てみてよかったこと、印象に残ったことは何か
	Q20	次回開催があれば、また来たいか
	Q21	今回参加してみて、困ったことや改善すべき点について

（出所：瀬戸内国際芸術祭実行委員会）

図表 3：Q15 芸術祭の開催を何で知ったか（来場者の主たる情報源）

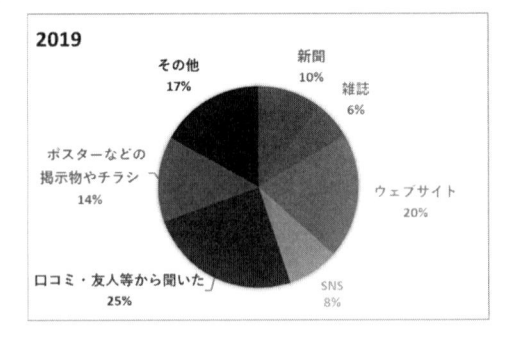

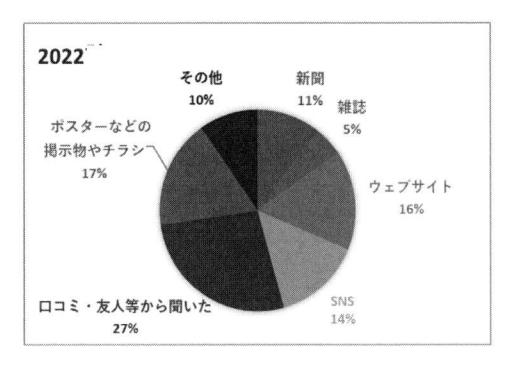

（出所：瀬戸内国際芸術祭実行委員会総括資料）

5.1 分析 1：再訪意欲と情報源の関係

　2019 年および 2022 年の来場者のアンケートから、同芸術祭へ「また来たい」と感じる「再訪意欲」をそれぞれ従属変数に設定し、先述の情報源（公式アプリ、新聞、雑誌、ウェブサイト、SNS、口コミ、ポスター、広告媒体）の利用とのクロス集計表において、カイ 2 乗分布による独立性の検定を行った。

図表 4：来場者の「再訪意欲（CL）」と「各情報源」におけるクロス集計とカイ 2 乗検定（2019 年度）

再訪意欲(19年度)	公式アプリ		新聞		雑誌		ウェブサイト		SNS		口コミ		ポスター		広告媒体	
	No 度数	利用した 度数	No 度数	Yes 度数	No 度数	Yes 度数	No 度数	Yes 度数	No 度数	Yes 度数	No 度数	Yes 度数	No 度数	Yes 度数	No 度数	Yes 度数
来たくない	21	7	28	0	26	2	18	10	27	1	21	7	26	2	21	7
今はわからない	2	0	2	0	2	0	2	0	2	0	0	2	2	0	2	0
来たい	173	40	191	22	200	13	160	53	202	11	153	60	186	27	180	33
是非来たい	534	171	571	134	657	48	527	178	643	62	489	216	573	132	592	113
無回答	853	366	1050	171	1152	69	959	262	1094	127	891	330	1004	217	1041	180

（出所：筆者作成）

再訪意欲(19年度)　Pearson のカイ2乗検定								
	公式アプリ	新聞	雑誌	ウェブサイト	SNS	口コミ	ポスター	広告媒体
カイ2乗	16.469	18.679	1.232	7.146	7.604	8.082	6.746	2.969
自由度	4	4	4	4	4	4	4	4
有意確率	.002[*, b, c]	.001[*, b, c]	.873[b, c]	.128[b, c]	.107[b, c]	.089[b, c]	.150[b, c]	.563[b, c]

（出所：筆者作成）

図表 5：来場者の「再訪意欲（CL）」と「各情報源」におけるクロス集計とカイ
2 乗検定（2022 年度）

再訪意欲(22年度)	公式アプリ No度数	公式アプリ 利用した度数	新聞 No度数	新聞 Yes度数	雑誌 No度数	雑誌 Yes度数	ウェブサイト No度数	ウェブサイト Yes度数	SNS No度数	SNS Yes度数	口コミ No度数	口コミ Yes度数	ポスター No度数	ポスター Yes度数	広告媒体 No度数	広告媒体 Yes度数
来たくない	38	39	5	29	0	10	7	39	9	9	4	36	27	43	0	23
今はわからない	17	8	4	4	0	4	3	15	3	5	1	17	14	11	0	8
来たい	21	16	8	11	0	9	5	18	11	4	5	15	15	20	0	16
是非来たい	634	324	95	218	0	183	55	485	106	153	48	458	504	398	0	301
無回答	1965	1424	326	1072	0	598	207	1789	389	724	196	1679	1433	1815	0	1091
その他	3201	4398	883	2632	0	1364	569	4033	1008	1974	496	3933	2357	5045	0	2548

（出所：筆者作成）

再訪意欲(22年度) Pearson のカイ2乗検定								
	公式アプリ	新聞	雑誌	ウェブサイト	SNS	口コミ	ポスター	広告媒体
カイ2乗	370.262	14.473	-	9.795	17.284	6.496	296.362	-
自由度	5	5	-	5	5	5	5	-
有意確率	.000*	.013*	-	0.081	.004*	.261b	.000*	-

（出所：筆者作成）

2019 年度（図表 4）においては、情報源と再訪意欲のクロス集計において「公式アプリ」と「再訪意欲」が 1％水準で有意（df=4、χ2=16.5、p=.002<.001）および、「新聞」と「再訪意欲」が 1％水準で有意（df=4、χ2=18.7、p=.001<.001）な関連が見いだされた。

2022 年度（図表 5）においては、情報源としての「公式アプリ（df=5、χ2=370.2、p=.001<.001）」、「ポスター（df=5、χ2=296.3、p=.001<.001）」、「SNS（df=5、χ2=17.2、p=.004<.001）」、「新聞（df=5、χ2=14.4、p=0.013<.05）」の全項目が次回の来場意識とのクロス集計において 1％水準で有意な関連が見いだされた。「雑誌」「広告媒体」を利用していない来場者は存在しなかった。

「口コミ」「ウェブサイト」の利用は両年度とも来場意識と有意な関係を示さなかったが、2019 年度に比べて 2022 年度は各情報源にアクセスできている人のほうが来場意識に強く影響を与えたことがわかる。2022 年度は 2019 年度に比べて情報発信の浸透・充実が進んだと思われる。

5.2 分析 2： 再訪意欲と来場者属性・情報源の影響度合い

再訪意欲（CL）（従属変数）に対し、各来場者の「性別」「年齢」誰と来たかの「グループ関係」、図表 3 の「各情報源」および「芸術祭評価（よかったかどうか）」をそれぞれ説明変数として投入し、多変量ロジスティック回帰を用いた。上

記の説明変数のうち、とくにそれぞれの情報源の影響度合いを解析した。次の図表6（2019年）、図表7（2022年）のような関係性が示された。

図表6：来場者の再訪意欲（CL）のロジスティック回帰分析（2019年度）

	B	標準誤差	Wald	自由度	有意確率	Exp(B)	EXP(B)の95% 下限	上限
性別	0.029	0.118	0.060	1	0.807	1.029	0.817	1.296
年齢	0.130	0.032	16.545	1	0.000	1.139	1.070	1.213
グループ関係	0.119	0.067	3.181	1	0.075	1.127	0.988	1.284
公式アプリ	-0.220	0.138	2.531	1	0.112	0.803	0.612	1.052
新聞	0.566	0.160	12.548	1	0.000	1.762	1.288	2.410
雑誌	0.048	0.233	0.042	1	0.838	1.049	0.664	1.656
広告媒体	0.221	0.175	1.583	1	0.208	1.247	0.884	1.759
ポスター	0.360	0.149	5.823	1	0.016	1.434	1.070	1.921
ウェブサイト	0.185	0.163	1.291	1	0.256	1.203	0.874	1.657
SNS	0.166	0.197	0.717	1	0.397	1.181	0.803	1.736
口コミ	0.259	0.142	3.308	1	0.069	1.296	0.980	1.713
芸術祭評価	0.011	0.061	0.032	1	0.857	1.011	0.897	1.139
定数	-0.314	0.526	0.356	1	0.551	0.731	–	–

（出所：筆者作成）

図表7：来場者の再訪意欲（CL）のロジスティック回帰分析（2022年度）

	B	標準誤差	Wald	自由度	有意確率	Exp(B)	EXP(B)の95% 下限	上限
性別	0.305	0.214	2.033	1	0.154	1.357	0.892	2.064
年齢	-0.029	0.069	0.180	1	0.671	0.971	0.848	1.112
グループ関係	-0.232	0.125	3.407	1	0.065	0.793	0.620	1.014
公式アプリ	0.094	0.366	0.066	1	0.797	1.099	0.537	2.250
新聞	0.364	0.232	2.457	1	0.117	1.438	0.913	2.267
ポスター	0.459	0.336	1.862	1	0.172	1.582	0.819	3.056
ウェブサイト	0.071	0.245	0.085	1	0.771	1.074	0.665	1.734
SNS	0.366	0.241	2.314	1	0.128	1.443	0.900	2.313
口コミ	0.080	0.260	0.094	1	0.760	1.083	0.650	1.804
芸術祭評価	2.369	0.372	40.610	1	0.000	10.682	5.156	22.133
定数	-10.834	2.006	29.162	1	0.000	0.000		

（出所：筆者作成）

2019年度と2022年度の芸術祭来場者の次回以降の再訪意欲（CL）に関して、有意確率とExp(B)について主に分析する。Exp(B)はオッズ比である。ある事象が起こる確率と起こらない確率の割合の比である。1より大きいほど、または小さいほど（比なのでマイナスにはならない）、従属変数（再訪意欲）への影響力が大きい（小さい）。1より大きいほど、または小さいほど（比なのでマイナスにはならない）、従属変数への影響力が大きいと言える。

　2019 年度の分析による有意確率とオッズ比を見ると、媒体効果としては、新聞記事や新聞広告が 1 単位増加することで再訪意欲の可能性は 1.76 倍、口コミは 1.26 倍、ポスターは 1.43 倍である。なお、属性として年齢が 1 単位高くなれば、再訪意欲（リピート）の可能性が 1.13 倍を示している。

　2022 年度の分析による有意確率とオッズ比では、媒体効果は新聞の信頼度が高い。同芸術祭の情報は、開催地の中国・四国地方の地元新聞での露出が比較的多く、地元紙にアクセス可能な近県からの来場者の再訪意欲が見られる。なお、情報源以外には、来場者の都道府県別来場者のグループの人数が 1 単位増加すると、再来場予定は 0.78 倍(78/100 減少する)になることが示されている。つまり、少人数で来ているほうが再訪意欲と可能性がより高い傾向にあった。2022 年度の来場者で、過去の芸術祭に訪れたことがある人の再来場の可能性は 1.7 倍増加し、来場者は過去から現在、将来までのリピーターとなる可能性が増加する。2022 年度の芸術祭評価が高いと、再来場の可能性は 10 倍増加する。

6. 小括

　2019 年、2022 年ともに新聞にアクセス可能な来場者の「また来たい」という再訪意欲が高いが、それは地元や近県からの来場者であることが予測されるためとりわけ議論を尽くす必要はないであろう。むしろ、より遠方や広域の来場者の来訪意欲について、異なるタイプごとに異なる行動を選択している状態の分離均衡が起こっている点はないかを検証したい。

　コロナ禍にあった 2022 年度の来場者は、コロナ前の 2019 年度に比べ、情報獲得とともに来場意識の高さが伺える。さらに満足度も比較的高いと言えるが、実際の再訪実現にはさらに来場者の行動を促す必要がある。

　つまり、（再）来場促進や拡大には情報の非対称の解消が課題である。情報の非対称性問題を解消する概念の一つ、シグナリング理論とは、情報を持つものが行う情報活動（情報発信機能）であり、情報の非対称性がある場合に、情報を持っている側が持っていない側に情報を開示していく行為を信号（シグナル）とした考え方である（Spence, 1973）。企画者が来場者に十分な情報と価値を伝える、例えば広域の来場者の来訪意欲向上にはウェブサイトや SNS など、来場者の属性と親和性のある情報メディアを見極め、媒体の特性に合う情報伝達を一層強化すべ

きである。

図表 8：来場者の情報獲得と来訪意欲および満足度の分離均衡

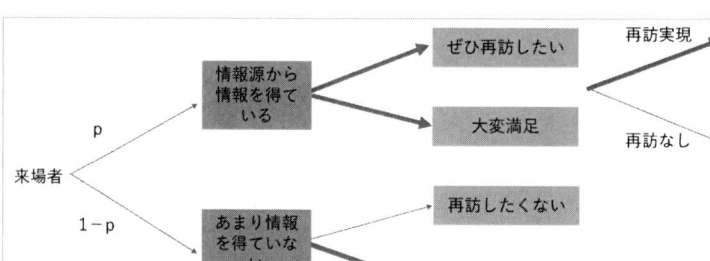

（出所：筆者作成）

　また、図表 2 に示したアンケートの設問の中から、Q18：芸術祭に来てみて、総合的にどう思ったかとその理由、Q19：実際に来てみてよかったこと、印象に残ったこと、Q21：今回参加してみて、困ったことや改善すべき点についてなどの項目をさらに分析し、総合評価向上と行動促進施策を検討すべきであろう。

7．おわりに

　瀬戸内国際芸術祭実行委員会と日本銀行高松支店は 2016 年度以降、瀬戸内国際芸術祭の開催に伴う香川県内における経済波及効果を公表している。瀬戸内国際芸術祭のこれまでの経済波及効果は、2016 年は 139 億円、2019 年は 180 億円（直接効果 112 億円、1 次波及効果 37 億円、2 次波及効果 31 億円）と推計し、2022 年開催では 103 億円を試算した（直接効果は 68 億円、直接効果により県内産業の生産額が増える 1 次波及効果は 23 億円、雇用者の所得の増加分が新たな消費を生む 2 次波及効果は 13 億円）。2022 年度は 19 年度比で 43%減となった。減退の要因は一人当たりの消費金額の大きい外国人来場者が激減し、前回は全体の 23%にあたる約 28 万人だったが、今回は 1.3%の約 9,000 人であったためと発表している。

　こうした経済波及効果には、地域経済や産業の生産性が強調されるが、本研究の事例のようなイベントによって地域活性化の促進を測定するには、来訪者がど

のような状況下であって、コンテンツからどのような価値を享受したかといった質的な検討も必要である。地域型アートフェスティバルという文化資本は、観光資源化する際の「価値」の連鎖という広域的なビジネスモデルになり得る。単に、経済波及効果のみでそのアウトカムを測るのはなく、文化的財・サービスとして価値連鎖と同心円モデルの概念を携えて検討すべきである（Throsby, 2009）。

　さらにこのビジネスモデルが地域の文化資本として地域資源そのものに資するためには、より持続的な観点での掘り下げが必要である。その点では、来場者がまた必ず来たいと感じる「再訪意欲」の充実が必要となってくる。リピーターの獲得つまり、観光において持続的な経験価値を提供し続けるには、リアルな情報が求められる経験経済的もしくは情報経済学的指標をもって効果を測定しながら、人々に経済的価値（economic value）を超えた文化的意義における相当な文化的価値（cultural value）の浸透が大きな意味を持つ。リピーター獲得と価値の連鎖については引き続き検討すべき課題である。

　なお、本稿の事例で取り上げた「瀬戸内国際芸術祭」の次回開催は 2025 年度である。2025 年といえば、当学会の本拠地関西・大阪にて「万博」が開催される年である。開催地周辺では大型イベントによる最大級の経済活性化が望まれるなかすでに関西圏を超えて瀬戸内海地域、さらに九州に及ぶ広域の西日本経済圏への経済効果波及に大きな期待が寄せられている。地方は歯止めの効かない少子高齢化、人口減少といった社会課題に加え、2010 年代は震災、豪雨災害など度重なる自然災害に悩まされてきた。2020 年代もまた「禍」と常に背中合わせである。観光資源としてのイベントをはじめとする未来の文化観光は持続的な在り方とともに、情報通信技術に裏打ちされた地域マネジメントおよびその戦略立案が急務と言えるだろう。

参考文献

[1] Throsby, David. (2001), *Economics and Culture*, Cambridge University Press.

[2] Throsby, David. (2009), *Tourism, heritage and cultural sustainability: Three 'golden rules'*, Cultural tourism and sustainable local development. Routledge.

[3] Akerlof, George A. (1970), *The market for "lemons": Quality uncertainty and the market mechanism*, The quarterly journal of economics 84.3.

[4] 令和二年法律第十八号「文化観光拠点施設を中核とした地域における文化観光の推進に関する法律」(2023 年 4 月 11 日閲覧)

https://elaws.e-gov.go.jp/document?lawid=502AC0000000018

[5] Arrow, Kenneth J. (1963), *Uncertainty and the welfare economics of medical care*, American Economic Review (American Economic Association via JSTOR) 53 (5).

[6] Emir Kamenica, Sendhil Mullainathan, and Richard Thaler. (2011), *Helping Consumers Know Themselves*, American Economic Review: Papers & Proceedings, 101 (3).

[7] 沼田秀穂, 池田佳代(2017)「コミュニティ化戦略を展開する地域企業におる信頼形成の影響度考察」『環太平洋大学研究紀要』(11), 2017. 243-252.

[8] Spence, Michael. (1973), *Job Market Signaling*, Quarterly Journal of Economics. Vol.87.

[9] 日本銀行高松支店　金融経済レポート (2023 年 4 月 16 日閲覧)

「瀬戸内国際芸術祭 2022」開催に伴う経済波及効果

https://www3.boj.or.jp/takamatsu/y_document/econo-pdf/notice/repo_230209.pdf

「瀬戸内国際芸術祭 2019」開催に伴う経済波及効果

https://www3.boj.or.jp/takamatsu/y_document/econo-pdf/notice/repo_200204.pdf

日本の SaaS 事業におけるバリュエーションの手法および投資判断基準の国際化への期待

堺　　政人

1. はじめに

　SaaS（Software as a Service）は、ベンダーがクラウド上に提供するソフトウエアをユーザーがインターネット経由で利用することができるサービスである。このようなサービスは現在急激に成長し拡大している。しかし日本における SaaS のバリュエーション（企業価値評価）については、企業と投資家の間では未だ整備がなされておらず発展途上であると言えよう。

　2020 年に突如として現れ、現在も収束し切れていない新型コロナウイルス（Covid-19）の影響があらゆる社会生活や産業、あらゆるビジネスに急速な変化をもたらしている。SaaS 企業は、この世界的な危機の渦中においても引き続き従来型のビジネスモデルを凌駕している。

　筆者は既に、日本での SaaS 企業評価において米国ベンチャー・キャピタル（以下 VC）で行われている投資手法導入の有効性について導いている。

　ここでは日本の SaaS 企業のバリュエーションについて、SaaS 企業の成長に必要な資金調達時におけるバリュエーションの手法を解説し、米国 VC で行われている投資手法の導入の有効性を論じる。

　市場環境やニーズによってバリュエーション評価が大きく変わり、日本では客観的な尺度が定着していないため、そのような問題を解決する様に提言したい。

2. SaaS における代表的なバリュエーション手法

(1)PSR: Price to Sales Ratio（株価売上高倍率）

　SaaS 以外の会社については、PER（純利益）で評価されることが多い。一方で SaaS 事業は PSR で評価される。SaaS 事業は積み上げの収益構造であるため、T2D3（売上高が 2 年間で 3 倍に成長し、その後の 3 年間は 2 倍成長する）と呼ばれるように、高い成長性を達成する可能性が他の事業に比べて期待されるのが特

徴である。そして初期投資（開発費・マーケティング投資など）が多額に必要であるため、初年度・次年度は赤字になることが多い。一方で、労働集約的ではないため、3-5 年後は高い営業利益率を達成する可能性が高い構造となっている。言い換えれば、当初は赤字の為 PER の算定が出来ないため、PSR が代替手段として定着している。

(2) EV / Revenue = Enterprise Value（企業価値）/ Revenue（売上高）

　　Enterprise Value（企業価値）= ネット有利子負債 ＋ 株式時価総額

　 VC は将来の業績予想（SaaS 企業の場合は売上高・ARR）をベースに評価をする。主要指標としては NTM(Next Twelve Months = 12 カ月先)の EV/Revenue マルチプルが挙げられる。

図表 1　国内主要企業予想 EV/Revenue 推移

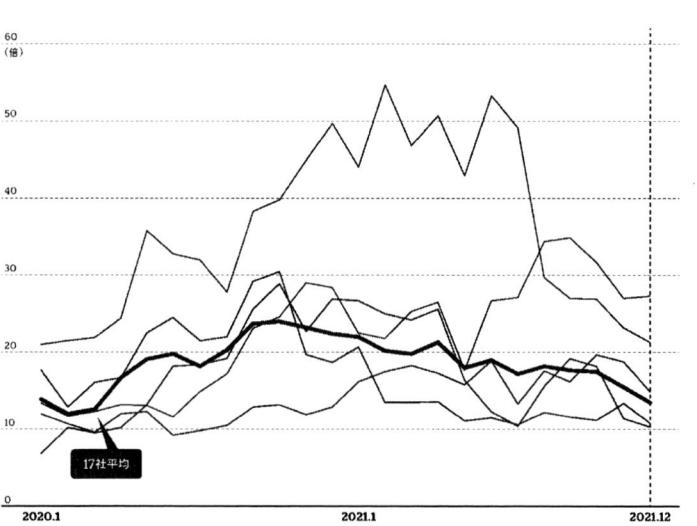

（出所：UB VENTURES.,(2021),” SaaS Annual Report 2021",p6）

　図表 1 において 2021 年 12 月 31 日時点での EV/Revenue（倍）グラフ上から、ラクス 27.3x、freee 21.3x、sansan14.9、Chatwork10.8x、HENGE10.3x[1]

となっている。2020 年までは、旺盛な資金供給や新型コロナウイルスによるリモートワークへの移行、DX 推進による需要の本格化を受け、2020 年から 2021 年にかけて SaaS は EV/Revenue が 20 倍平均となる高いマルチプル水準が形成された。しかし 2021 年より調整局面に入り SaaS 企業のバリュエーションは二極化している。成長率の高さや広がりが期待される企業はバリュエーションが維持されやすい一方、低位成長の場合は水準低下が顕著に現れた。[1]

　従来は、SaaS 企業においても一般的なバリュエーション手法である DCF 法や PBR(株価純資産倍率)により評価されていた。

　DCR 法が日本において企業価値評価のニーズが高まったのは、M&A が普及した 2000 年代と言える。M&A では評価額の対立が生まれその解決が司法の場に持ち込まれた事もある。カネボウ株式買取価格決定の申立事件が有名な訴訟である。本件の申立てに対する東京地裁の判例には、次のような一文がある。「継続企業としての価値を評価するのに適した評価方法は、DCF 法である。DCF 法による企業価値評価とは、将来のフリーキャッシュフロー（以下 FCF）を見積もり、年次ごとの割引率を用いて求めた現在価値の総和を求め、事業外資産の額を加算する事である。」（判例タイムズ 2008 年 6 月 15 日号 120 頁）。

　東京地裁の判例は、それ以降の企業価値評価の実務において大きな影響を与えた。今日では多くの企業価値評価の実務において、DCF 法が用いられている。[2]

　しかしながら、SaaS 企業においては FCF の見込みがシード期・アーリー期では難しいため、DCF といった FCF を前提とする指標が使いにくい。そのため、PBR(株価純資産倍率)が経営戦略上有効な指標となる。競争優位な企業は株式市場において高く評価され、PBR や時価簿価比率は 1.0 を大きく上回る。

　マルチプルにおいて、株価を対象とする指標として PER (Price to Earnings Ratio)

図表 2　競争優位とファイナンス

	競争優位	競争均衡	競争劣位
バリュエーション 評価額/投下資本 (時価簿価比率、PBR)	評価額>投下資本 時価簿価比率やPBRは1.0を大きく上回る	評価額≧投下資本 時価簿価比率やPBRは1.0を上回る	評価額<投下資本 時価簿価比率やPBRは1.0を下回る

（出所：朝岡大輔、砂川伸幸、岡田紀子、(2022),「ゼミナールコーポレート・ファイナンス」、日本経済新聞出版 P241 を元に筆者作成）

や PBR（Price to Book Value Ratio）があるが、これらの指標は資本構成（レバレッジ）の影響を受けるため、企業の価値評価には不十分である可能性がある。一方、EV（Enterprise Value）/ Revenue の指標は、企業価値と売上高をベースにしているため、資本構成の影響を受けにくく、より適切な企業評価を提供することが期待される。[3]

　ここで PBR(株価純資産倍率)が 1.0 を基準に投資判断を行う概念とトービンのq が 1.0 を基準に投資判断を行う点との類似性について触れる。トービンの q とPBR の比較においては、両者とも投資判断の基準として用いられるが、VC においては PBR が一般的に使用されていることが多い。しかし、トービンの q は企業の成長性と成長性の限界に対する評価が、適切に行える可能性がある。トービンの q は以下の式で置き換え可能であり、PBR と同等の情報を提供する。[2]

$$トービンの q = \frac{企業価値}{投下資本}$$

トービンの q が 1.0 を上回る場合、企業価値が高まっており投資効率が有効である。トービンの q（ここでは投資理論で用いる限界の概念）は以下の式によって表される。

$$q = \frac{Pf'(k_{t-1}+I_t)}{rP_t} = \frac{Pf'(k_t)}{rP_t} = \frac{投資から得られる限界収益(Pf'(k_t))}{設備投資（再取得）コスト(P_t)} \times \frac{1}{r}$$

$$（トービンの q）$$

トービンの q は、投資することによって得られる限界的な収益と投資コストを比較する指標である。トービンの q が 1.0 に等しいところが利潤極大化の点で、最適な投資量となる。一方、トービンの q が 1.0 を上回っている場合は追加投資の有効性を示している。

　図表 3 において、投資の限界収入（＝投資を増やすことによって得られる収入の増分）が一定であれば最適投資額は点 A'へ変化して増加する。ところが日本では正確な計測は難しいものの、投資の限界生産性が低下していると考えられ、利子率を低くして投資コストを引き下げても、最適な投資額は、点 A から点 B へと変化し、最適な投資額は減少してしまう。[4]

　このAからBに移行してしまう理由として、日本の産業は従来型のオンプレミスでのビジネスモデルが中心であることに起因すると推論する。クラウド型のビジネスであればAからA'に移行し最適投資額は増加する。これは、クラウドを中心とするSaaS企業が高い成長性を示していると考えられる。

図表3　投資の低下

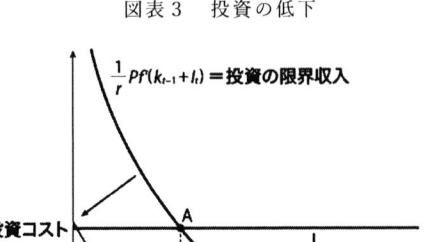
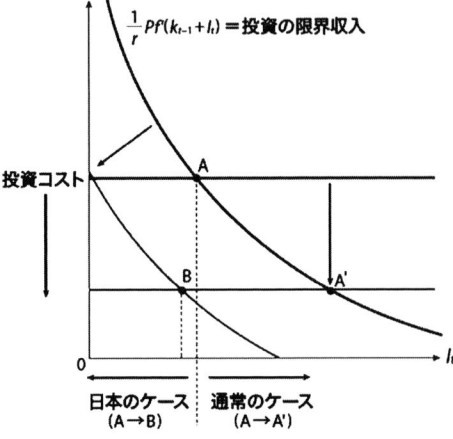

（出所：Web閲覧 2023.1.26 https://gentosha-go.com/articles/-/11645
「トービンのq理論を用いた企業の投資分析」より引用）

3. 欧米のベンチャー・キャピタルで行われている　　　シンプルでユニークな投資判断手法

(1) Rule of 40

　成長率（％）＋利益率（％）≧ 40（％）

　成長率と利益率の合計が 40％を超えると企業価値が認められ投資判断に有効とされる。成長率と利益率には様々な指標が使われており、事例として下記の組み合わせがある。

　成長率(売上高成長率)＋FCF margin≧40（％）

　SaaS企業は、VCによる多額の出資により、将来のサービスの機能強化やサービス周知のためのマーケティング費用に重点を置いた経営が可能である。これに

より、利益を優先する経営よりも、シェア拡大を優先する経営が可能となり、赤字になることが主流であるため、上記の手法が有効とされる。

(2) Mendoza Line[3]：メンドーサライン

ARR（Annual Recurring Revenue：年間経常利益）の各段階において最低限到達すべき成長率を表している。

図表4は、ARR100億円達成するためのARR額に応じた成長率を表しており、MRR(Monthly Recurring Revenue：月間経常利益)において、最低ラインを上回るスピードに到達できるかのライン。日本の SaaS 企業において高成長を成し遂げている企業はメンドーサラインを超えている事がわかる。[5]

図表4 メンドーサライン　ARRライン成長率対比

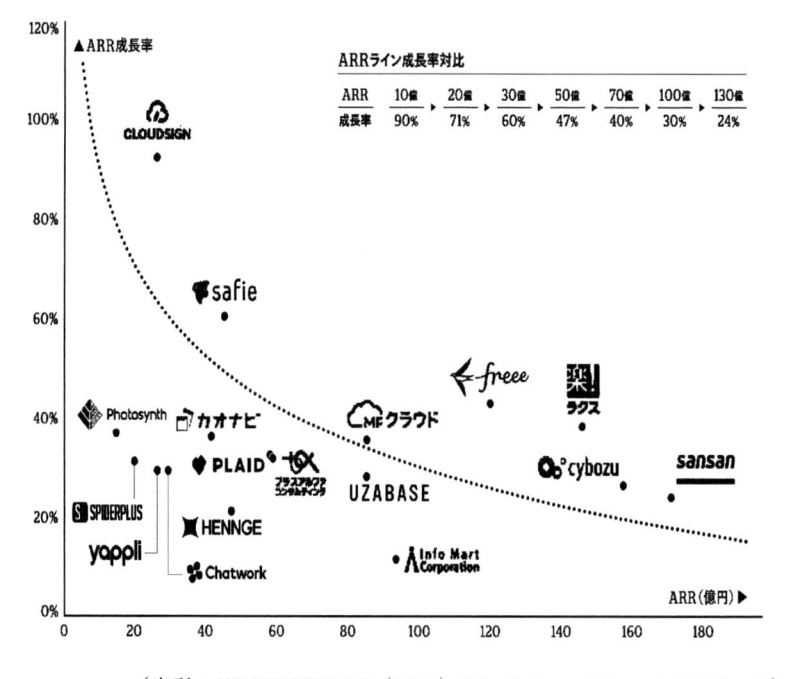

（出所：UB VENTURES.,(2021)," SaaS Annual Report 2021",p14）

4. おわりに

　日本における SaaS 企業への主な投資指標について述べた。一方で欧米では、シリコンバレーの VC を中心としたユニークでシンプルな投資指標が展開されている。日本とは規模も市場環境も異なり、そのまま日本での適用は未知数ではあるが、十分に検証の価値はあるものと考える。また Covid-19 における売上高への影響が従来の EV / Revenue としたマルチプルが適応しない状況に陥っている。VC や証券会社を中心とした IPO(株式公開)における新たな投資尺度が実務面で急務である。日本企業では欧米での投資基準を意識した I R が不十分であり、ついては海外からのニューマネーの投資機会を損失しているのかもしれない。マーケットの裾野拡大において、世界基準での事業展開が不可欠である。

　今後は世界中の投資基準が共通言語化することを期待し、SaaS 市場への投資の判断基準も同様に統一され、海外からの資金流入による時価総額が上昇する事を期待したい。

註

1)　　折れ線グラフの個別明細。

2)　　通常は分母が総資産（一部再調達原価的に修正することもある）を用いることが多く、分子の企業価値もそれに対応して営業負債価値も加味されているが、本稿のように置き換えてもほぼ変わらない（田村 2020）

3 ）Mendoza Line：出典: フリー百科事典『ウィキペディア（Wikipedia)』
　　メンドーサ・ライン（Mendoza Line）とは、メジャーリーグベースボールにおいて野手の低打率を示す表現であり、具体的には打率 0.200 を基準とする。打率 0.200 を下回った時に「メンドーサ・ラインを下回った（below the Mendoza Line）と表現される。1970 年代から 1980 年代にかけてパイレーツやマリナーズなどでプレーしたマリオ・メンドーサ遊撃手の打率が例年 0.200 前後だったことに由来する（ただしメンドーサの通算打率は 0.215 で

ある）。現在では、メンドーサ・ラインは野球のみならず、株価、投資信託から学業成績、営業成績などあらゆる分野において、許容できないほど低水準の状態にある、もしくは近いことを表す言葉として使用されている。

参考文献

[1]　UB VENTURES, (2021)「SaaS Annual Report 2021」（閲覧日 2023.1.26）
https://ubv.vc/contents/scaling/report-2021/

[2]　朝岡大輔、砂川伸幸、岡田紀子(2022)『ゼミナール　コーポレート・ファイナンス』、p.120　日本経済新聞出版

[3]　田村俊夫（2020）「多角化と経営キャパシティ：一般化された取引コスト理論の観点から」、みずほ証券・日本投資環境研究所『資本市場リサーチ』2020年冬季 vol.54,pp.145-195

[4]　吉野直行、山上秀文（2018）「トービンの q 理論を用いた企業の投資分析」（閲覧日 2023.1.26）　https://gentosha-go.com/articles/-/11645

[5]　UB VENTURES.(2021)"SaaS Annual Report 2021"(PDF),p.14

中高年齢就業者のウェルビーイングについての考察

幸崎　　裕

1. はじめに

　総務省統計局の 2022 年 9 月に発表した「統計からみた我が国の高齢者」[1] によると、総人口が減少する中で、６５歳以上の高齢者人口は 3,640 万人と過去最多となり、総人口に占める割合は 29.1％と過去最高となった。更に、日本の６５歳以上の高齢者人口の割合は、世界で最高（201 の国・地域中）となっている。次に 2020 年の高齢者の就業者数は、2004 年以降、17 年連続で前年に比べ増加し、906 万人と比較可能な 1968 年以降過去最多となっている。

　本稿では少子高齢化が進む環境下、中高年齢就業者のウェルビーイング（主観的幸福）の現状と課題について考察する。尚、本稿における中高年齢就業者は役職定年前の 50 歳台、定年後再雇用となる 60 歳以降継続雇用される会社員、50 歳以上の会社経営者（役員）・自営業者、自由業者を「中高年齢就業者」としている。

2. ウェルビーイング（主観的幸福）とは何か

　多くの人々は幸福を願って生きているし、不幸な人生を望む人はいないであろう。では、幸福とは何か。この問題は、哲学的な思想のテーマであり、紀元前の古代ギリシア哲学者アリストテレスの時代から論じられてきており、未だ明らかにできない問題である。

　J.O.アームソン（2004）はアリストテレスを研究した著書[2] の中で、人生の最終目的はエウダウモニア（eudaemonia）であるとしている。このギリシア語は英語で幸福（happiness）と訳される。その意味は「よく生きていること、よくやっていること、生き甲斐のある人生を生きている」と同義である。そして、エウダウモニアは生涯を通じての理性の使用をともなった優れた活動とされる。幸福は、個人が願うだけで獲得できるような目標ではなく、長期間の満足を生み出すエウダウモニアの副産物としている。つまり、エウダウモニアは長期のスパンで幸福を捉え、目的に向かって前向きに進むことや他の人々とともに生きる利他性の中

に幸福を求めるといった、倫理性を備えた生き方である。

3. ウェルビーイング（主観的幸福）への経済学的アプローチ

　幸福というテーマは哲学や心理学が扱う分野として存在していたが、近年では経済学からも積極的に参加するようになってきている。伝統的なミクロ経済学はウェルビーイングの研究には消極的であった。ミクロ経済学は人の心の中にある幸福を知ることができないので、自己申告によるウェルビーイングを調査したデータは重視せず、人は効用を最大化しているという前提の下で人の行動を説明していた。つまり、ミクロ経済学では、財の価格、実質賃金があたえられると、人はその下で労働時間と余暇との合理的選択をし、労働から得られた賃金所得による消費と余暇をあわせた効用を最大化するという、合理的な人間（ホモエコノス）を前提とした規範的行動モデルを考えていた。

　しかしながら、行動経済学の研究により、人は経済学の教科書が説明するような形で合理的に行動していないことが明らかになっている。人は衝動的な行動をとる場合も、義務感に従う場合もある。従来の経済学では予算制約などさまざまな制約条件の下で人々は効用を最大化するすると想定していたが、行動経済学では、一般の人々が行う多くの選択は合理的ではなく幸福の最大化を目標とはしていないとしている。

　従来、経済学では富の生産や所得の増大が人々の幸せにつながり、その富と所得を人々の間にどう分配するかを議論することで、幸福追求につながると考えてきた。そういった経緯から、経済学の重要な概念である効用（ウェルビーイング）そのものを測ることは必要ないとしていた。しかしながら、近年のウェルビーイング研究により、自己申告によるウェルビーイングは、所得よりも、はるかに優れた指標であることが示されている[3]。

　ウェルビーイングが経済学の重要な概念である効用の代理指標の役割を果たすのであれば、従来型の経済分析とウェルビーイングの分析を組み合わせることで、顕示選好理論では答えらえない問題への解を導いてくれる可能性がある。

　従来の経済分析では、人々の幸福感や生活満足度などウェルビーイングの決定要因まで踏み込み、それらがどのような形でウェルビーイングに影響しているのかという点まで明らかにすることはなかった。経済全体の姿は、GDPやインフレ

率といったマクロ経済変数、あるいは所得格差や貧困率などによって把握できる。しかし、そうしたマクロ的状況を、人々がどのように主観的に受け止めているかというところまでわからない。幸福の経済学ではマクロレベル、個人レベルの関係を正面から扱うことができることが、新たな経済学のパラダイムといえる。

4. 分析フレーム

　ウェルビーイングの研究については、哲学や心理学の分野であったが、1980 年代頃から、コンピューターと統計解析ソフトの発展により、計量経済学的な研究手法が導入されたことで心理学や哲学の分野から経済学にまたがる研究分野となった。幸福の経済学のアプローチは個人にウェルビーイングや健康状態等を評価するよう尋ねる調査結果を分析することから始まる。

5. ウェルビーイングを測るインターネット調査の概要

<調査目的>

　本稿の分析に用いるデータは、インターネットによるアンケート調査の回答である。今までの「人生の振り返り」について、回答されたデータから中高年齢就業者のウェルビーイングを分析している。

<調査対象>

　母集団:全国の 15 歳以上の男女。

　標本数：2,431 名

　調査対象は全国の 15 歳以上の男女で標本数は 2,431 名であるが、得られたデータから 50 歳以上のデータを抽出した後、更に就業形態を 4 分類に設定してスクリーニングを実施した。専業主婦やアルバイト・パート、学生は研究の趣旨より分析対象から除外している。スクリーニングした結果が図表 1 であり、対象者は 435 名となった。

　得られたデータから、就業形態を以下の 4 分類に集約している。

　第一分類　会社員（公務員・会社員の事務系や技術系、その他を含む）

　第二分類　経営者・役員

　第三分類　自営業

第四分類　自由業

図表 1　　50 歳以上のモニターの職業構成

	職業	
1	公務員	20 名
2	経営者・役員	27 名
3	会社員（事務系）	122 名
4	会社員（技術系）	63 名
5	会社員（その他）	90 名
6	自営業	89 名
7	自由業	24 名
	全体	435 名

（出所：筆者作成）

<調査時期>

　2022 年 7 月 26 日

<調査方法>

　株式会社マーケティングアプリケーションズが運営するインターネットアンケートを実施した。

<アンケート項目「人生の振り返り」>

　「あなたの人生についてお尋ねします。以下の 10 項目について、ご自身に最もあてはまる選択肢（1〜5）をそれぞれお選び下さい。」

　1．　ほとんどの面で、私の人生は自分の理想に近い

　2．　私は、自分の人生に満足している

　3．　私はこれまでの自分の人生に求める大切なものを得られた

　4．　自分が生きてきたことに意味や価値、目的があると思う

　5．　もう一度人生をやり直したい

　6．　これからの人生でなにかを成し遂げたいと思っている

7．　自分は他人や社会、誰かのために必要で役に立っていると思う

8．　自分のしたい事と自分がしてきた事の間には差がある

9．　人生の目標に向けて努力している

10．自分自身に限界を感じている

回答の選択肢は以下の5種類からお選びください。

選択肢1　まったくそうは思わない

選択肢2　そうは思わない

選択肢3　どちらでもない

選択肢4　どちらかといえばそう思う

選択肢5　非常にそう思う

6.「人生の振り返り」質問の統計分析結果

　今までの人生について上記10項目の質問を実施し、回答された結果より因子分析ならびにクラスター分析を実施した。

図表2　基本統計量（人生の振り返り）

変　数	n	平　均	不偏分散	標準偏差	最小値	最大値
ほとんどの面で、人生は自分の理想に近い	435	2.508	1.200	1.095	1.000	5.000
自分の人生に満足している。	435	2.841	1.244	1.116	1.000	5.000
これまでの自分の人生に求める大切なものを得られた	435	2.982	1.156	1.075	1.000	5.000
自分が生きてきたことに意味や価値、目的があると思う	435	3.078	1.086	1.042	1.000	5.000
もう一度人生をやり直したい	435	3.200	1.432	1.197	1.000	5.000
これからの人生でなにかを成し遂げたいと思っている	435	2.945	1.108	1.052	1.000	5.000
他人や社会、誰かのために必要で役に立っていると思う	435	2.945	0.979	0.989	1.000	5.000
自分のしたい事と自分がしてきた事の間には差がある	435	3.274	0.867	0.931	1.000	5.000
人生の目標に向けて努力している	435	2.984	0.938	0.968	1.000	5.000
自分自身に限界を感じている	435	3.044	1.010	1.005	1.000	5.000

（出所：筆者作成）

図表 3 因子行列パターングラフ（因子 1 ）

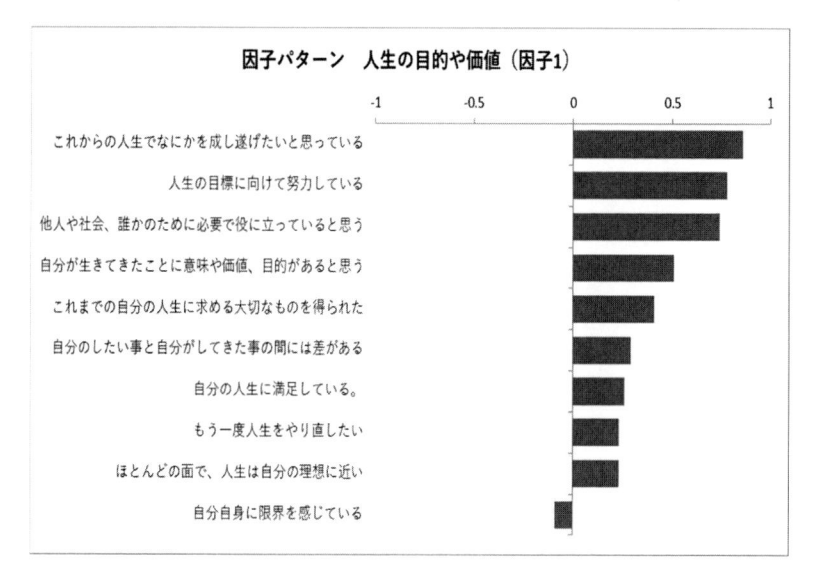

（出所：筆者作成）

図表 4 因子行列パターングラフ（因子 2 ）

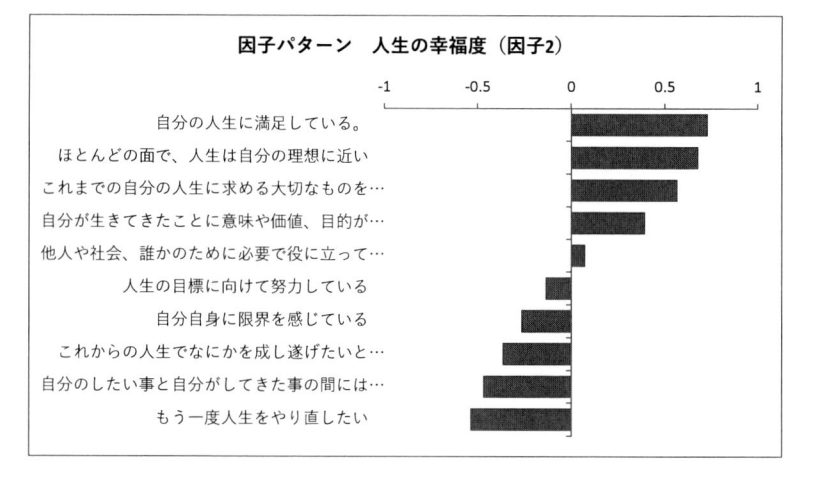

（出所：筆者作成）

　因子行列パターンで因子が 2 種類抽出された。因子 1 は「人生でなにかを成し遂げたい」、「人生の目標に向けて努力している」「生きてきたことに意味や価値、目的がある」といった「人生の目的や価値」を意味している（図表 3）。因子 2 は「人生は自分の理想に近い」や「自分の人生に満足している」「もう一度人生をやり直したい」といった「人生の幸福度」を表している（図表 4）。

図表 5　因子行列パターンマトリクス（人生の振り返り）

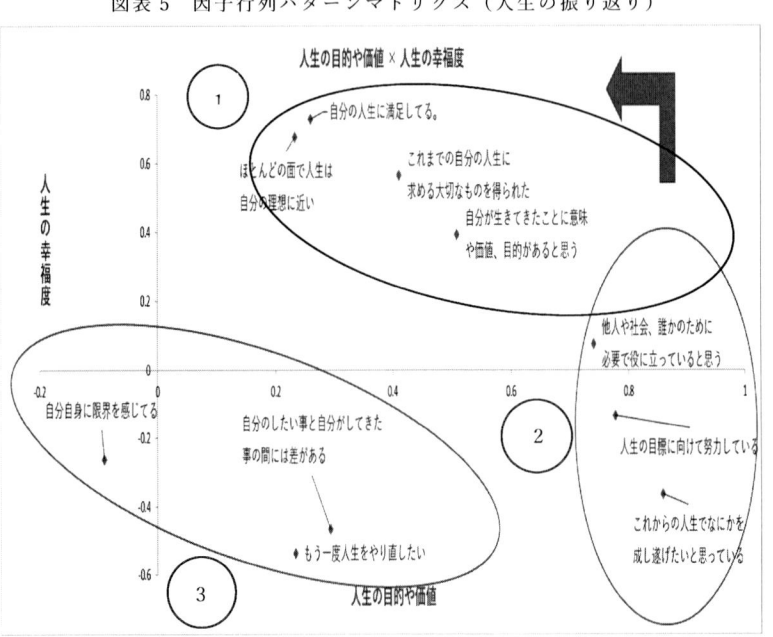

（出所：筆者作成）

　クラスター分析を実施した結果、3 種類のクラスター（集団）に分類できることを確認した（図表 5）。

　第一は自分の人生に満足し、人生で大切なもの得られたウェルビーイングの高い「幸福」なクラスターである（図表 5①）。

　第二はこれからの人生に目標を持ち努力する「ポジティブ」なクラスターである（図表 5②）。

　第三は自分に限界を感じ、人生をやり直したいと考えるウェルビーイングの低い「ネガティブ」なクラスターとなる（図表5③）。

　「ポジティブ」なクラスターはウェルビーイングが低くとも、将来において目標を達成することができれば、ウェルビーイングは高まり、「幸福」なクラスターに移行する可能性がある。

図表 6　回帰分析（人生の振り返り）

概要　　　回帰分析（「幸福」なクラスター×「ポジティブ」なクラスター人生の振り返り）

回帰統計	
重相関 R	0.55883
重決定 R2	0.312291
補正 R2	0.310703
標準誤差	3.140832
観測数	435

分散分析表

	自由度	変動	分散	観測された分散比	有意 F	
回帰	1	1939.692	1939.692	196.6270683	4.29E-37	F値は 0 に近い
残差	433	4271.471	9.864829			
合計	434	6211.163				

	係数	標準誤差	t	P-値	下限 95%	上限 95%	下限 95.0%	上限 95.0%
切片	3.888138	0.5571	6.97924	1.1198E-11	2.79318065	4.983096	2.793181	4.983096
②小計	0.84758	0.060445	14.02238	4.29E-37	0.728778518	0.966382	0.728779	0.966382

0.05以下

相関

	成功者	ポジティブ
成功者	1	
ポジティブ	0.55883	1

「幸福」なクラスターと「ポジティブ」なクラスターはかなり正の相関があると認められる

（出所：筆者作成）

　「幸福」なクラスターと「ポジティブ」なクラスターの相関係数は 0.558 であり、かなり正の相関がある。更に「幸福」なクラスターを目的変数、「ポジティブ」なクラスターを説明変数として回帰分析した結果、有意 F 値は 0 に近く、P-値も 0.05 以下のため有意である事が判明した。回帰分析より得られた R2 の

値は、「幸福」なクラスター（目的変数）が 31.2％の確率で「ポジティブ」なクラスター（説明変数）と因果関係があることを確認できた(図表 6)。

この因果関係はアリストテレスの唱える、人生の最終目的であるエウダウモニアに通じている。エウダウモニアの意味は「よく生きていること、よくやっていること、生き甲斐のある人生を生きている」と同義である。幸福は、個人が願うだけで獲得できるような目標ではなく、目的に向かって前向きに進むことで、長期間の満足を生み出すエウダウモニアの副産物としている。

つまり、目的を持ち、前向きに生きていくプロセスの中で副産物として、「自分の人生に満足している」、「ほとんどの面で自分の人生は理想に近い」といった満足感を得ることができたと考えられる。

一方で、回帰分析の結果から、「ネガティブ」なクラスターと「幸福」なクラスターの間に相関関係は認められなかった。このことは、「自分に限界」を感じ、「人生をやり直したい」と考えているネガティブな状況からは幸福を得ることは困難であることを示唆している。

この分析結果より、中高年齢就業者が人生に目的や目標を持ち、その中で所得、健康、家族や友人、自由な時間、働き方といったライフスタイルを自分で選択することにより、ウェルビーイングをプラスの方向に変化させることができる可能性が示された。

7. おわりに

本稿で実施したアンケートにおいて、最もポジティブにウェルビーイングを問う質問は選択肢 2 の「私は、自分の人生に満足している」である。
「私は、自分の人生に満足している」の質問に対する 5 段階評価の回答を就業形態別に分析した結果では、「経営者・役員」は「どちらかといえばそう思う」と「非常に思う」をあわせると 51.8％と 5 割を超えた。

一方で、「会社員」は「まったく思わない」と「どちらかといえば思わない」をあわせると 40.6％となっており、「経営者・役員」と「会社員」の人生に対する満足度は対照的結果となった。

では、「経営者・役員」と「会社員」のウェルビーイングが対照的な結果となった原因は何であろうか。原因を分析するために、内閣府の「満足度・生活の質

に関する調査報告書 2022」から、最も総合主観満足度の高い属性を抽出したところ、以下の 7 項目が明らかになった。

- 年齢は 60 歳以上（60 歳以上で総合主観満足度が上昇する）
- 世帯年収は「2,000 万円〜3,000 万円」（これ以上では総合主観満足度が逓減する）
- 世帯金融資産残高は「1 億円〜3 億円」（これ以上では総合主観満足度が逓減する）
- 高学歴である（大学、大学院修了）
- 健康状態が良いほど総合主観満足度は高い
- 社会とのつながりが強い（週 3,4 回友人と交流、頼れる人は 30 人以上）
- 趣味・生きがいを持っている

　「経営者・役員」が上記 7 項目を全て満たしているわけではないが、「会社員」と比較して、経済的な余裕や自由な時間を持てる可能性がある。さらに「会社員」より仕事の面で、自己決定権の範囲が広いため、仕事の自由度が高く、仕事を面白く感じるというプロセス面も寄与しているとも考えられる。

　しかしながら、「経営者・役員」になれば、総合主観満足度が高まるわけではない。なぜなら、「経営者・役員」と総合主観満足度の間に因果関係があると明らかになったわけではないからである。

　本稿の特徴は 50 歳以上の中高年齢就業者に限定して、ウェルビーイングを分析した点にある。我が国の高齢社会対策の基本的指針は、少子高齢化が急速に進展し人口が減少する中、経済社会の活力を維持するため、全ての年代がエイジレスに働ける社会の実現に向けた環境整備を図ることにある。改正高年齢者雇用安定法も令和 3 年の施行されたばかりであり、今のところ 70 歳までの就労について 65 歳以降のロールモデルは少ない。従って、中高年就業者のウェルビーイングの変化を知るためには、今後も継続的に調査をする必要があると考える。

註

1)　総務省（2022）統計トピックス No.132「統計からみた我が国の高齢者」
2)　J.O.アームソン（2004）『アリストテレス倫理学入門』岩波現代文庫　参照

3)　　ブルーノ・S・フライ（2012）『幸福度をはかる経済学』NTT 出版㈱　参照

参考文献

[1]　　キャロル・グラハム(2013)『幸福の経済学』多田洋介訳　日本経済新聞出版社

[2]　　ブルーノ・S・フライ、アロイス・スタッツァー（2005）『幸福の政治経済学』沢崎冬日訳　ダイヤモンド社

[3]　　大竹文雄・白石小百合・筒井義郎(2010)『日本の幸福度』　日本評論社

[4]　　楠木新（2017）『定年後〜50 歳からの生き方、終わり方』　光文社新書

[5]　　経済協力開発機構(OECD)『主観的幸福を測る』　㈱明石書店

[6]　　玄田有史・白石小百合他（2017）『やさしい行動経済学』　日本経済新聞社

[7]　　清家篤(1992)『高齢者の労働経済学』　日本経済新聞社

[8]　　清家篤・風神佐和子(2020)『労働経済』　東洋経済

[9]　　清家篤・山田篤裕（2004）『高齢者就業の経済学』　日本経済新聞社

[10]　　内閣府(2020)『高齢社会白書』　日経印刷㈱

[11]　　内閣府 Web ページ：「満足度・生活の質に関する調査報告書 2022」
　　　　https://www5.cao.go.jp/keizai2/wellbeing/manzoku/pdf/summary22.pdf
　　　　（閲覧日：2022 年 11 月 19 日）

[12]　　内閣府 Web ページ：「満足度・生活の質に関する調査」第 1 次報告書
　　　　https://www5.cao.go.jp/keizai2/wellbeing/manzoku/pdf/report01.pdf
　　　　（閲欄日：2022 年 11 月 19 日）

[13]　　南林さえ子（2016）「幸福度測定に関する研究」『駿河台経済論集』第 25 巻第 2 号　駿河台大学

終章

ネットワーク圏と経済分析

地域不動産業に対する情報経済論的分析

阪西　洋一

1. はじめに

　情報の非対称性は多くの産業や市場で見られる。そのため、これらを軽減するために情報の要約に役立つシグナリングや情報の選別に役立つスクリーニングなどの施策が実施されるが、情報の非対称性を完全に解決できるわけではない。特に、財に関する情報が得にくい市場についてはなおさらであり、その一例が不動産市場である。劣悪な情報が優良な情報を駆逐していくレモン市場を回避するために、取引される財に対して試供品の製作や既利用者のクチコミが活用されることもあるが、不動産財のようないわゆる一品ものについてはこれらの取り扱いは難しい。

　この不動産財の取引を生業としているのが不動産業者である。そこで、本論文では、情報の非対称性が生じやすい不動産財の流通を活性化させるためのネットワークやその要因について考察するものとする。本稿の構成は以下の通りである。第2章では動産財と不動産財の異同を示した後、第3章で情報経済論的アプローチから不動産財に関する情報の特性について分析し、第4章で不動産市場における情報の非対称性を具体的に示す。第5章ではプラットフォームモデルからのアプローチにおけるネットワーク効果について論じ、第6章でヴァリアンのネットワーク外部性のモデルを援用し不動産市場における業者間ネットワークについて検討する。つづく第7～9章で業者間ネットワークの構築要因、業者間ネットワークにおける他社の信頼度評価、業者間における情報交換種別についての実証分析を試みる。第10章では結論として準公共財的ネットワークを構築できれば、社会的余剰が拡大することを示す。おわりに第11章で今後の課題と展望について述べる。

2. 不動産財の特徴

　まず、土地や建物といった不動産財について、動産財との比較を中心にその特

徴を整理する。

　第一に、不動産財は取引価格が動産財と比較して高額であることが多い。その
ため、返済期間が長期の住宅ローンといった金融商品を利用した購入が日常的に
行われている。

　第二に、不動産財は一般的にはその場所から動かすことができない固有物とい
う性質である。動産財のように移動させることができず、そのために商品代金の
支払いと引き渡しが同時にできないという取引上の特性がある。そこで取引の安
全性の担保や円滑化を保護するために、不動産登記簿の所有権保存登記や所有権
移転登記などの制度がある。取引対象物である不動産の所在地や面積、権利関係
などを情報として扱い保護することで、取引の安全と流通の円滑化を図っている
のである。この所有権の取り扱いに、動産財と大きく異なる点がある。民法第176
条において「物権の設定及び移転は、当事者の意思表示のみによって、その効力
を生ずる。」と物権変動について規定している。そして直後の、同法第177条にお
いて、不動産に関する物権の変動の対抗要件として「不動産に関する物権の得喪
及び変更は、不動産登記法 （平成十六年法律第百二十三号）その他の登記に関す
る法律の定めるところに従いその登記をしなければ、第三者に対抗することがで
きない。」とし、続く178条においては、動産に関する物権の譲渡の対抗要件とし
て、「動産に関する物権の譲渡は、その動産の引き渡しがなければ、第三者に対抗
することができない。」と規定している。つまり、動産財における所有権の対抗要
件は引き渡しであるが、不動産財の場合は登記がなければ対抗できないとしてい
るのである [1]。言い換えれば、不動産財の場合は物件を占有していても、登記を
しなければ所有者として認められないということであり、一方、動産財の場合は
現物を所持しているということが対抗要件となる。上述の取引価格が高額である
こととも関係することであるが、不動産財は資産価値が高いので簡単な譲渡だけ
でなく登記によって権利の安全性を担保しているのである。

　第三に、第二で述べた固有性により存在する地域に依拠した特性をもつことで
ある。そのため外部性の影響を受けやすい。例えば、周辺に歴史的建造物がある
ことや景観が優れているといった要因があれば、その不動産物件の価値が上がり
プラスの効果をもたらす場合は外部経済といえる。反対に、産廃処理場や工場跡
地の土壌汚染、住宅地における高層マンション建設による電波障害など、その行

為が周りにマイナスの効果を及ぼすものは外部不経済の効果である。こういった外部不経済を防止もしくは抑制するために、制度として法令で建蔽率や容積率、高さ制限などの規制を設けている。この地域性においてはヘドニック・アプローチの視点からみることもできる。ヘドニック・アプローチとは「公共支出の便益が関連する他の財（特に土地）の価格を左右すると考えて、計画を実施する前と実施後の価格の変化から、公共支出の便益を推定するもの [2]」である。このヘドニック・アプローチでは、土地の価値は「都心からの時間距離や公共サービスの質を反映する周辺環境などの立地特性によって決まってくる [2]」と考えられる。このことからも、不動産は外部経済の影響を受けやすく、また第八で述べる公共財としての側面も持ち合わせているといえる。

　第四に、他に替えることができない特定物である。自動車のように同じ車種といった代替対象物がなく、その場所に存在する土地や建物は唯一無二のいわゆる一品物である。なお、建物においては、例えばプレハブ住宅など工業製品化され同一のものが上物としては存在する。しかしながら、同じ上物・建物であっても、それがどの場所に存在するかで大きく価値が変わる。つまり、当該建物を建設する接道道路の幅員や方角などの周辺環境によって、不動産物件としての価値が違ってくるのである。こういった理由により、建物も非代替的な特定物であると捉えることができる。

　第五に、現金化がしにくく取引の難易度が高いため、一般的に財の保有、または1回の取引から次回の取引までの時間を長期的に捉えるという特徴がある。一般の消費者にとっては不動産取引という行為が、人生の間で何度もあることではない。つまり、流動性が低く日常的に取引する性質ではないといえる。また、会計上においては販売用不動産などを流動資産とする場合もあるが、通常は土地や建物を固定資産として計上する。さらに、長期固定金利住宅ローンという金融商品の存在なども、財としての時間軸が長期的であることの表れといえよう。

　第六に、日本人特有の土地や建物、特に土地に対する特別な思い入れといった、先祖代々など他の動産にはない手放したくないという感情である。もちろん動産においてもこの感情はあり、「父の形見」などがその例である。しかしながら、日本人の土地神話という言葉があるように、先祖元来の土地を守っていくといった思いは動産よりも不動産（特に土地）の方が強い [3]。

図表 1　動産と比較した不動産の特殊性一覧

項目	不動産	動産
民法の定義	土地及びその定着物は不動産とする	不動産以外のものはすべて動産とする
取引価格	相対的に高額である	少額から高額まで存在する
移動性	移動させられない	移動できる
登記制度	原則、登記が必要である	登記が必要な財もあるが動産の多くは不要である
第三者への対抗要件	原則、登記が必要である	引き渡しがあればよい原則、登記は不要である
地域性	ある外部性の影響を受けやすい	地域名産などがあるが地域性があるとまではいえない。
代替性	特定物であり代替性がない	工業製品のように同種同類のものがあれば代替性がある
時間性	長期的である	日常の短期的な財から長期的な財がある
特別な思い入れ	「先祖代々の土地」などは動産よりも強い	「父の形見」など一部の動産でもある
公共の福祉による制限	動産と比べて多く法令上の制限が多い	不動産と比べて制限は少ない
時間選好率	動産と比べて低い	高いものから低いものまで存在する

（出所：筆者作成）

　そして第七に、日本国憲法の「公共の福祉」を優先する場合が、動産よりも不動産の方が多いということである。憲法は第 12 条後段において「国民は、これを濫用してはならないのであつて、常に公共の福祉のためにこれを利用する責任を負ふ。」と規定し、さらに次の第 13 条後段において「生命、自由及び幸福追求に対する国民の権利については、公共の福祉に反しない限り、立法その他の国政の上で、最大の尊重を必要とする。」と規定している。つまり、個人の権利は最大限に尊重されるが、社会秩序のためには制限されるということである。これを不動産に置き換えれば、都市計画法や建築基準法などの法令上の制限であり、この制

限が動産と比較して非常に多い。例えば、都市計画法における将来的に道路とする予定がされた土地の立ち退きや、農地法における農地の宅地転用の際の許可申請などがある。

3. 情報経済論的アプローチ

　上記のような財の特徴がある中で、これらを取り扱う不動産市場について情報経済論の知見からアプローチしてみたい。なかでも、地域不動産業者によるネットワークの円滑化が、いかに流通情報量を増加させ、情報交換コストを下げられるかという仮定をもとに、情報量とコストの2つの側面から考察を試みるものとする。

　まず命題である「地域不動産業者による情報交換の円滑化は、情報量を増加させ、情報入手コストやマッチングコストを減少させる」という仮定を図示すると、図表2のようになる。

図表2　需要供給曲線の変化

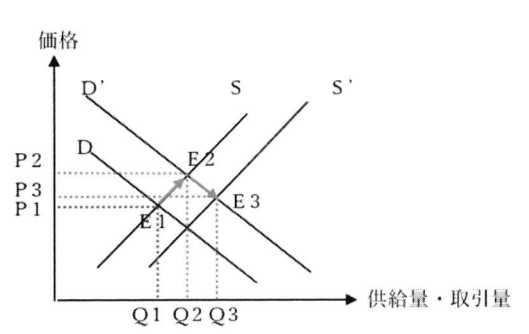

（出所：筆者作成）

　需要曲線Dとは、不動産を購入や賃貸などにより利用・活用したいと希望している企業や個人及びその仲介業者（潜在的希望者を含む）、すなわち買い手のことを指す。ここで、これまでは不動産取引に関する情報が少ないので取引への抵抗が高く需要が低かったが、情報量の増加により抵抗感が減少し需要が高まったとすると、需要曲線はDからD'にシフトする。

　また、供給曲線Sとは、不動産所有者でその不動産を活用したい、もしくは市場に出したいと考えている企業や個人及びその仲介業者、すなわち売り手を指す。仮に、情報入手コストやマッチングコストが低下することで供給量が増加したとすると、供給曲線はSからS'にシフトする。

　これらの結果、均衡点がE_1からE_2、E_2からE_3へとシフトする。これによって、価格はP_1からP_2、P_2からP_3へとシフトする。価格は需要の増加によりいったんは上昇するも、供給量の増加により下降する。その結果、ケースにもよるが当初とほぼ同程度になる。一方、供給量はQ_1からQ_2、Q_2からQ_3へとシフトする。需要の増加により供給量が増加し、なおかつ、コストの低下によりさらに供給量が増加する。

　つまり、情報量が増加する一方で、価格はほぼ変化せずに取引量のみが増加し、全体の余剰が増加するというモデルである。そうすると、消費者余剰と生産者余剰がともに増大し、社会的余剰が増大することになる。

　この仮定について、合理的選択のなかで情報の非完全性・不十分性を前提とする情報経済論から考察する。情報経済論はミクロ経済学と同様に合理的選択がなされると仮定している点で共通しているが、情報の完全性にとらえ方の違いがある。つまり、ミクロ経済学は経済主体が消費対象に関する情報を完全に収集できる状況を想定しているが、情報経済論は不完全にしか収集できない状況を想定している。現実の不動産財の取引においては、先に触れたように取引対象物である物件の情報だけでなく、地歴や周辺情報、所有者の情報など物件に付随する情報の種別が多い。しかしながら、これらの情報が現状では不十分であることが多く、なおかつ取引価格も大きくリスクも高い。そこで本研究では、不動産市場における業者間ネットワークを考察するために、情報が不完全であることを前提とする情報経済論を基礎とすることとした。

　では、これから不動産業におけるネットワークを考察するにあたり、まずは情報の根本的な性質について整理しておく。

　第一として、物質的・物理的な形として存在しないという無体性・無形性（intangibles）である。無体なものであるからこそ、複写・コピーが可能であり、しかも無限に繰り返すことができる。これは、1つの情報をより多くの人に届けることができるというメリットもあるが、違法コピーによる著作権侵害など外部

不経済を引き起こすことも可能であるというデメリットも存在する。

　第二として、無形性ゆえに意味づけや評価が難しいという価値の測定困難性である。情報も他の財と同様に、経済学上の「生産要素に関しての収穫逓減の法則」に当てはめることができる。つまり、1 単位当たりの情報量を追加することにより得られる効用は次第に逓減していくということである。例えば、住宅の購入希望者が不動産物件に関する情報を入手する際に、100 物件の情報を得ることと 1,000 物件の情報を得ることとを比べてみると、現実的に 1,000 物件から 1 つ選ぶという手間が 100 物件から選ぶときよりも明らかに大きくなる。そのため 1 つ追加すること、ここでは新たな物件情報を 1 つ入手することで得られる効用は、次第に小さくなっていく。ただし、同様に住宅購入希望者が 2 物件から選ぶことと 10 物件から選ぶこととでは、より自分の希望物件に巡り合うために 10 物件から選ぶことを選択するであろう。つまり、ネットワーク経済という視点で情報を捉えると、ある一定の数量までは情報量が 1 単位当たり増えることで得られる効用（限界効用）は逓増するということである。この数量が具体的にいくつであるのかは個人差や環境に依存するであろうが、ある一定量までは収穫逓増で、転換点を超えると収穫逓減になるという、いわゆるロジスティック曲線（成長曲線）のように効用が変化することが情報の性質といえよう。

　第三として、ある人には価値があっても、別の人には全く価値がないという、価値の主観性である。不動産情報に限らず、その情報を欲している人には非常に価値があるが、欲していない人にとっては何ら価値を見出すことができない。むしろその情報を入手したくないということすらあり得る。

　そして第四として、情報は時間軸で価値が変わってくるという価値の変動性である。必ずしもそうではないが、基本的にある特定の情報は古くなると急激に価値を失う。例えば、5 年前にポータルサイトに掲示されていた物件情報は、現在ではほとんど価値がない。掲載していたという証拠という面では価値があるともいえるが、需給関係ではもうすでに市場にないかもしれず、たとえある場合でも、その情報は更新されて現在の情報として存在するのである。また、投資用物件の利回り計算など、将来についての情報も期待値として、遠い将来のことであればあるほど割り引いて計算される。なぜならば、その情報が時間軸として遠い将来のことと、ごく近い将来のこととでは不確実性に大きな違いがあるためであり、

これがリアルオプション法（Real Option Method）という考え方である。リアルオプション法とは、投資プロジェクトや事業の評価手法の一つであり、通常の投資評価手法では、将来のキャッシュフローや割引率を基に正味現在価値（NPV）を計算するが、リアルオプション法では、追加の選択肢や機会を考慮することでより正確な評価を行う手法である。

　以上のように、情報にはこれら4つの性質（無体性・無形性、価値の測定困難性、価値の主観性、価値の変動性）がある。いずれも情報を不確実性の側面からとらえた性質であり、情報を入手することで得られる効用を議論する場合は、これらの不確実性要因を考慮して検討することが必要である。

　ここで改めて、情報経済論の前提をミクロ経済学と比較することで整理しておく。ミクロ経済学は完全競争市場のもとで資源の最適な配分がなされるという考え方であり、そのためには、売り手と買い手が多数存在すること、市場の参入・退場が自由であること、商品が同質であること、そして商品についての情報が完全または十分であることの4つの条件を前提としている。そして、不動産市場においては、4つの前提のうち、売り手と買い手が多数存在することと、市場の参入・退場が自由であることについては当てはまるといえる。しかしながら、商品が同質であるということにおいては、不動産という商品（財）は、その場所やその物件といった特定物であるため当てはまらない。また、情報の完全性については、一般的な他の市場と同様に、売り手の方が買い手よりも、貸し手の方が借り手よりも商品の情報を保有している。

　こういった状況において、取引のプロフェッショナルである不動産業者に存在価値があり、その知見により合理的で安全な取引と消費者保護に努めている。不動産の取引においては、売買であっても賃貸借であっても、この情報の非対称性を軽減するために、取引を媒介する不動産業者が買主または借主に、物件についての重要事項を説明する制度がある。しかしながら、この重要事項説明によっても、情報が完全に伝えられるわけではない。つまり情報の非対称性の解消には限界がある

　このように、不動産市場は情報の非対称性が存在し、完全競争市場が不完全にしか成立せず、いわゆる「市場の失敗」となっている。そこで、この現象を緩和するためにどのような方策があるのかを、地域事業者間ネットワークによる情報

交換という領域を対象として考察することとする。

4. 不動産市場における情報の非対称性

　では、もう少し具体的に不動産市場において、どのような情報の非対称性があるのかを考えてみたい。

　まず情報の非対称性とは、商品やサービスの品質をよく知る売主側と、購入するまで品質が分からない買主側の間に存在する不均衡な構造のことである[4]。先ほども少し触れたが、不動産取引における商品としての物件やそれらに付随する情報は、買主や借主が自分で調査すればその良否がわかるという探索財ではない。その物件に住んだり利用したりして初めてわかるという経験財的な要素と、経験しても良否がわからない、もしくはわかるには時間の経過や特定事象の発生が必要といった信用財的な要素を併せもっているといえる。

　そのため、宅地建物取引業法 35 条 1 項において、宅地建物取引士に書面により重要事項を説明させる義務を課している。この重要事項説明書には、取引の対象となる物件についての登記関係や設備状況の他、法令等についても記載され契約前に取引における情報弱者である買主や借主に説明し、情報の非対称性を軽減するシステムが設けられている。

　不動産市場においては、この重要事項の説明以外にも、物件情報の信頼性を担保し、情報の非対称性を軽減する仕組みが設けられている。

　例えば、既存住宅の建物状況調査いわゆる住宅インスペクションである。不動産ジャパン[5] によると『既存（中古）住宅を安心して売買するために、「インスペクション」と呼ばれる建物状況調査が注目されて』 おり、『特に、売主も買い主も個人であることが多い既存（中古）住宅の売買では、住宅の建物の状況を専門家が検査するインスペクションを活用することが有効だと考えられるため、さまざまな政策が講じられてい』る。この制度を促進するために、平成 30 年 4 月 1 日に宅地建物取引業法が改正され、媒介契約締結時における建物状況調査（インスペクション）を実施する者のあっせんや、重要事項説明書・契約書における説明・記載事項の追加等が必要となった。

　また、住宅販売瑕疵担保責任保険という制度もある。住宅瑕疵担保履行法に基づき定められた制度であり、住宅に瑕疵（欠陥）があった場合に住宅メーカーが

負担する保証責任を保証する保険である。

　これらのように、第三者による認定システムや保証制度により、情報の信頼性を担保することや非対称性を軽減するシステムが存在するが、しかしながら、完全に解消することはできていない。また、不動産業者間における情報の非対称性について考察するにおいても同様のことがいえる。なぜならば、売主・買主間または貸主・借主間に、それぞれ媒介業者である不動産業者が仲介または代理という立場で介在するからである[6]。つまり、売主・買主といった契約当事者もさることながら、介在する不動産業者がどのように情報を入手しているか、保有している情報の質はどうかということが、マッチングにおける重要な要因になる。

5. プラットフォームモデルからのアプローチ

　次に、プラットフォームモデルからのアプローチとして、現状のレインズシステムについて考えてみたい。

図表 3　不動産媒介契約のイメージ図

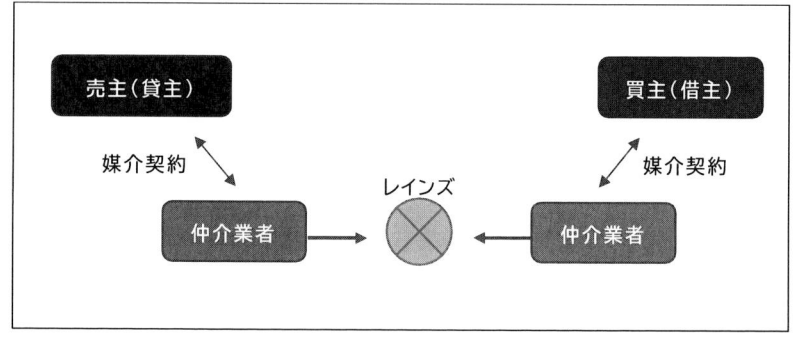

（出所：筆者作成）

　レインズ（Real Estate Information Network System＝REINS）とは、国土交通大臣から指定を受けた流通機構によって運営されている不動産流通標準情報システムのことである。指定流通機構とは、例えば、近畿二府四県であれば、公益社団法人近畿圏不動産流通機構[7]という 1 団体のみであり、このシステムは不動産業者だけが利用でき、一般消費者は利用することができない。

　レインズシステムの両面性を考察するうえで、ここでまず不動産の媒介契約の仕組みについて説明する。

　一般的に不動産を売却や購入または賃貸借をする際、一般消費者自身では取引の相手方や希望物件を探すことは難しい。そのため不動産業者に媒介（仲介）を依頼することになる。つまり、媒介を依頼された不動産業者が、依頼者に代わってマッチング相手や希望物件をみつけるために活動する。このように、依頼者と不動産業者との間で媒介契約がなされた場合は、依頼者である一般消費者の保護と取引の安全及び流通の円滑化のため、媒介契約の書面化が宅地建物取引業法により義務づけられている[8]。その際、不動産業者は、媒介契約を締結する場合は依頼者に「専属専任媒介契約」、「専任媒介契約」、「一般媒介契約」の相違点を説明し、依頼者の意思を十分確認したうえで、いずれかの媒介契約を締結し、媒介契約書面を交付しなければならないことになっている。

　ここで少し媒介契約の種類について補足する。

　まず、専属専任媒介契約とは、依頼者が他の不動産業者に重ねて媒介を依頼することができない契約であり、なおかつ依頼者自身がみつけた相手方とも売買することができない。また、媒介を受けた不動産業者は指定流通機構に、媒介契約締結の翌日から5日以内に物件登録しなければならない。次に、専任媒介契約とは、依頼者が他の不動産業者にも重ねて媒介を依頼することができない契約であるが、依頼者が自らみつけた相手方とは契約することはできる。この自身で相手方をみつけることもできる点が専属専任媒介契約との違いである。また、媒介を受けた不動産業者は指定流通機構に、媒介契約締結の翌日から7日以内に登録しなければならない。最後に、一般媒介契約とは依頼者が他の不動産業者に重ねて媒介を依頼することができる契約であり、また依頼者が自らみつけた相手方と売買することもできる。しかしながら、専属専任媒介契約や専任媒介契約と違い、指定流通機構への登録は義務づけられていない。

　つまり、専属専任媒介契約や専任媒介契約を締結した物件については、積極的に取引の相手を探すことが義務づけられているため、レインズという不動産業界におけるプラットフォームに登録されることになる。

　これら3つの媒介契約には各々のメリットがある。上記のように、専属専任媒介契約や専任媒介契約の場合は、媒介を受けた不動産業者は積極的に売却活動を

行うことに加え、レインズに登録されため多くの不動産業者へ情報発信される。しかしながら、レインズに登録されるということは、売却情報を他の不動産業者や不動産業者を通じて他者が知ることになるため、例えば、自社ビルの売却などにおいては、その企業の信用問題にも発展する可能性もある。この点、一般媒介契約であればレインズに登録する義務がないため、媒介を受けた不動産業者の独自ルートにより相手方をみつけることが可能となる。

　以上のように、レインズはマッチングを希望する多くの物件情報が集まる不動産業界の準公共財的なプラットフォームである。

図表 4　直接ネットワーク効果のイメージ

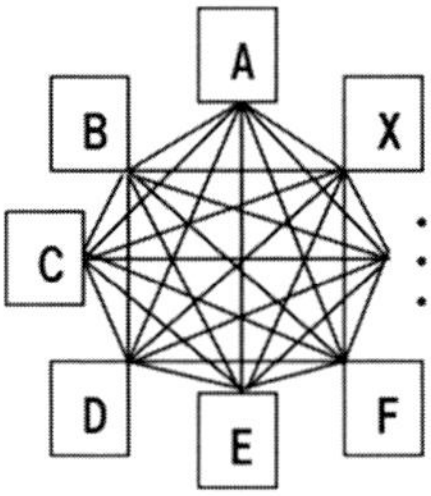

（出所：筆者作成）

　ここでこのレインズについて、ネットワーク効果の観点から少し触れたい。近畿レインズが稼働したのは昭和 62 年のことである。それまでは、不動産業者個社または所属団体の独自のネットワークにより情報を交換していた。そのため、近畿圏、特に大阪府においては複数のネットワークが存在し、不動産業者はそのネットワークの中でしかマッチング相手を探せずにいた。つまり、個社または個の所属グループの「直接ネットワーク効果」の大きさに依存していたのである。

　この利用者数が増えることで直接的にネットワークの価値が上昇する、直接ネットワーク効果が働いた場合、需要供給曲線は図表 5 のようにシフトする。

　つまり、ネットワークに参加する人数が増加することにより、参加者一人一人の便益・効用も向上する。参加者の効用が増えるので、需要曲線 D が D'へとシフトし、限界収入曲線 MR が MR'へとシフトする。そして MR'と MC とが交わる点が均衡点となるため、供給量が上昇し価格も上昇することになる。

阪西　洋一

図表 5　直接ネットワーク効果における需要供給曲線

独占状態における需要供給曲線

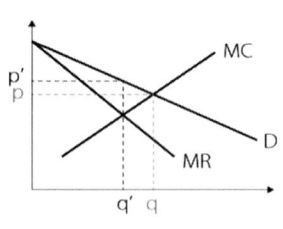

直接ネットワーク効果の下に
おける需要供給曲線

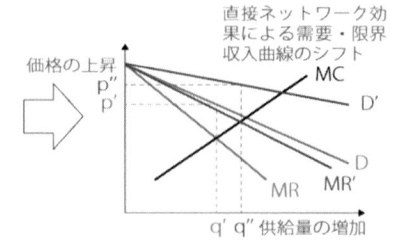

（出所：2016 年経済産業省通商白書「プラットフォーム化と産業構造の変化」より）

　しかしながら、当時の情報ネットワーク技術は現在よりも当然低く、不動産業者の情報交換としては、対面式の物件交換会や住宅情報誌への掲載などの紙媒体が中心であり、大きなネットワーク効果を期待できるような環境ではなかった。

　そこで、こういった状況から不動産流通市場の健全化を図るために、物件情報を一元化する指定流通機構が設立され、情報が不動産業界全体に広く行き渡るようなシステムが構築されたのである。言い換えれば、「間接ネットワーク効果」を期待できるような仕組みを構築したのである。

図表 6　間接ネットワーク効果のイメージ

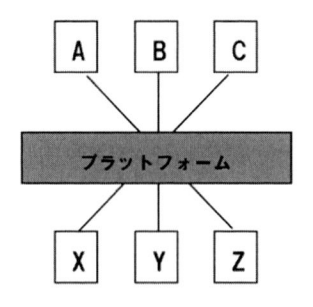

（出所：筆者作成）

　一般的に、顧客層が需要サイドと供給サイドと異なる 2 つの市場間において、一方の市場における顧客数や情報量の増加により、他方の顧客の便益が向上する

場合を間接ネットワーク効果という。この場合、そのプラットフォーマーは、1つは一方の市場の価格を下げて独占を図り、もう1つは市場支配力により他市場の顧客に費用を転嫁することが可能となる。

　間接ネットワーク効果が働いた場合、需要供給曲線は図表7のようにシフトする。つまり、一方の市場（市場A）における戦略的価格設定と顧客数の増加を通じて、もう一方の市場（市場B）における顧客の効用が増加し、需要曲線と限界収入曲線が右へシフトするのである。その結果、供給量（情報量）も価格も上昇することになる。

図表7　間接ネットワーク効果における需要供給曲線

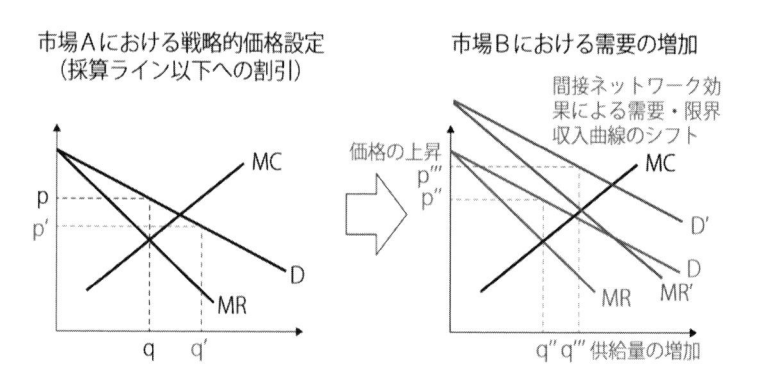

（出所：2016年経済産業省通商白書「プラットフォーム化と産業構造の変化」より）

　しかしながら、不動産業においては2つの市場のとらえ方が、他の産業とは少し異なる。その理由は不動産業の特徴にある。

不動産業は、交流電流のN極とS極が交互に切り替わるように、不動産業者はある時は需要サイドであり、ある時は供給サイドと立場が切り替わる点である。また同時であっても顧客別に捉えると、ある顧客にとっては需要サイドであり、別の顧客にとっては供給サイドとなる。つまり、不動産業においてはプレイヤーが、プラットフォームの両サイドを行き来するのである。このサイドが時と場合によって切り替わる点が不動産市場の特徴であり、サイドが切り替わらないクレジットカード市場（利用者と加盟店との関係性）と異なるところである。そのため、

例えば売却依頼を受けた不動産業者が売物件の情報量を増やすことは、自身が反対側の立場になったとき、つまり客付側[9]の媒介業者とした場合のベネフィットに代わるのである。

　また、不動産業においては、売主・買主の双方の媒介業者になることも認められている。これが、いわゆる両手仲介である。コストをかけてでも両手仲介が成立すれば、両サイドから仲介手数料を得られるため、業者自身のネットワークやレインズ以外の民間ポータルサイトを活用し直接、逆サイドの顧客を探索し、マッチングすることも現実的に行われている。

　以上のとおり、ここまでは物件情報について着目し、それらを交換するシステムとしてレインズシステムを取り上げた。ただ不動産取引情報は、物件に関する事項だけではなく、地域や環境に関することなど多岐にわたる。今後、不動産市場においては、このレインズの適正な運営に加え、物件情報だけでなく他の付随情報も交換できるネットワークが業界や社会発展の重要なポイントになってくると考えている。

6. ネットワーク外部性

　ここからは、ネットワーク外部性[10]の理論を不動産市場に照らし合わせ、取引にかかわる不動産業者を参加プレイヤーとして、ネットワークの価値について考えてみたい。

　まず、本論ではネットワークとは、個々の人のつながり、特に情報の交換を行うグループ[11]のこととする。

　次に、外部性の定義を確認すると、「ある市場参加者が対価を支払わずに、周囲の人に影響を及ぼす現象」のことであり、これに先ほどのネットワークの定義と合わせ、ネットワーク外部性とは「ある財から得られる個人の効用がこれを消費する人数に依存するような外部性の特別なケース」[12]をいう。例えば、電話やFAXなどが代表例である。

　そして、このネットワーク外部性の背景にはメトカーフの法則[13]がある。メトカーフの法則とは、「あるネットワークにn人のユーザーがいて、各ユーザーからみたネットワークの価値が他のユーザーの数に比例する場合、ネットワークの合計価値は、$n \times (n-1) = n^2 - n$ に比例する」[14]というものである。例えば、5人のユ

ーザーがいた場合の、ネットワークの価値は、5^2-5＝20 であるという。具体的にみると、A、B、C、D、E の 5 人（ノード）がネットワークでつながった場合は、10 本の線（エッジ）が引け、例えば、「A から B」と「B から A」というように、互いに双方向につながるので、10 の 2 倍の 20 の価値があると捉えることができ、メトカーフの法則で計算した価値と一致することがわかる。さらに 5 人の 10 倍、つまり 50 人になったとすると 50^2-50＝2,450 となり、価値は 5 人の時と比べ 100 倍以上になる。つまり、ネットワークの価値は、ユーザー数の 2 乗に比例する。

このように、ネットワークは参加しているユーザー数が多ければ多いほど、価値が高くなる。しかしながら、ユーザー数が少なければ、そのネットワークに価値はないのかといえばそうとも言い切れない。なぜならば、ネットワークの大きい小さいは相対的な評価であり、ユーザーが何人以上いなければいけないというものではないからである。そのため事業領域を絞ることで、本研究の本旨である地域不動産経済におけるネットワークに価値が見出せると考えている。

そこで、ここからは不動産業におけるネットワーク外部性について考えてみたい。まず、不動産市場の現状において、ネットワーク外部性がどれくらい働くのかを考察する。ネットワークの外部性はすべての商品やサービスで働くというものではない。例えば、「みんなが着ているから」という理由で、他人と同じ服を購入することはほぼない。市場が 1 つのサービスや企業に傾くか否かは、規模の経済と多様性の 2 つの視点から捉えることができる。

まず規模の経済から考察する。規模の経済とは、生産量が増大することにより、1 単位当たりの生産コストが減少することをいう。つまり、生産コストが減少することで企業利益が増大するということである。これを不動産業に置き換えれば、販売額や手数料などの収入が増大することで、1 単位当たりの販売コストが減少することといえる。この販売コストには、情報というカテゴリーでは情報入手コストやマッチングコストなどが考えられる。そうすると、1 つのネットワークで情報入手やマッチングができ、そのネットワークから得られるベネフィットがコストを上回れば、複数のネットワークを利用せず販売コストを下げることができる。つまり、不動産業は規模の経済効果が適度に高いといえる。現に、不動産業者は民間のポータルサイトを利用することがあるが、各々にコストがかかるため、仮にこれらを 1 つのネットワークにまとめることができれば、そのネットワーク

にスイッチすることが考えられる。また、ポータルサイトを利用しての情報発信は供給サイドのことであるが、一般消費者である需要サイドにおいても同様で、複数のサイトで検索せずとも1つのネットワークで情報入手やマッチングが叶えられるならば、それを利用することになろう。

　次に多様性について考察する。ここでいう多様性とは、他に同種のシステムや代替できる方法があり、それらを容易に利用することができるか否か、つまり他のシステムや方法へのスイッチングコストがどれくらい必要かという意味で捉えるとする。不動産物件においては、情報交換システムであるレインズや複数のポータルサイトが存在するが、多様性への需要は大きいとまではいえない。

　以上により、規模の経済と多様性を考察した結果、不動産市場は規模の経済は高いといえるため右側の枠のいずれかになるが、多様性については大きくもなく、かといって小さくもないので市場が1つのサービス、つまりネットワークに傾く可能性は「中」程度といえる。これらを総括すると、不動産市場はネットワーク外部性が働き得る市場であり、そのため地域不動産経済におけるネットワークの構築が可能であるということができよう。

　ここで、不動産市場における業者間ネットワークをヴァリアンのネットワーク外部性のモデル [15] に沿って考えてみたい。

図表8　ネットワーク参加見込み人数

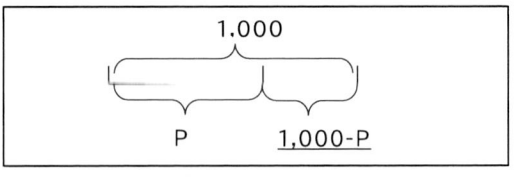

（出所：ハル・ヴァリアン「入門ミクロ経済学」を参照のうえ筆者作成）

　仮に1,000名の不動産業者が存在すると仮定する。この1,000名の不動産業者に順に、v = 1, 2…, 1,000 と固有番号をつけ、また不動産業者vがこのネットワークに参加するために支払っても良いとする留保価格をちょうどvであるとする。この場合、ネットワークへの参加コストがPであるならば参加コストが少なくともPの価値であると考えている不動産業者は、1,000-P（人）である。

　一方、ネットワークに参加する人数（不動産業者数）を n とすると、不動産業
者 v がネットワークに参加する価値は v n となる。つまり、ネットワークに参加
する不動産業者が増えれば増えるほど、不動産業者1人当たりネットワークから
得られる情報量が増加するために、より高い支払い意思額を持つことになる。

　ちょうどこのネットワークに参加するかしないかの境目に存在する v' 不動産業
者（限界的不動産業者）がいるとする。ネットワークへの参加コストが P ならば、
限界的不動産業者 v' にとってネットワークに参加するかしないかがちょうど境目
なので、ネットワークに参加する支払意思額はそのネットワーク参加コストに等
しい。つまり、

$$P = v'n \quad \cdots ①$$

となる。この限界的不動産業者は無差別なので、v' よりも高い価値を持つ不動産
業者は全員、ネットワークに参加したいと考えることになる。そのネットワーク
に参加したいと考える不動産業者の数は、

$$n = 1{,}000 - v' \quad \cdots ②$$

と表すことができる。

図表9　限界的不動産業者

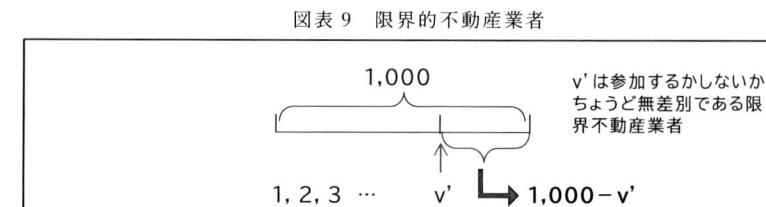

（出所：ハル・ヴァリアン「入門ミクロ経済学」を参照のうえ筆者作成）

よって、不動産市場における均衡を特徴づける条件は、

②より　　$n = 1{,}000 - v'$

　　　∴　$v' = 1{,}000 - n \quad \cdots ③$

③を①に代入し、

　　　$P = n \, (1{,}000 - n)$

　　　∴　$P = -(n - 1{,}000/2)^2 + (1{,}000/2)^2 \quad \cdots ④$

が得られる。この式は参加コストと参加者の人数との関係になっており、需要曲
線として扱うことができる。つまり、ネットワークに参加する人数がnであれば、
限界的不動産業者の支払意思額は曲線の高さで表すことができる。

　これらをグラフで表現すると、図表10のように上に凸の放物線になる。

　このグラフを少し解説すると、ネットワークへの参加者が少なければ、情報交
換する相手方が少ないので価値が低く、限界的不動産業者の支払意思額は低くな
る。また、ネットワークへの参加者が多すぎても、すでにより高い価値をもつ他
の不動産業者によるネットワークができているので、ある点を超えると支払意思
額はだんだんと低くなる。

　次に、供給サイドについて考察してみたい。

　ネットワークによる情報提供についてはサブスクリプションのように収穫一定
で供給されるとすると、供給曲線は平均費用と価格が等しくなるので水平になる。

図表10　不動産ネットワークのネットワーク外部性

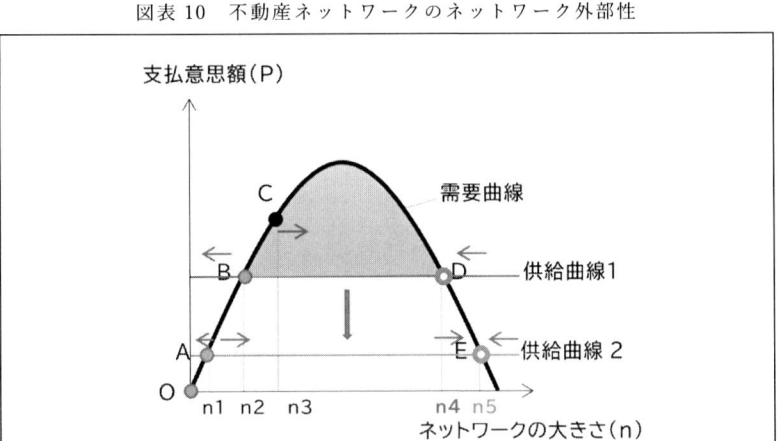

（出所：ハル・ヴァリアン「入門ミクロ経済学」より引用　一部筆者加筆）

　ここで、需要曲線と供給曲線1には3つの均衡点があることに着目したい。

　1つ目はn＝0の低位均衡点の時であり、この場合はネットワークへの参加者
が0であるので支払意思額も0である。

　2つ目は点Bの位置の中位均衡点の時で、ネットワークへの参加者が少なく、参加者はネットワークがそれほど大きくないと考えているため、価値を高くとらえていないので支払意思額も低い。

　3つ目は点Dの位置の高位均等点の時で、参加者が多くネットワークへの参加に限界的不動産業者は高い価値をもっていないので、ネットワークは大きいものの支払意思額は低い。

　このように需要曲線と供給曲線1の関係においては、原点、点B、点Dの3点で均衡している。しかしながら、3つのうちどの点で均衡するかは、動的な調整過程ととることができる。ネットワークへの参加コストよりも支払意思額が大きいとき、つまり点Cの位置のように、需要曲線の方が供給曲線より上方にある時は、参加者は参加コストよりもネットワークから得られる価値の方が大きいので、市場は拡大しネットワークへの参加者は増加する。つまり右向きの矢印は、ネットワークへの増加過程を示しており、点Bから点Dまでは参加者が増加し続け点Dで均衡することになる。一方で、参加コストが支払意思額を上回るとき、つまり点Bよりもnが小さいときと、点Dよりもnが大きいときは、コストが価値を上回るので参加者は減少しネットワークへの参加者は減少する。つまり左向きの矢印は、ネットワーク参加者の減少過程を示しており、点Bより小さい場合は原点で均衡し、点Dよりも大きい場合は点Dで均衡する。

　このように参加者の増加や減少を考察すると、原点の低位均衡点ではネットワークへの参加者はいないが、点Dの高位均等点では多くの不動産業者がネットワークに参加している。また、中位均衡点では均衡はしているものの、少しでも左右どちらかに振れれば、低位均衡点へシフトするか高位均等点へシフトするので不安定である。よって、最終的には中位均衡点ではとどまらず、原点の低位均衡点か点Dの高位均衡点で均衡することになる。これが強者はさらに強く、弱者はさらに弱くなるプラスのフィードバックという概念である[16]。

　では、低位均衡点と高位均衡点の2つの安定的な均衡点があるが、どうすればネットワークを点Dの高位均衡点にシフトさせ拡大させることができるのか。そこで、参加コストの変化について考察してみる。仮にネットワークへの参加コストを引き下げた場合、価格が下がるので供給曲線1が供給曲線2にシフトする。すると、需要曲線との交点が点Aの位置になり、これまで点Aと点Bの間に位

置していた場合は低位均衡点へとシフトしていたが、この場合は需要曲線が供給曲線を上回る。言い換えれば価値がコストを上回るので、ネットワークの参加者は増加していくことになる。さらに、高位均衡点はよりネットワークが大きい点Eの位置で均衡することになる。このことにより、参加コストを引き下げれば下げるほど高位均衡点へのシフトを誘導できることがわかる。

　今回は不動産業者を1,000名と仮定したが、不動産市場には不動産関連業者も多数存在している。こういったマルチプレイヤーが増えてくれば、不動産に関連する多様な情報が増加することが考えられ、またプレイヤー数も増加することで、自己の供給コストに対して得られる便益が爆発的に増え、その結果、社会的にも価値を提供できることになるであろう。

　GAFAなどのプラットフォーマーは、参加コストを極限まで引き下げることで、ネットワークへの参加者数を膨大に増加させてきた。地域不動産経済におけるネットワークはエリアも対象も絞っており、それらと比較すると規模は比べ物にならない。さりとてネットワークの構築や拡大の構造に関しては、他のプラットフォーマーが活躍する理論と同じ理論で考察できるのである。

7. 業者間ネットワークの構築要因

　ここまでは、地域不動産経済について情報経済論を中心に理論的に考察してきた。ここからは、実際の地域不動産業者がどのように認知しているのかということについて実証分析を試みる。

　まず、その前提として不動産市場における情報の非対称性について改めて整理する。上述のように、不動産取引を何度も経験する一般消費者は少ない。そこで、取引の安全を担保するために、プロの不動産業者が媒介（仲介）し契約行為のみならず、物件の探索や調査などを行う。つまり、取引当事者は不動産業者からの情報を入手することにより判断することになる。ここに不動産市場の2つの情報の非対称性が存在している。まずは契約当事者間である。売主と買主あるいは貸主と借主間には不動産物件に対して保有する情報量が大きく異なるという非対称性である。そしてもう1つは、媒介する不動産業者間である。媒介契約により不動産業者は依頼主である消費者に代わって、取引相手や希望物件を探索する。つまり、需要側・供給側のそれぞれ媒介を受けた契約当事者間に代わりマッチング

に向けた情報発信や収集を行う。よって、業者間の情報交換を円滑化することがこれらを軽減し、さらには契約当事者間の効用を高めることにつながることになる。

そこで、業者間のネットワークについて、プレイヤーである地域不動産業者の認識について調査[17]することとした。

まず、以下の2点についてアンケート調査を実施した。第一に、業者間ネットワークを構築するための重要な要因を5件法で確認した。第二に、同業者との信頼関係を構築するための要因を同じく5件法で確認した。

第一のネットワーク構築要因について単純集計した結果、最も重視されていた要因は「誠実さ」であり、次いで「消費者への応対力」、「ビジネスへの意識の高さ」であった。

図表 11　ネットワーク構築要因

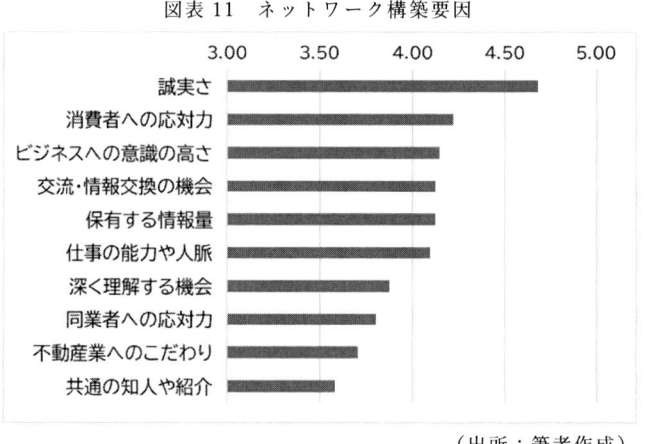

（出所：筆者作成）

さらにこれらのデータを因子分析[18]した結果、3つの因子が抽出された。1つ目は、同業者への応対力や紹介、保有する情報量といった因子でありこれを「能力的力量」因子と名付ける。2つ目は、不動産業へのこだわりや誠実さといった因子でありこれを「動機的人格」因子、さらに3つ目は、深く理解する機会や情報交換の機会といった因子であり、これを「制度的交流」因子と名付けること

する。

図表 12　ネットワーク構築要因（因子分析）

因子パターン行列

変　数	因子1	因子2	因子3
同業者への応対力	0.92897	0.131452	-0.13081
共通の知人や紹介	0.670	0.018874	0.262138
保有する情報量	0.6457	-0.04982	0.235015
不動産業へのこだわり	-0.0455	0.84152	0.092345
消費者への応対力	0.071346	0.77927	-0.04238
ビジネスへの意識の高さ	0.067215	0.5732	-0.060
誠実さ	-0.05899	0.48368	0.187429
深く理解する機会	0.076268	0.070711	0.85271
仕事の能力や人脈	0.041153	0.093196	0.56888
交流・情報交換の機会	0.445476	-0.13223	0.46394

（出所：筆者作成）

　このように、ネットワークを構築するためには、潜在的に能力、動機、制度の3つの要因が必要であると、地域不動産業者は考えているということがわかった。まずはネットワークに参加している相手業者が力量的に業務を遂行する上での能力を持ち合わせていること、さらに人格的に信頼できうる相手であることが求められており、さらにはマッチングのために制度的に情報交換をする機会が重要であると捉えることができる。

　社会学者のパットナムは、ソーシャルキャピタル（社会関係資本）を「協調行動を容易にすることにより社会の効率を改善しうる、信頼、規範、ネットワークのような社会組織の特徴」[19]と定義した。ソーシャルキャピタルの構成要因がこの信頼、規範、ネットワークという3つであるように、地域不動産業におけるネットワークの構成要因は「能力的力量・動機的人格・制度的交流」であることがわかった。このように捉えると、業者間のネットワークは地域不動産業においてソーシャルキャピタルであるとみなすことも可能であろう。

図表 13　ネットワーク構築要因における因子間距離

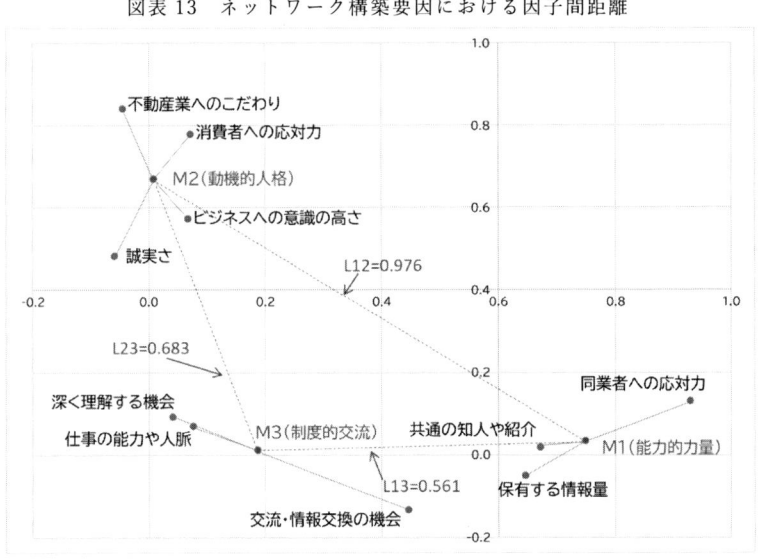

（出所：筆者作成）

　さらに、これらの要因について横軸に因子 1、縦軸に因子 2 の因子パターン行列数値をとり、グラフ理論的に距離を測定した。具体的な測定方法は、まず 3 要因のサブドライバーである各項目の数値から、それぞれの中点を計算した。この中点をそれぞれ M1、M2、M3 として、さらに中点間の距離を導き出したのである。その結果、それぞれの距離は、能力的力量因子と動機的人格因子との間が0.976、能力的力量因子と制度的交流因子との間が 0.561、動機的人格因子と制度的交流因子との間が 0.683 であり、能力的力量要因と動機的人格要因とが最も距離 [20) がある結果となった。さらに制度的交流要因は動機的人格要因と能力的力量要因とは、ほぼ同程度の距離である。この結果から動機的人格要因や能力的力量要因に関する内容を確認するための機会やキッカケとして制度的交流要因が存在すると捉えることができよう。

8．業者間ネットワークにおける他社の信頼度評価

　次に、ネットワークでの情報交換を円滑化するために、不動産業者はどのよう

な尺度で相手の信頼度を評価しているのかを考察する。そして、業者間の信頼度を測る尺度を明らかにすることで、ネットワークへ参画を許容する要因について考えてみたい。

図表 14　信頼度の評価基準

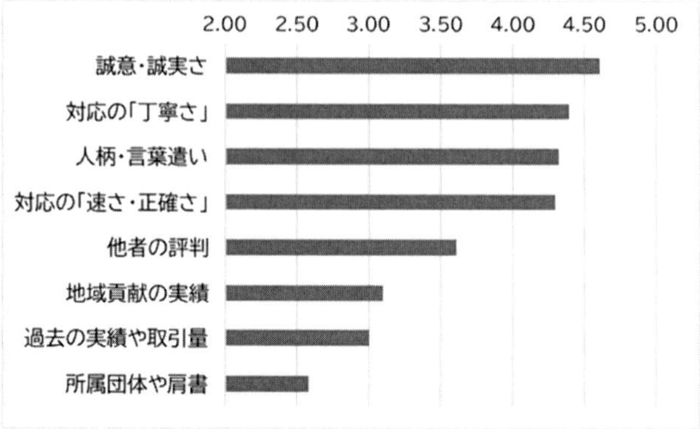

（出所：筆者作成）

　まず、同業者との信頼関係を構築するための要因についてアンケート調査を実施した結果、最も重視されていた項目が相手業者の「誠意・誠実さ」であり、次いで、「対応の丁寧さ」や「人柄・言葉遣い」であった。

図表 15　信頼度の確認要因

変　数	因子1	因子2	因子3
誠意・誠実さ	**1.0036**	-0.0559	0.0491
人柄・言葉遣い	**0.7995**	0.0058	0.0219
対応の「速さ・正確さ」	**0.6839**	0.2172	-0.1893
対応の「丁寧さ」	**0.5780**	-0.1123	0.1633
過去の実績や取引量	0.0019	**0.8851**	-0.0537
所属団体や肩書	-0.0241	**0.7563**	0.1643
地域貢献の実績	0.0042	0.0321	**0.9851**
他者の評判	0.0548	0.4176	**0.4661**

（出所：筆者作成）

　これらのデータを因子分析した結果、3つの因子が抽出された。1つ目は、誠実

さや人柄、対応の丁寧さなどでありこれを「主観的評価」因子と名付けることとする。2つ目は、過去の実績や所属団体であるため「実績的評価」因子、3つ目は地域貢献の実績や他者の評判ということから「他者的評価」因子とそれぞれ名付けることとする。地域不動産業者は、同業者の信頼度を評価する際には、潜在的にこれらの3つの尺度を用いる傾向があることが明らかになった。

　さらに、これらの要因について横軸に因子1、縦軸に因子2の因子パターン行列数値をとり、グラフ理論的に距離を測定した。測定方法は前節と同様である。その結果、それぞれの距離は、主観的評価因子と実績評価因子との間が1.121、主観的評価因子と他者的評価因子との間が0.766、実績的評価因子と他者的評価因子との間が0.597であり、主観的評価と実績的評価との距離、および実績的評価と他者的評価との距離が大きく、実績的評価と他者的評価の距離は比較的小さいという結果となった。このことから、過去の実績についても一種の他者評価とみてとることができよう。つまり、実績的評価と他者的評価を合わせて客観的評価とすると、信頼度評価については、主観的評価と客観的評価の2つに大別できよう。

図表16　信頼度評価における因子間距離

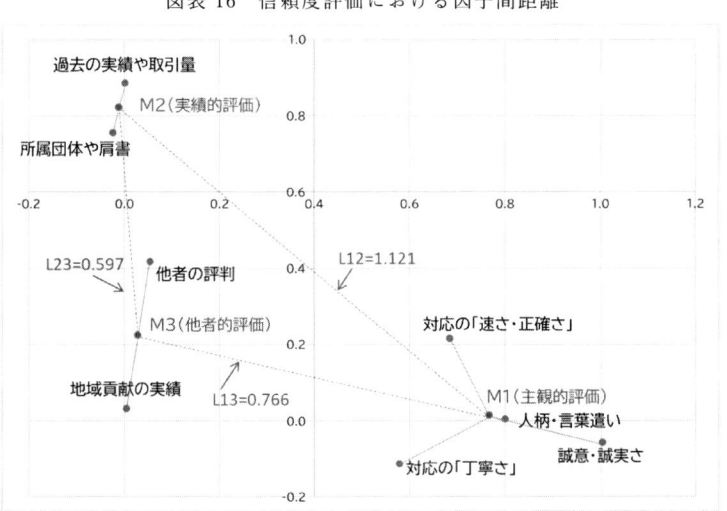

（出所：筆者作成）

9. 業者間における情報交換種別

　では次に、どのような情報を業者間で交換しているのかについてアンケート調査 [21]) を実施した結果について述べることとする。

図表 17　業者間で交換する情報の種別

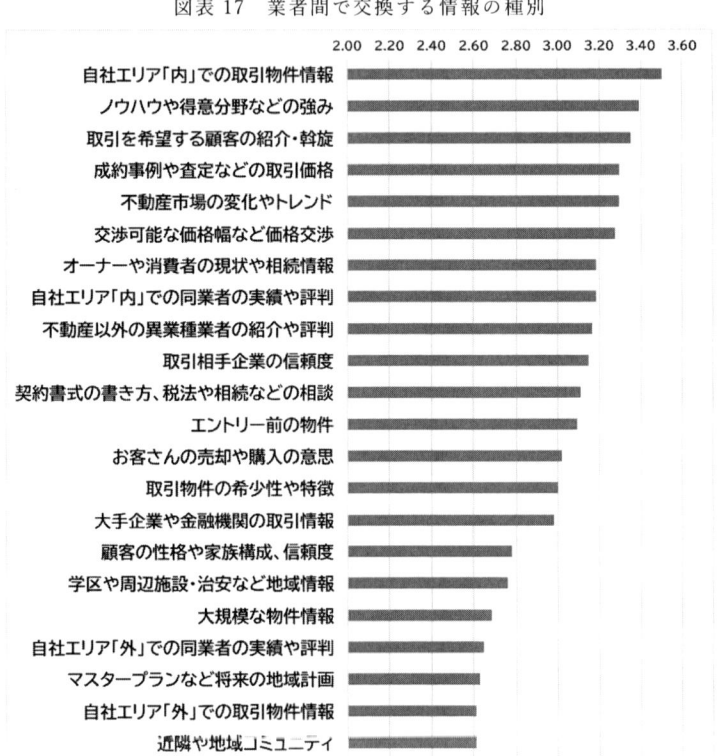

（出所：筆者作成）

　上述と同様に地域不動産業者を対象に、現在、業者間でどのような内容の情報を交換しているのかを問うた。その結果、「自社エリア内での取引物件情報」が最も多かった。不動産業者がその取引する財について情報交換することは当然のことといえよう。次に多かったのが、「ノウハウや得意分野などの強み」、「取引を希望する顧客の紹介・斡旋」、「成約事例や査定などの取引価格」であった。このよ

うに財に関する情報だけでなく、ノウハウや成約事例などの財を取り巻く知識に
関する情報や顧客に関する情報の交換が頻繁になされていることが、本調査の結
果からうかがえる。特にこの知識に関する情報の交換がなされていることは、地
域不動産業の特徴であろう。

図表 18　情報交換種別（因子分析）

変　数	因子1	因子2	因子3	因子4	因子5
自社エリア「内」での同業者の実績や評判	**0.7463**	0.2420	0.1318	-0.1058	-0.1603
不動産以外の異業種業者の紹介や評判	**0.7415**	-0.1817	0.0992	0.1609	-0.0060
不動産市場の変化やトレンド	**0.6265**	0.0849	-0.1183	0.0062	0.0599
取引相手企業の信頼度	**0.5348**	0.1360	0.2351	-0.0205	0.1243
大手企業や金融機関の取引情報	**0.5296**	0.0408	-0.2637	0.0446	0.2207
取引を希望する顧客の紹介・斡旋	**0.3842**	0.3674	-0.0361	0.1339	-0.0639
お客さんの売却や購入の意思	-0.0033	**0.8863**	-0.0277	-0.0141	0.0644
オーナーや消費者の現状や相続情報	-0.1259	**0.6701**	0.0483	0.2335	0.0936
マスタープランなど将来の地域計画	-0.1168	**0.5284**	0.1973	0.1939	0.1218
顧客の性格や家族構成、信頼度	0.2666	**0.4178**	0.1931	0.2228	-0.1457
交渉可能な価格幅など価格交渉	0.3715	**0.4144**	-0.1940	0.3006	0.0218
大規模な物件情報	0.2521	**0.4141**	-0.2267	-0.0957	0.1229
自社エリア「内」での取引物件情報	0.3362	**0.3702**	0.1056	-0.2740	-0.1360
エントリー前の物件	0.1746	**0.3661**	-0.0399	0.1731	-0.0714
学区や周辺施設・治安など地域情報	0.0238	0.0930	**0.9571**	-0.1711	0.1315
近隣や地域コミュニティ	-0.1427	-0.1402	**0.7402**	0.2362	-0.0173
取引物件の希少性や特徴	0.0410	0.2690	**0.4389**	0.2811	-0.0889
契約書式の書き方、税法や相続などの相談	-0.1079	0.0936	0.1969	**0.7720**	-0.0739
成約事例や査定などの取引価格	0.1378	0.1933	-0.0241	**0.5698**	0.1074
ノウハウや得意分野などの強み	0.3592	0.0229	-0.0649	**0.5002**	-0.0688
自社エリア「外」での取引物件情報	-0.0044	0.0987	0.0780	-0.0808	**0.9929**
自社エリア「外」での同業者の実績や評判	0.4177	-0.1982	0.3238	0.2292	**0.4268**

（出所：筆者作成）

　さらに、これらのデータについて因子分析およびクラスター分析を実施した。
その結果、5 つの因子が抽出された。第一に、同業者の評判や市場のトレンド、
大手企業や金融機関の取引情報といった、業者間で交換される情報であるためこ
の因子を「企業間」と名付けることとした。第二に、顧客の取引に関する意思や
相続情報、家族構成などの情報であるため、この因子を「顧客」と名付けること
とした。さらに第三として、学区などの地域情報やコミュニティーに関する因子
を「環境」、第四に成約事例やノウハウに関する因子を「知識」、そして第五に自

社エリア外の情報に関する因子を「商圏外」とそれぞれ名付けることとした。つまり本調査の結果、地域不動産業者が業者間で交換する情報の種別は、「企業間・顧客・環境・知識・商圏外」の5つに分類できることとなった。

図表19　情報交換種別（クラスター分析）

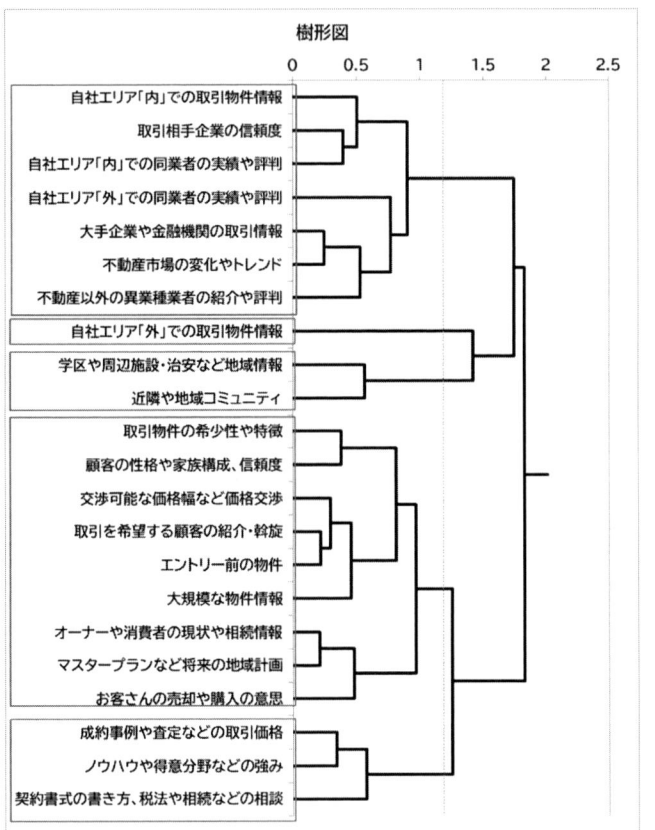

（出所：筆者作成）

　ここで、得られた5つの因子を説明変数とし、業者間ネットワークの現状満足度を目的変数として共分散構造分析を実施した。

　まず、説明変数間の相関については「企業間」と「顧客」が0.80で強い正の相関を示している。企業間でやり取りする情報に付随して顧客に関する情報も交換

しているということであろう。また、「顧客」と「知識」においても 0.76 で強い
相関を示しており、顧客に情報提供する際に、他社の知識や情報を活用している
ということがうかがえる。

図表 20　情報交換種別と現状満足度（共分散構造分析）

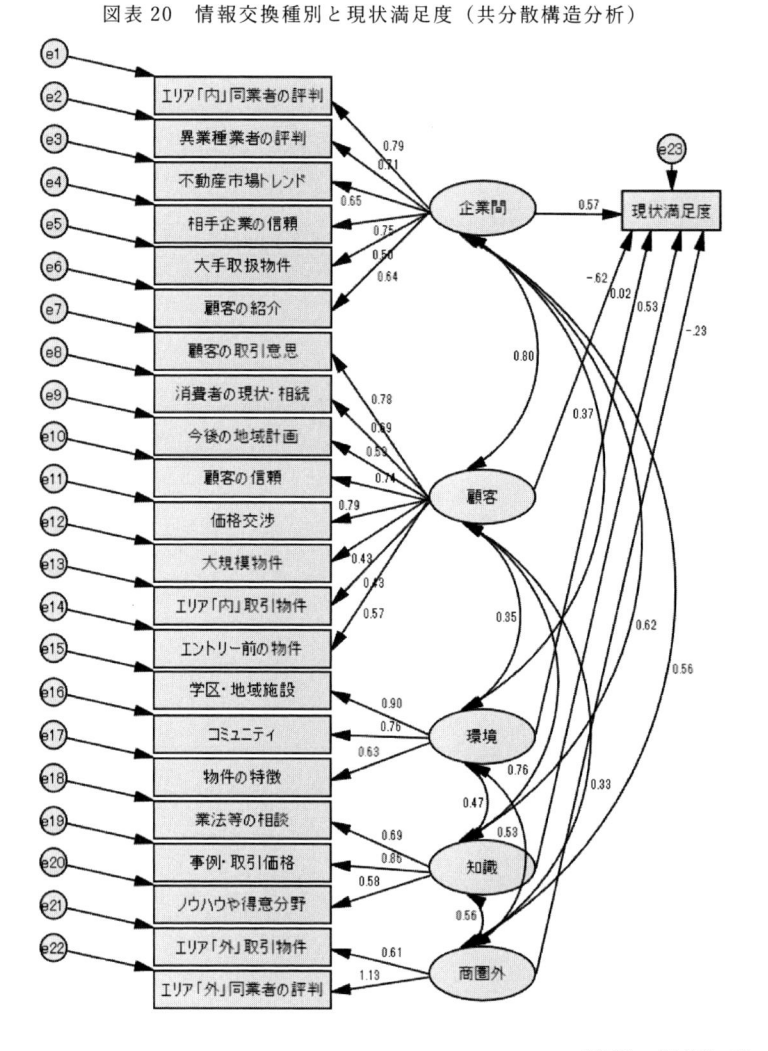

（出所：筆者作成）

次に、説明変数と目的変数の関係性においては、現状満足度に対して「企業間」の影響度が 0.57 であり、さらに「知識」の影響度が 0.53 という結果となった。つまり、業者間ネットワークに高い満足度を感じるには、企業間に関する情報と知識に関する情報が十分にやり取りされていることが重要であるといえよう。改めて企業間に関する情報について考えてみると、企業間情報には、同業者の評判や相手企業の信頼、大手取り扱い物件や顧客紹介など不動産取引のプロフェッショナルとして重要な内容であり、それらを情報交換するには互いに高い信頼関係が求められるであろう。また、知識に関する情報においては、業法などの相談やノウハウ、取引事例など顧客に対して高い価値を提供するために必須であり、これについてもネットワーク内で情報交換するにはプレイヤー間の信頼関係は欠かせないであろう。

10. 結論

本論文は、前段部分にて情報経済論から地域不動産市場における情報の非対称性について考察し、後段部分にて地域事業者に対して実施した調査データによる現状認知分析について述べてきた。

最後に結論として、前段の理論的アプローチに後段の現状認知分析のデータを照らし合わせ、地域不動産経済における情報の非対称性を軽減させる構造について考察してみたい。

まず情報種別分析において、地域不動産業者が交換している情報種別は因子分析の結果、「企業間・顧客・環境・知識・商圏外」の 5 つの因子が抽出された。これらをさらに 3 つに整理すると、第一に取引物件や付随情報などの「財」に関する情報、第二に紹介斡旋などの「顧客」に関する情報、第三に個社の強みや成約事例などの「知識」に関する情報に分類できる。つまり、これら 3 種類の情報を企業間で円滑に流通させることができるようなネットワークが望ましいといえる。

そして、ネットワーク構築要因分析において、動機的、能力的、制度的の 3 つの因子が抽出され、さらに要因間の距離を測定すると動機的因子と能力的因子をつなぐように制度的因子が位置していた。つまり、ネットワークに参加する他のプレイヤーの誠実さや人格といった動機的なことと、対応力などの能力的なこ

とが知りえる制度的な機会が、ネットワークの構造上重要であることがわかった。加えて、プレイヤーがネットワーク内で相手プレイヤーの信頼度を確認する要因として「実績的、他者的、主観的」の3つの基礎評価軸を持っていることが明らかになった。この結果から、3つの評価軸に該当する情報を可視化することでネットワークへの参加を促進し、さらには情報をクラブ財[22]とすることで一層価値を高めることができるであろう。

　一方、ネットワーク効果の知見からは、これらのネットワークへの参加コストが小さければ、つまり公共的あるいは準公共財的であれば参加プレイヤーが増加しネットワーク効果が生じやすいことがわかっている。そのため、上記のようにネットワークを構築するための要因や基礎評価軸が、具体的に明らかになったことは本研究の成果といえよう。

図表21　本研究における理論と実証分析の構造

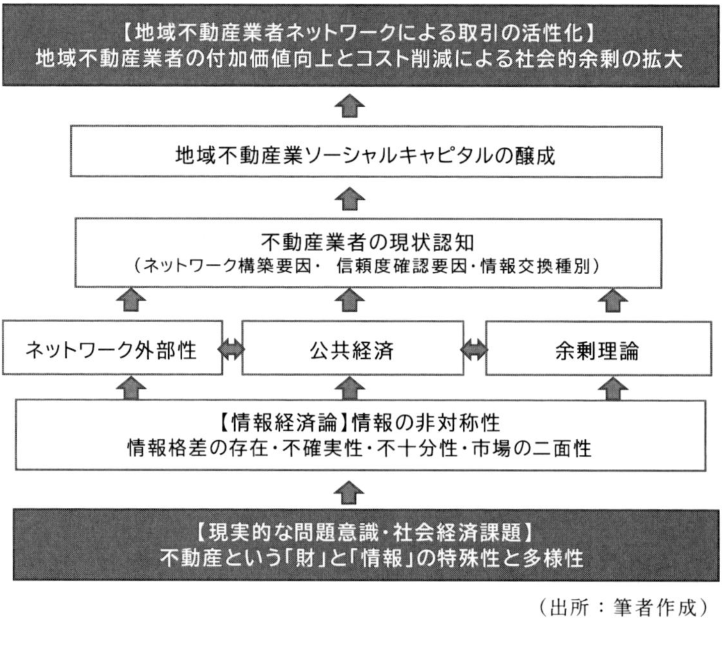

（出所：筆者作成）

　以上のように、ここまでは情報交換の「ネットワーク」の構造や効果について考察してきた。そこで、ここからはそのネットワークの構成要素である「プレイヤー（不動産業者個社）」に着目し、限界効用理論の視点から考えてみたい。

図表 22　加重限界効用均等の法則

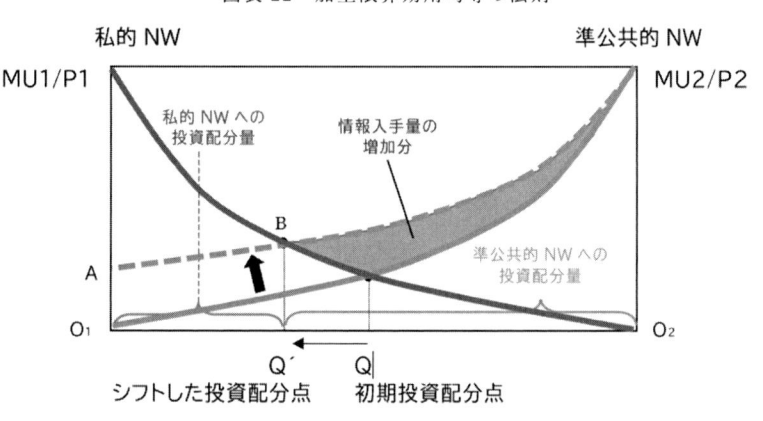

（出所：筆者作成）

　まず、不動産業者の情報交換方法を仮に私的なネットワークによるものと、準公共財的なネットワークによるものの 2 種類あるとする。例えば、私的なネットワークにはポータルサイトでの情報発信があり、準公共財的なネットワークにはレインズなどがある。それぞれの方法で得られる情報の効用は、情報量が増えるにつれて逓減するので、1 単位追加的に情報を入手するための効用、つまり限界効用は逓減する効用関数を微分したものであり、原点に凸の右下がりのグラフになる。そして、この情報入手全体にかけられるコスト、つまり最適消費量は 2 種類の消費の組み合わせで効用の合計が最大化する点で決定する。

　これを示したものが図表 22 の加重限界効用均等の法則である。

　当初は、点 Q で消費配分、つまり情報入手のための投資配分が定まっていたが、地域不動産業者が準公共財的な新しいネットワークに参加することで、十分な効用つまり有益な情報が得られるのであれば、参加コストが安い準公共財的ネットワークへの投資配分量を増加させることになる。そうするとネットワークに

参加する地域不動産業者個社は、同じ資源においても情報入手量を増加させることができる。

　次に、需要供給曲線のシフトをこの情報量の増加とコストの低下によりどのような変化が起こるのかについて、費用便益分析を用いて考察してみたい。

図表 23　限界便益曲線と限界費用曲線

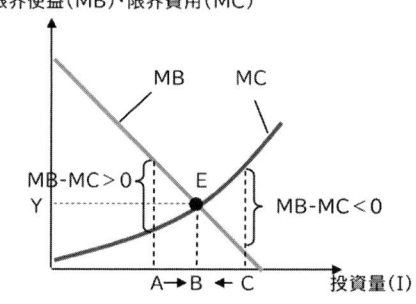

（出所：筆者作成）

　限界生産力逓減の法則により、情報入手による限界便益（MB）は逓減するので右下がりのグラフになる。また、限界費用（MC）は高質な情報ほど入手費用が大きくなるとすると逓増のグラフと考えることができる。企業は情報を入手するための投資量を、限界便益が限界費用と等しくなる点で決定する。つまり、限界便益が限界費用を上回ると（MB-MC＞0）、もっと投資する方が多くの便益を得られることになるので、MB＝MCとなる点までさらに投資量を増やすことになる。一方、限界費用が限界便益を上回ると、すでにマイナスの状態（MB-MC＜0）になっており、MB＝MCとなる点まで投資量を減少させる。つまり、MB-MC=0の点（MB＝MC）で情報投資量を決定することになる。

　次に、この状態から限界便益が増加した場合と限界費用が減少した場合を考察する。限界便益が増加した場合、つまり次の1つの情報を追加で得ることによる便益が増加すれば、MBがMB'にシフトし、MB'とMCの交点がE'にシフトする。この結果、投資量がI'にシフトし、情報を入手するための投資量が増加することとなる。

　本研究の実証分析において、自社エリア内の物件情報や顧客斡旋情報の他に、他社の強みやノウハウに関する情報が交換されていることが明らかになった。物件情報などは既存のレインズシステムなどにより交換されているが、このような強みやノウハウに関する情報は、準公共財的なネットワーク（プラットフォーム）では交換されていない。個社がもつ人脈により直接ネットワーク的に情報交換しているのが現状である。つまり、実証分析で抽出された5つの因子のうち、特に「企業間」と「知識」に関する情報が、円滑に交換することができれば情報入手による限界便益が増加するであろう。なぜならば、共分散構造分析において、現状満足度への影響度が高い変数は「企業間」と「知識」であったからである。「企業間」と「知識」に関する事項は、どちらもいわゆる Business to Business で交換される業者間情報である。この結果から、業者間によるネットワークにて、これらの情報が円滑に交換されれば、参加プレイヤーである地域不動産業者の情報入手による限界便益が増加し、情報交換のための投資量が増加すると表現できるのである。

図表 24　限界便益曲線と限界費用曲線のシフト

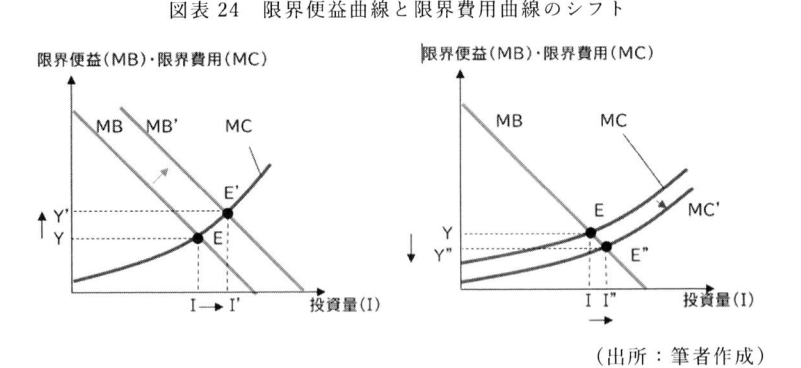

（出所：筆者作成）

　また、限界費用が減少した場合、つまり次の1つの情報を追加で得るため費用が減少すれば、MC が MC'にシフトし、MB と MC'の交点が E"にシフトする。この結果、投資量は I"にシフトし、先ほどと同様に情報を入手するための投資量が増加することとなる。

　現状で準公共財的なプラットフォームといえばレインズシステムである。だ
が、このシステムは物件情報や成約事例の一部など、不動産業界全体からみれば
限定的な情報交換プラットフォームであり、その他の情報を得るために低コスト
で参加できるネットワークは、現在のところほぼ存在しない。本研究における実
証分析の結果から、業者間にて情報交換をするためのネットワークを構築するに
は他の参加プレイヤーの能力や動機などを知るための制度が必要ということが分
かった。つまり制度として情報交換する仕組みが求められており、そこへの参加
費用を低くするために準公共財的なネットワークが望ましい。こうすることで、
参加プレイヤーである地域不動産業者の限界費用を減少させることができる。

　以上の結果、限界便益の増加と限界費用の減少は、情報交換のための投資量を
増加させることがわかる。つまり、得られる情報の便益が増加すれば、もしくは
情報を得るためのコストが減少すれば情報を入手するための投資量が増加するこ
とになる。

　これらは追加的便益・追加的費用の側面から捉えてきた。つまり、これらを積
み重ねたものが需要と供給の関係を示すこととなり、需要供給曲線のシフトを考
察するにあたって、その内因である限界便益と・限界費用を議論してきたのであ
る。最後に、地域不動産業者が準公共財的なネットワークにおいて、情報交換が
円滑になされた場合の需要曲線と供給曲線のシフトについて考察する。

図表 25　社会的余剰の増加

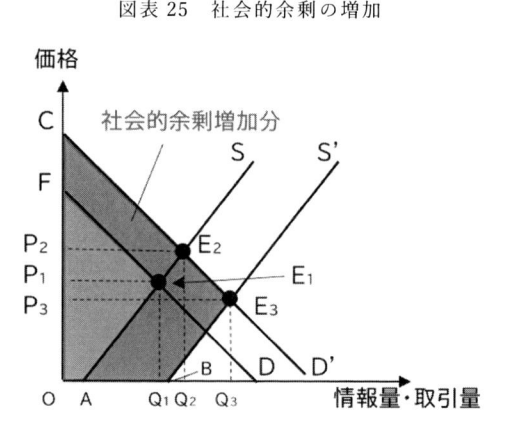

（出所：筆者作成）

　まず、情報交換や情報量の変化により地域不動産業者が入手できる情報量が増加すると、限界効用が増加し顧客に多くの情報を提供できるようになる。そうすると、需要曲線は右側にシフト（DからD'）する。さらに、準公共財的なネットワークを活用することで、地域不動産業者の情報交換における取引コストが低下すれば、供給曲線は右側にシフト（SからS'）する。つまり均衡点は最終的にE_1からE_3にシフトする。その結果、供給量・取引量はQ_1からQ_3へ増加することになる。

　これらを余剰の視点でみてみると、均衡点が当初のE_1であった場合、顧客側の消費者余剰と地域不動産業者側の生産者余剰の合計である社会的余剰は、四角形$FOAE_1$で囲まれた面積である。一方、需要曲線と供給曲線のシフトにより均衡点がE_3にシフトした場合の社会的余剰は、四角形$COBE_3$で囲まれた面積である。つまり、地域不動産業者ネットワークによる情報の円滑化により社会的余剰が拡大するのである。

　以上のとおり、本研究において、地域不動産業者のネットワークを円滑化するために、構造的な要因と信頼関係構築のための評価基準、さらに業者間情報交換種別について実証分析を実施した。そして、これらを内包したネットワークが準公共財的に構築できれば、社会的余剰が拡大することが確認できた。

11. おわりに

　今回の分析で明らかになったネットワーク構築に重要な要因をもとに、まずは便益面から財・顧客・知識などの情報を交換する具体的なネットワーク（プラットフォーム）の設計が今後の課題となろう。さらには、そのネットワークへ参加するための費用設定も、得られる便益から勘案して設定しなければならない。そして、これらのシステムが持続的運営可能な組織設計も重要である。これら3つの課題をクリアできるようなモデル化ができれば、情報の非対称性の軽減が求められている他の産業でも活用でき、経済界全体に恩恵をもたらすことができよう。

註

1)　　一部、建物の賃貸借の場合に例外はある

2)　　井堀利宏（1998）『基礎コース　公共経済学』新世社　P142　より引用

3) 阪西洋一（2021）「不動産の保有効果についての研究」『グローバル都市経営学会誌』において、動産と不動産との比較による保有効果の違いについて分析している

4) 児島幸治（2019）「日本における不動産取引価格の透明性に関する一考察」より参照

5) 不動産ジャパンとは、公益財団法人不動産流通推進センターが運営する総合不動産情報サイトである。公益社団法人全国宅地建物取引業協会連合会など不動産流通 4 団体から提供される不動産物件情報・不動産会社情報の提供などを行っている。

https://www.fudousan.or.jp/　2023.3.24　アクセス

6) 場合によっては 1 社が両者の媒介業者になることもある。これを一般に両手仲介という。

7) 近畿圏において、宅地建物取引業法の規定に基づく専属専任媒介契約、専任媒介契約等に係る宅地又は建物取引の適正化及び流通の円滑化を図り、不動産流通の健全な発達と公共の利益の増進に寄与することを目的として設立され、宅地建物取引業法の規定により国土交通大臣より指定を受けた社団法人である。

8) 宅地建物取引業法第 34 条の 2 により規定されている。

9) まず、元付とは宅地建物の売買の仲介において、顧客から直接に売買の依頼を受けている立場にあることをいう。一方、そのような依頼を受けた売買の相手方（売る依頼ならば買い手、買う依頼ならば売り手）を発見・仲介することを「客付」と呼ぶ。宅地建物の仲介業務においては、元付けを担う業者（元付業者）と客付けを担う業者（客付業者）が異なり、両者が共同して取引を成立させることが多い。不動産流通研究所　R.E.words 不動産用語集より

https://www.re-words.net/yougo/2229/　　2023.3.24　アクセス

10) ネットワーク外部性については、ハル・ヴァリアン[Hal R.Varian]（2007）『入門ミクロ経済学』で詳細に述べられている。本論文においてはこれらを参照・引用して不動産業ネットワークを考察している。

11) ネットワークの定義についてはインターネット『goo 辞書　出所：デジタル

大辞泉（小学館）』から引用。

https://dictionary.goo.ne.jp/　　2023.3.24 アクセス

12)　ハル・ヴァリアン[Hal R.Varian]（2015）『入門ミクロ経済学』より引用。

13)　発明者ボブ・メトカーフ（Bob　Metcalfe）にちなんだ命名。

14)　カール・シャピロ、ハル・ヴァリアン（2018）[Carl Shapiro , Hal R.Varian]
『情報経済の鉄則』（日経 BP クラシックス）より引用。

15)　本論文においては、ハル・ヴァリアン（2015）『入門ミクロ経済学』を引用・
参照し、プレイヤーを 1000 社の不動産業者として地域不動産業のネットワ
ークについて表現した。

16)　カール・シャピロ、ハル・ヴァリアン（1996）『ネットワーク経済の法則』
より。

17)　一般社団法人大阪府宅地建物取引業協会が主催した会員支援セミナー（20
22 年 12 月）において実施。セミナーに参加した不動産業者を対象とし、業
歴 1 年から 50 年までの 41 社から回答を得た。

18)　BellCurve 社のエクセル統計により実施した。以降の因子分析・クラスター
分析においても同様である。

19)　Putnam（1993）Making Democracy （河田潤一訳（2001）『哲学する民主主
義：伝統と改革の市民的構造』NTT 出版）より引用

20)　因子 1 と因子 2 の因子行列パターンの数値により距離を計算していること
も原因の 1 つであろう信頼度の評価基準の分析においても同様である。

21)　情報交換種別に関する調査については 2023 年 1 月開催の上記セミナー時に
実施し 54 社から回答を得た。

22)　クラブ財とは、ネットワーク参加費などの対価を支払ったものだけが利用で
きる財のことである。例えば会員制クラブや有料放送などである。公共財と
私的財の折衷的な特徴をもっている。

参考文献

[1]　Akerlof,A.,（1970）,"The Market for Lemons: Quality Uncertainty and the
Market Mechanism",Quarterly Journal of Economics. 84（3）

[2]　Granovetter,M.,（1973）"The Strength of Weak Ties", American journal of

sociology, vol.78

[3] McAfee,A., &Brynjolfsson., (2018) ,"Machine,Platform,crowd", 村井章子訳『プラットフォームの経済学』 日経 BP 社

[4] Putnam,R,D., (1993) "Making Democracy Work,Civic Traditions in Modern Italy",河田潤一訳(2001)『哲学する民主主義-伝統と改革の市民的構造』NTT 出版

[5] Shapiro,C.,&Varian,H,R.,(1998)"Information Rules: A Strategic Guide to the Network Economy", 宮本喜一訳 (1999)『ネットワーク経済の法則』IDG コミュニケーションズ

[6] Varian,H,R., (1987) "Intermediate Microeconomics A Modern Approach", 佐藤隆三監訳 (2015)『入門ミクロ経済学 原著第 9 版』 勁草書房

[7] 井堀利宏 (1998)『基礎コース公共経済学』 新世社

[8] 金光淳 (2003)『社会ネットワーク分析の基礎』 勁草書房

[9] カール・シャピロ、ハル・ヴァリアン著、大野一訳 (2018)『情報経済の鉄則』 日経 BP クラシックス

[10] 児島幸治 (2019)「日本における不動産取引価格の透明性に関する一考察」『国際学研究』関西学院大学国際学部研究会

[11] 坂田一郎、梶川裕矢 (2009)「ネットワークを通して見る地域の経済構造」『一橋ビジネスレビュー』第 57 巻 2 号 東洋経済新報社

[12] 阪西洋一 (2021)「不動産の保有効果についての研究」『グローバル都市経営学会誌』グローバル都市経営学会

[13] 近勝彦 (2010)「地域における中小企業の発展戦略」『創造の場と都市再生』晃洋書房

[14] 近勝彦、小倉哲也、梅原清宏、船越亮(2010)「都市と地域における中小企業の連携化戦略」『創造の場と都市再生』 晃洋書房

[15] 中川雅之 (2012)「不動産流通市場の新しい情報提供機能」『日本不動産学会誌』第 26 巻第 2 号 日本不動産学会

[16] 三橋平、閔廷媛 (2012)「組織間提携ネットワークにおけるはめ込まれた紐帯の二面性」『経営学論集』第 83 集 日本経営学会

[17] 三輪仁、池島祥文 (2022)「企業間取引データに基づく地域内産業間ネット

阪西　洋一

　　　ワークの検証」『地域経済研究』第 42 号　日本地域経済学会

[18] 安田雪（1997）『ネットワーク分析』　新曜社

仮想経済圏における経済学的分析

－21世紀型情報社会の発展のために－

近　　　勝彦

1. はじめに

　日本経済は、いわゆるバブル崩壊以後、きわめて低い成長に止まっている。主要先進各国の中でも、GDP はこの 30 年間、最低の伸びである。その結果、労働者の賃金の上昇率も低位となっている。そこで、日本政府は、やっと重い腰を上げて、あらゆる社会経済領域において、ICT 化に取り組む方向に舵を切っている。政府では、省庁内のデジタル化を進めるために、デジタル庁を発足させた。産業界では、DX（デジタルトランスフォーメイション）に向けた取り組みが、徐々に進みつつある。教育界にあっては、初等教育から高等教育まで、ICT および AI 教育もやっと本格化し始めている。

　このようなデジタルシフトの中、メタバースやデジタルツインなどのいわゆる仮想経済領域（圏）が大きな話題となっており、かつ徐々にその市場規模を拡大しつつある。それは、インターネットおよび AI 技術を基盤としながら、あらゆるリアル（現実）から発生するデータ・情報を入手し、そこから何らかの有用な価値を生み出そうという活動であり、社会経済システムの進化といえる。

　しかし、これらの技術や概念やその応用システムは、まだ誕生したばかりであり、かつその技術は急速に変化し続けている。そのような現象や課題は、既存の経済学や理論では十分に分析されていないといわざるを得ない。

　そこで、本章では、新古典派経済学や情報経済論の基礎理論などを援用して、少しでもこの領域の健全な発展のために、考察を試みたいと考えたのである。

　その経済理論のなかでも、とくに、市場に関する課題を中心に、ここでは論じていくこととした。

2. 仮想経済圏とその市場

　仮想経済領域の中で生成し流通する情報やコンテンツも、取引されている以上、経済財であることは間違いない。とすれば、経済学的に分析する必要がある [1]。

　標準的な経済学では、市場（概念）を重視している。ミクロ経済学は、別名、価格の理論であり、価格は市場で決定されるとみるからである。

　市場とは、「財の交換、売買が行われる場」[2] であり、特定の場所（空間）をもつものと持たないものがあるとされている。本来は、現実の市場（いちば）の観察から始まったものといえるが、いまでは、ネット上の国際金融市場のように、その時空間的制約はほぼなくなっているものもある。もっといえば、ここで議論するように、理論的で思考的な市場観念もありうるのである [3]。

　この市場機構がうまく機能すると、資源の効率的な配分が実現され、いわゆる「パレート最適（Pareto optimum）」な状態となると考えられる。パレート最適とは、「社会の他の構成員を現状より不利にすることなしに、社会を構成する何人たりとも現状より有利にすることのできない」状態のことである [4]。

　これをほかの表現で言いかえると、社会の富（余剰）が最大化しているといえる。

　しかし、様々な理由や状況によって、市場機構がうまく働かないときが考えられる。それを、経済学では、「市場の失敗（Market Failure）」と呼ぶ。この概念の狭義では、資源の最適配分問題のみであるが、広義では、経済の安定的な成長や所得の格差問題や失業の発生なども考えられる。

　ここで考察の対象としての仮想経済圏（仮想市場）は、狭義のみならず、広義の市場の失敗も大いにかかわっているといえる [5]。なお、ここでいう市場とは、とくに断らない限り、「完全競争市場」（Perfect Competitive Market）を想定している [6]。よって、この完全競争市場が形成できない状況は、「非完全競争市場」であり、それを生み出す条件をまずは考えることが必要となる。

　その第一は、「市場参加者の多数性」である。すなわち、売手と買手ともが多数存在することが必要なのである。ただし、参加者が多数存在しても、少数の人々（企業）による取引財の価格への影響が大きいときには、市場の多数性は損なわれるとみることが普通である。第二に、「市場への参入と退出の自由性」である。これが失われると、弾力的な価格調整ができず、市場はうまく機能しないことに

なる[7]。第三は、取引される「財の同質性」である。それぞれの市場は、ある同質の財に関する取引であり、質が変わると別の市場を形成するとみなすのである[8]。第四が、「情報の完全性」である。市場参加に関する条件や財に関する情報が関係者に十分になければならないとみるのである。

これを仮想経済における市場に当てはめた場合、第一の条件は、満たす場合もあれば、まったく満たさない場合もある。新しい情報技術が開発され、普及する過程で、参加者は多数になることは十分に考えられる。しかし、時間の経過とともに、少数の企業しか生き残らないことも多いであろう[9]。仮想経済領域では、プラットフォーム概念が重要視されることが多いのであるが、その場合は、寡占化が進んでいることがむしろ常態化しているといえよう。第二の条件をみると、新しい仮想経済圏は、市場参加が自由であることがむしろ多いといえる。ただし、社会的に大きな影響をもつような場合は、むしろ、参入障壁が高いことも考えられる。第三の条件は、財の特徴やバリエーションにかかわっているのであるが、同質ということはほとんど不可能に近いかもしれない。むしろ「独占的競争（Monopolistic Competition）」概念に近いものが大半かもしれないのである。第四の条件は、新しい市場において、情報が十分に存在しているということは想定しにくいといえる。この点に関して、市場の失敗が起きる他の条件にもかかわっているといえよう。

このような完全競争市場のいわば欠格事由（条件）とともに、さらに、次に示す3つの市場の失敗理由が考えられている。

その第一は、「公共財性」である。財の分類として、極めて大きく言うと、私的財と公共財があるが、前者が、標準的な経済学が想定した財である。売り手も買い手も自由な取引で、自己の利益を最大化しようと試みるからである。しかし、一国の中で消費される（供給される）財には公共財も多いといえる。この場合、財の本質からして、資源の最適な配分が極めて困難なのである。仮想経済圏の財は、この公共財性が多分に関係していることが多いであろう。その理由は、もともとデータや情報や知識は非物質財であり、それらが流通する情報通信システムは、本来、公共財性をもっているからである。これに関しては、のちに詳述することとする。

第二は、「外部性」の存在である。この外部性についても、のちに詳しく議論し

ていくが、外部性が存在する場合、良い影響も悪い影響も、取引市場の外で発生するので、市場による制御が不可能になるのである。

　第三が、先にもでてきた「情報の不十分性」の問題である。新しい技術や知識の生成・蓄積・配分・消費にかかわっている仮想経済圏における財では、参加者に情報が十分にあるということは原理的にもないと考えられる。ここでないという場合は、主に、「情報の不確実性」と「情報の非対称性」の２つがありうるが、この２つともが不十分といえるだろう。

　このように、市場の失敗が起きる要因はいくつかあるとともに、それらが複合的に発生していることが、仮想経済圏市場の現実であるといえよう。

　次節では、仮想経済圏の実態や構造を、今少し掘り下げて考えることにしよう。

3. 仮想経済圏とは

　まずは、仮想空間の定義をみてみよう。経済産業省が認めた定義として、仮想空間は、「多人数が参加可能で、参加者がその中で自由に行動できるインターネット上に構築される仮想の三次元空間」であるという[10]。その仮想空間上での経済市場を、本章では、仮に、仮想経済圏と呼ぶこととしている。類似の概念として、内閣府は、「Society5.0」を提唱している。同省の HP によると、「サイバー空間（仮想空間）とフィジカル空間（現実空間）を高度に融合させたシステムにより経済発展と社会的課題の解決を両立する、人間中心の社会（Society）」であるという。これは、後述するデジタルツインにさらに接近した概念といえるのである[11]。

　仮想空間（デジタル空間）を利活用したときの経済価値の領域や範囲、または、経済的関係性を大きく分類すると、以下のように３つがあるといえよう。その第一は、仮想空間内で閉じたもの（完結したもの）であり、第二は、完全にリアル空間に閉じたものであり、第三は、仮想空間を利用して、リアル（フィジカル）空間において新たな価値を創出するものがあるといえる。

　さらには、この仮想空間概念に類似した概念も簡潔にみておきたい。

　まず、「メタバース（Metaverse）」である。メタバースとは、「3 次元コンピュータグラフィックス（3ＤＣＧ）で構成された仮想空間に複数（多数）の利用者が通信ネットワークを介して同時にアクセスし、コミュニケーションや商取引など何らかの社会的な活動を行うネットサービス」であるという[12]。

　さらに、「ミラーワールド（Mirror World）」は、「現実世界をデジタル世界に描写すること」であり、「現実世界を正確な方法でスキャンしデジタル世界に現実世界と対の空間を作り出す試みである」という [13]。

　最後に、「デジタルツイン（Digital Twin）」とは、「現実世界の対象から詳細にデータを収集し、コンピュータ上でモデルとして再現する手法」であり、「分析やシミュレーション、予測などを行い、得られる有用な成果を現実にフィードバックする」ものであると考えられている [14]。

　さらには、「理解、学習、推論を可能にするリアルタイムのデータを使用して、ライフサイクル全体にわたる物理的なオブジェクトまたはシステムの動的な仮想表現」という定義もある [15]。

　これらを整理すると、以下のようにいえるであろう。

　ミラーワールドは、現実を完全にコピーしようという点では、メタバースやデジタルツインよりは広い概念だといえよう。しかし、現実世界をすべて写すことはまさに現実的には不可能である。それに対して、メタバースは、仮想空間内での完結性を目指しているのである。しかし、これも、フィジカル空間との関係性があまりない分、より狭い領域といえるであろう。

　それに対して、デジタルツインは、経済規模の95％以上を占めるフィジカル空間（リアル空間）との循環や関係性を目的としているので、もっとも経済貢献は大きなものであるといえよう。また、このデジタルツインは、上記の定義にもあるように、フィジカル面から、IoT などを通じて、常時、各種データや情報を入手し、それを AI の情報技術を活用して、より精度の高いデータや情報を生成し、それをフィジカル面の様々な企業活動の制御や管理に役立てようということである。その結果は、またサイバー面へデータとして移されいくのである。すると、サイバー面の情報処理能力も高まり、両面ともに発展していくというシナリオである。

　日本は、モノづくり（フィジカル面）が先進国の中でも相対的に大きいといわれている。その生産性の向上と、サイバー面も同時に発展できる可能を秘めているデジタルツインという経済フレームは、近接概念のなかでも有用性がもっとも高いといえるだろう。

4. 仮想経済圏の課題 1 ―公共財性―

　「公共財（pubic goods）」は、市場の失敗の例として、ほとんどの標準的な経済学の本で取り上げられている。ただし、かなり多くのモノやサービスのなかに公共財性が存在するが、その程度や状況によって、その市場の失敗への影響度も異なるといえる。本章では、仮想経済圏のなかにある財を対象とするが、それが書かれている経済学の本はほとんどない。そこで、公共財性からまずは分析を始める。

　すでに述べたように、ミクロ経済学が基本的に扱う財は、市場で取引される「私的財（private goods）」である。インターネット内のコンテンツやサービスは、様々な状況や理由によって、その財性は異なるといえよう。

　まず、インターネット自体は、本来誰のものでもない。誰かが排他的な権利をもっていたり、国家が管理しているわけではない。この意味では、インターネットは、まさに、純粋公共財といえよう [16]。

図表 1　公共財の分類

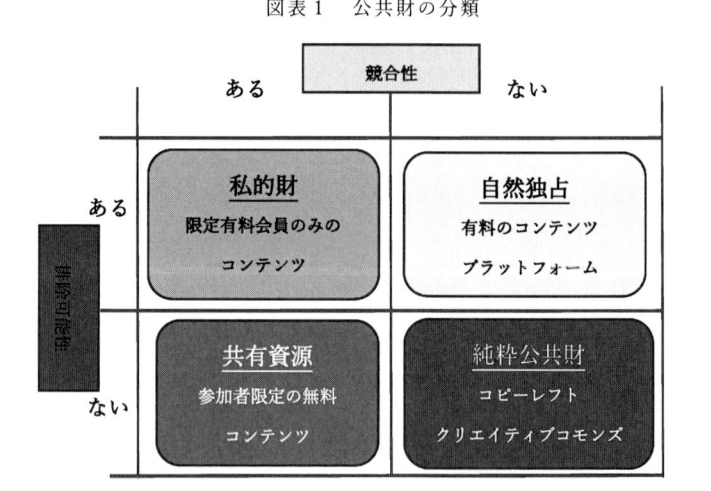

（出所：Ｎ・Ｇ・マンキュー『マンキュー経済学ミクロ編』（東洋経済）を

参考の上作成）

　ところが、インターネット上のコンテンツやサービスは、いろいろな財性をもつといえる。その一例を示しているのが、上記の図表1である。

　まず、純粋公共財として、「コピーレフト（Copy left）」という考え方がある。R・ストールマンが唱導しているものであるが、著作権を著作者に残したままで、二次利用や改変を認めようとするものである[17]。また、「クリエイティブコモンズ（Creative Commons）」という考え方もある。これは、L・レッシグが唱えたものであるが、著作権者がみずからが再利用を許可する方式のものである[18]。

　まず、著作権は知的財産権のひとつであり、知的活動をおこなった人々の創作に関しての価値を認め、創作者に一定の排他的な権利を付与しようという仕組みである。創作者の努力が報われないと、努力して創作する人が減り、ひいては、人類や社会全体の知的発展が阻害されるからである。その一方で著作者が死亡し、一定の期間を超えると権利はなくなり、人類共通のものになるとする。すなわち、この場合は、純粋公共財になるということである[19]。

　これを前提として、著作者が権利を放棄したり、一定の許諾を与えれば、上記のように、多くの人々の利用が可能となる。いまの基本制度を維持する場合は、やはり、著作者の意思にまかせるのがよいと考えられる。もちろん、最初から完全にフリーソフト（オープンソース）としている場合は、純粋公共財といえるであろう。

　私的財としては、有料で利用者が限定されるものもある。たとえば、ある種のコミュニティへの参加資格があるような場合である。ただし、一般的には、なるべく多くの方に観てもらい、収入を大きくしようと考えるので、自然独占的になるといえよう[20]。ただし、コンテンツ自体はそれぞれに異なること自体に意味があるので、独占的競争の理論の方がふさわしいことが多いだろうが、ここではマンキューの理論によって表現することとする。

　今後は、この市場の基本フレームを使って、様々な場合を考察することになる。

　つぎに、公共財の特性分析をしてみたい。公共財の便益は、利用者（市民）の表明に基づく。なぜなら、公共財は、私的財のように、自由な市場が形成できないからである。

　利用者から公共財に対しての評価を聞くことは、消費者主権にもかなっており、民主主義的であるといえる。

図表2　公共財のリンダールフレーム

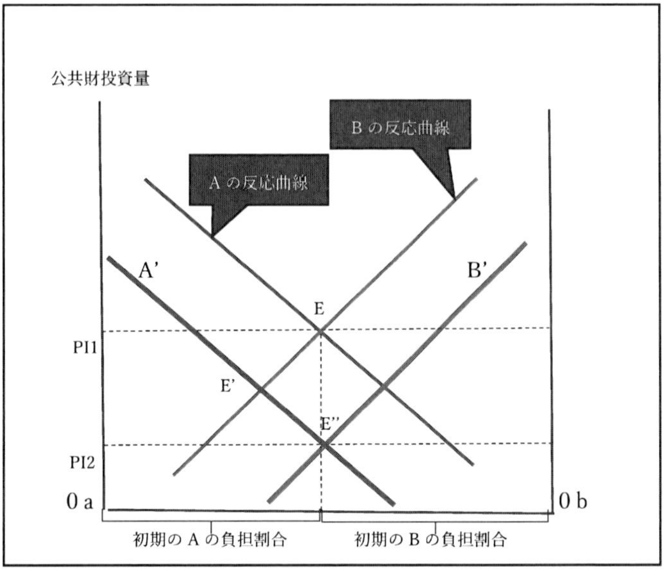

公共財投資量

B の反応曲線

A の反応曲線

A'　　　　　　　　　　　B'

E

PI1

E'

E''

PI2

0 a　　　　　　　　　　　　　　　　0 b

初期の A の負担割合　　　初期の B の負担割合

（出所：筆者作成）

　しかし、利用者が高い評価をした場合には、その価値の大きさに応じて、個人
の負担が大きくなる場合はどうなるでしょうか。

　利用者は、自己負担が増えるのであれば、価値表明を低めにしようとするであ
ろう。それでも公共財の利用が妨げられないからである。このような行動や現象
を、「フリーライド（free ride）」という。

　このロジックを、図表を使って考えていく。この図表2は、2人が、フリーラ
イドをするとどうなるかを示したものである。ここでも、2人モデルを使う。図
表の Oa は、A の原点であり、Ob は B の原点である。A の反応曲線（赤線）と
は、A が公共財の負担割合が増えると、公共財の利用額を減らすことを表してい
る。これに関して、B の反応曲線（緑線）は、原点が右下にあるので、A とは逆
になっていると考える。

　ここで、A は、自己負担の割合を下げるために、本心とは異なる低い価値の表
明をしたとする。それが、A'曲線である。初期では、A も B も同じ負担割合であ
ったものが、本心を偽ったために、自己の負担割合が下がったのである。これが
まさにフリーライド現象である。しかし、それを知った B も、A と同じように、

低い表明をすると、Aと同じことが起きる。ただし、その低さで曲線がどこまで低下するが決まるが、図表では同じほど下がった場合としている。

結果、負担割合は、あまり変わらないといえるが、縦軸の公共投資額は、低下するのである。すなわち、その地域の公共財が少なく提供されることとなる。

これで一番困る人は、所得の低い人々と考えられる。なぜなら、高所得者は、自費で高価な私的財を購入することができるからである。

これとは反対に、公共投資の必要性を声高に要求する人もいる。すると、自己の負担割合は増加するのであるが、公共事業の受注ができる人（企業）ならば、自己負担よりも大きな収入となるので、公共財の評価を高く表明するのである。小さい町では、公共工事が増えると、業者のみならず、町の人々にも利益が間接的に及ぶ。負担といっても、税金で賄う場合、広く国民が負担するので、費用対効果では地域の得になり、地方や地域は公共財を誘致したがることとなる。

仮想経済圏でも、その開発およびそのシステムを公共財であるとすると、このような現象が起きる可能性は排除できないであろう。

これに対して、「アンチコモンズの悲劇（Tragedy of the Anti-commons）」という考え方も近年唱えられている。これは、コモンズの悲劇とは逆で、資源が私有化されることによる弊害（課題）である。他の言葉で言い換えると、資源が過少利用に陥る問題である。

ヘラー＆アイゼンバーグ（1998）は、バイオテクノロジーの研究における特許などによる研究成果の私的財化を問題にした[21]。

特許は、発明者の知的創造を保護していくものであり、現在では、当然のことと考えられている。しかし、基礎研究の成果が、私的財化すると、応用研究や応用開発が阻害される恐れがある。米国では1980年代以降、その傾向が強まり、川下にあたるメーカーの開発を抑制することになったといわれている。

特許とは、「発明の保護及び利用を図ることにより、発明を奨励し、もって産業の発達に寄与することを目的とする」（特許法1条）知的財産権のひとつである。

ここに書かれているように、発明者の保護と利用のバランスをとることによって、ひいては産業の発展を促すとしている趣旨からすると、保護一辺倒ではなく、利用の促進も大きな目的である。

ここで公共財性からの理解をまとめると、データや情報は、本来、公共性が高

い財である。さらに、その流通手段としてのインターネットは、まさしく、公共財といえる。その上にのる、情報処理システムとしての仮想経済圏における情報処理システムは、私的財と公共財の両方がありうる。さらに、その情報処理能力を高める AI は、両義的である。

　かくして、仮想経済圏は、グローバル化しているとともに、個人・企業及び各国の情報の所有を巡って、複雑な様相を一層帯びると考えられる。

5. 仮想経済圏の課題 2 —外部性—

　ここでは、「外部性（Externality）」概念を援用して、仮想経済圏の課題を考える。

　まず、外部性を定義づけると、「ある経済主体の行動が他の無関係な経済主体に市場を経由することなくなんらかの影響を及ぼすこと」である。この場合、消費者による「消費の外部性」と、生産者による「生産の外部性」がある[22]。

　この外部性は、社会経済（周辺・近隣）にいい影響を及ぼす場合を、「外部経済（External economies）」といい、悪い影響を「外部不経済（External diseconomies）」という。前者の例としては、環境の整備や教育による正の効果が挙げられる。後者の典型例は、様々な公害や社会経済の混乱や権利侵害などである。

　この概念は、イギリスの経済学者、A・マーシャルが定義づけたといわれている。また、市場の周りに影響を与えるので、「近隣効果（Neighborhood effect）」や「漏出効果（Spill-over effect）」と呼ばれることもある。

　市場を通さないので、すでに述べたように、「市場の失敗」のひとつであり、その是正のために、政府の関与やなんらかの仕組みが必要となる。

　この外部性を考える場合、上述のように正の外部性と負の外部性の 2 局面がある。

　図表 3 は、負の外部性が生まれる場合を考えている。

　市場を通さずに、負の影響（害悪）が、近隣に及ぶ場合である。「PMC（Private Marginal Cost）」は、私的企業が、負の影響に対して責任を取らずに、生産を続けた場合のある企業の限界費用（MC）曲線を示している。

図表 3　外部不経済が発生している場合の費用関係

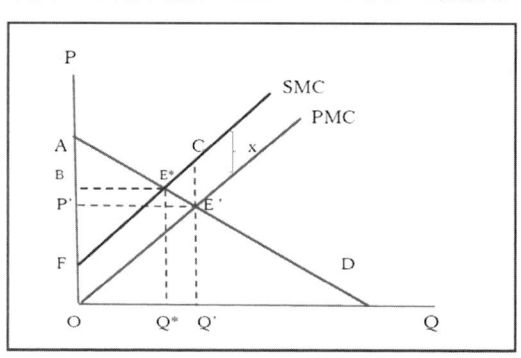

（出所：筆者作成）

図表 3 の x は、一単位あたりの負の影響部分を示している。

そこで、x 分の費用を上乗せしたものが、「ＳＭＣ（Social Marginal Cost）」と
なる。この場合、負の部分が生産コストに含まれているので、市場価格が高くな
る。すると、その影響で、生産量が Q' から Q* となる。こうなると、社会余剰が
最大化し、パレート最適な生産となる。

仮想経済圏においても、負の外部性が発生している。様々なネット上の犯罪や
権利侵害が起きているのは事実である。その負の経済性が生まれる場合は、外部
不経済を抑制する古典的な 2 つの手法が有効である。

その第一は、それを発生させる企業に、税金を課すことである。ネット業者に
被害の大きさに見合う分、課税をしていけば、利用価格が高くなり、利用量が減
ることで負の経済を抑制することが考えられる。第二は、サービス提供の制限を
行うことである。または、システムの改善命令を科すことも考えられる。ネット
でも、公序良俗に反するような場合、配信が制限されることは少なくない。

今度は、正の外部性が発生する場合である。新しい情報技術やシステムは、社
会において、消費者の効用や利便性を高めることは考えられる。

図表 4　外部経済性が発生するケース

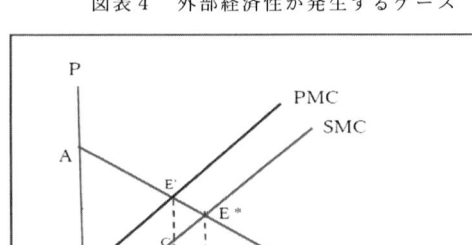

（出所：筆者作成）

　仮想経済圏は、現実的には、ネットワークによって体現化される。と考えると、ネットワークの外部性がここで話をしている外部性と同じことであるといえる。ネットワークの参加者が増加することによって、新しいサービスが付加され、それを皆がより安いコストで利用できることとなり、よりメリットが高まるのである。

　図表 4 を使って解説をすると、PMC は、個別の仮想経済圏サービスを提供する企業のコスト曲線と考えられる。しかし、社会にとっては、個別企業の費用では十分な開発や提供は限られるであろう。社会にとって有用なサービスは、より安く広範に提供されるべきである。そこで、SMC になるように、政府や自治体は、企業に補助金を出す。すると、その分、コストが下げられ、供給量が拡大するとみるのである。

　仮想経済圏は、まさにこれから、価値が創造される時期に来ていると考えられる。そこで、このような仮想経済を支える企業に補助金を与えて、この経済圏を拡大させることは重要な政策であると考えられる。

6. 結論

　仮想経済圏の中心的存在になりそうなデジタルツインは、すでに述べたとおり、フィジカル経済領域（リアル空間領域）とサイバー経済領域（ネット空間領域）の 2 面のそれぞれの発展を企図し、そのダイナミズムによって、社会経済全体の

発展を促すことが目的であった。

　しかし、本章で見たように、フィジカル面にも私的財性と公共財性があり、サイバー面にも両面がある。

　かつ、外部性も、正の面と負の面の両面が発生するのである。公共財性におけるフリーライド問題やモラルハザード問題をいかに防ぐかは、仮想経済圏においても、きわめて大きな課題であると考えられる。

　外部不経済現象も、ネットの世界では日々発生するきわめて大きな社会経済的課題である。逆に、仮想経済圏の経済成長への寄与面や社会経済の安定化のために、さらなる技術開発や用途開発が求められているといえよう。

　さらには、公共財として、政府の強い監視強化によって、外部不経済性は抑制できるが、強すぎると、人々の自由な発展可能性が弱まることも大いに考えられる。これは、トレードオフの関係に立っているとともに、いわば仮想経済社会のあり方を規定することでもある。

　これまでの議論をまとめると、公共財性のデメリットや外部性のデメリットを抑え、その両方のメリットを最大化するように、仮想経済圏の中でのICTおよびAI投資を進めることが必要であろう。

　そのためにも、仮想経済圏における経済理論およびその実証手法を確立することが望まれているといえよう。

7. おわりに

　ここでは、仮想経済圏問題を、古典的な経済学の市場の失敗を生み出す2つの要因から考察してきた。

　ただし、本文でも述べたように、新古典派経済学が、理想と考える完全競争市場自体が、仮想経済圏のなかに生まれているのかという問題もある。このネット世界では、新しい情報技術とともに、様々なテックビジネスが日々生まれている。とともに、GAFAMのような、それぞれの市場での独占的巨大企業も存在しているのが現状である。新進気鋭のテック企業を育成するとともに、巨大企業の弊害を除去していくことは、この仮想経済圏の健全な発展にもつながるであろう。

　ここでは、公共財性と外部性概念から、市場の失敗とそれを改善する方略を考えてきた。

　仮想経済圏のなかでのこの概念を用いた理論はほとんどないといえる。

　ここでも、ごく粗くその問題を概観したに過ぎない。

　今後は、仮想経済圏の経済性をより精密に研究し、その生成メカニズムとそこで生まれる多様な価値を実証しながら、より経済発展を実現するスキームが求めていきたいと考える。

註

1）仮想経済圏は、社会的文化的なものもあり、必ずしも価格がつかないものもあるといえる。その場合は、社会学などのアプローチもあるが、ここでは、主に、経済学（ミクロ経済学）からアプローチすることとする。

2）小峰隆夫編『経済学用語辞典』（東洋経済新報社、2007）参照。

3）本章は、2重の意味で思考的観念的な構築物といえる。まず、有体物を取り扱わず、仮想世界（市場）でのデータや情報からの価値創造を考察の対象としているからである。

4）都留重人編『経済学小辞典』（岩波書店、1990）参照。

5）仮想経済圏の発展によって、リアルな経済成長が促進され、労働供給が変化することは十分に考えられからである。たとえば、AIというソフトウエアがその市場の中核的技術となれば、その影響は相当なものと考えられる。ただし、この発達の限界は、極めて予想しがたい。

6）しかし、インターネットビジネスや仮想経済圏のビッグテック企業は、寡占的であることが多く、かならずしも完全競争市場であるとは言えないが、断らない限り、完全競争市場を念頭に議論していくこととする。さらにいうと、ICTおよびAI関連のビジネスは、日々、創出されているといえるので、この市場は、完全競争市場の面もある。

7）リアルな市場は、なんらかの参入規制があるのが普通である。仮想経済圏でもまったく規制がないということは考えにくい。それゆえ、規制の種類や程度は非常に重要な制度設計問題であるといえよう。

8）この同質性は非常に把握・理解が困難なものである。なにがどこまで異なれば、別の質の財とみなせるかということであるが、これは財の種類にもより、人の主観性にもかかわっているといえよう。人々は、行動経済学的には、合

理性のみならず、非合理な感情によって大いに左右されている。しかも、消費者のみならず、企業人も同じように、非合理な意思決定をしていることが指摘されている。情報経済学でも、「品質の経済」理論もあるが、その発展はいまだ途上にあるといえる。エヤル・ヴィンター著、青木創訳『愛と怒りの行動経済学』（早川書房、2017）参照。

9）これは、リアルな有体物の市場でも起きてきた現象である。しかし、仮想経済市場ではより一層激しく変化するといえるかもしれない。なぜなら、そのよって立つ技術の進歩が速いからである。

10）同省による「仮想空間の今後の可能性と諸課題に関する調査分析事業」（2020年12月から2021年3月）の報告書より引用。

11）同省ＨＰでは、4つの領域を例示している。第一は、「IoTで全ての人とモノがつながり、新しい価値がうまれる社会」であり、第二は、「イノベーションにより、様々なニーズに対応できる社会」であり、第三は、「ＡＩにより、必要な情報が必要な時に提供される社会」であり、第四は、「ロボットや自動走行車などの技術で、人の可能性が広がる社会」が実現できるという。この概念は、仮想経済圏よりもより広い概念であるといえる。ただし、経済と社会の効用は厳格に分けることもできないし、必要もないので、広義の仮想経済圏はこの概念と同じであるとみることもできる。

12）Neal Stephenson の定義である。『ＩＴ用語辞典』より引用。

13）Gelernter, D. Mirror Worlds: The Day Software Puts the Universe in a shoebox... How it Will Happen and What it Will Mean？, 1991

14）Glaessgen & Stargel, The Digital Twin Paradigm for Futures NASA and U.S. Airforce Vehicles, 2012

15）Bacchiega & Gianluca, Creating an Embedded Digital Twin: monitor, understand and predict Device Health Failure, 2018

16）純粋公共財は、マスグレイブによれば、非排除性と非競合性が存在しているが、インターネットそれ自体はそのようにいえるが、その上にあるプロバイダーやコンテンツは準公共財や私的財であることも多々ある。一言でいえば、複合的・融合的であるといおう。

17）Richard Matthew Stallman は、フリーソフトウエア運動の中心人物としてよ

く知られている。ただし、すべてのコンテンツが自由に使えるとする考え方
は、著作権法の趣旨とは大きくかけ離れているが、作者が自由を認める場合
もあろう。

18）Lawrence Lessig 著、山形浩生、守岡桜訳『FREE CULTURE』（翔泳社、2004）
参照。

19）著作権は、知的財産権のひとつであるが、著作財産権と著作人格権に分かれ
ており、その具体的な内容は、時代や国によって相当異なることが知られて
いる。著作権法の抜本的な改正が構想されているが、なかなか実現には至っ
ていないのが現状であろう。

20）マンキューの定義によると、自然独占（natural monopoly）とは、「単一の企
業が、二つまたはそれ以上の企業よりも小さい費用で市場全体に財やサービ
スを供給できることから生じる独占」としている。インターネットを利用し
たプラットフォームビジネスは、ネットワークの外部性により、このように
なることもある。N・グレゴリー・マンキュー著、足立秀之、石川城太、小川
英治、地主敏樹、中馬宏之、柳川隆訳『マンキュー経済学Ⅰミクロ編』（東洋
経済新報社、2000）参照。

21）コモンズかアンチコモンズが望ましいかは、いかなる財かにもよって、その
是非は変わるといえる。または、創作者の意志にもよる。どちらにしても、
情報や知識は、長期的にみれば、人類共通の資産といえよう。さらには、本
文でも述べたように、どの程度の排除性を認めるかにもよろう。なお、アン
チコモンズの概念は、コモンズの悲劇から派生している。Michael A. Heller
and Rebecca S. Eisenberg(1998), Can Patents Deter Innovation? The
Anticommons in Biomedical Research, Science、参照。

22）外部性にも、より厳密にいうと、金銭的外部性と技術的外部性があり、後者
が狭義の外部性である。さらには、この外部性も波及効果があることも指摘
しておきたい。また、この外部性をどのように測定していくのかという課題
も残されている。

参考文献

[1] Kelly, K (1998) New Rules for the New Economy, VIKING

[2] Weitzel, T (2004) Information Age Economy: Economics of Standards in Information [3] Network, Physica-Verlag

[3] Grossman, Gene M., and Elhanan Helpman. 1991. Innovation and Growth in the Global

[4] Economy. Cambridge, MA: MIT Press

[5] Jones, Charles I. 1995a. "R&D-Based Models of Economic Growth." Journal of Political

[6] Economy 103(August)

[7] Romer, Paul M. 1986. "Increasing Returns and Long-Run Growth." Journal of Political

[8] Economy 94(October)

[9] 樋口美雄著『労働経済学』（東洋経済新報社、2008）

[10] 山田鋭夫、宇仁宏幸、鍋島直樹編『現代資本主義への新視角』（昭和堂、2007）

[11] 田中廣滋、御船洋、横山彰、飯島大邦著『公共経済学』（東洋経済新報社、2000）

[12] 石井菜穂子著『長期経済発展の実証分析』（日本経済新聞、2003）

[13] 伊藤元重、西村和雄編『応用ミクロ経済学』（東京大学出版会、1993）

[14] ハル・R・ヴァリアン著、佐藤隆三監訳『入門ミクロ経済学』（勁草書房、2003）

[15] ティモシー・J・イエーガー著、青山繁訳『新制度派経済学入門』（東洋経済新報社、2003）

[16] A・オリヴェリオ著、川本英明訳『メタ認知的アプローチによる学ぶ技術』（創元社、2005）

[17] M・ベイザーマン著、兼広崇明訳、『バイアイスを排除する経営意思決定』（東洋経済新報社、1999）

[18] 中山五輪男監修『AI 新時代』（FOM 出版、2019）

[19] ユルゲン・メフェルト、野中賢治著、小川敏子訳『デジタルの未来』（日本経済新聞社、2018）

[20] ドン・タプスコット著、栗原潔訳『デジタルネイティブが世界を変える』（翔

　　　　泳社、2009)

[21] フィリップ・コトラー著、斎藤慎子訳『カオスティクス』(東洋経済新報社、
　　　　2009)

[22] エドワード・アシュフォード・リー著、遠藤美代子、富山貴子訳『プラトン
　　　　とナード　人とテクノロジーの創造的パートナーシップ』(マイナビ出版、
　　　　2019)

[23] 此本臣吾監修『デジタル資本主義』(東洋経済新報社、2018)

[24] 冨山和彦著『コーポレート・トランスフォーメーション』(文芸春秋、2020)
　　　　日本経済新聞社編『NEO Economy』(日経 BP、2020)

[25] 拙著「プラットフォームビジネスの経済学的分析」『都市経営研究通巻1号』(大
　　　　阪市立大学院大阪市経営研究科、2021)

[26] 拙著「内生的経済成長における AI 要因の研究」『都市経営研究通巻2号』(大阪
　　　　市立大学院都市経営研究科、2022)

[27] 拙著「効用的経済価値に対する情報経済論的アプローチ」『日本言語文化研究第
　　　　6号』(アジア日本言語文化研究会、2022)

[28] 拙著「生産性パラドクスの実証的分析」『グローバル経営学会第10回シンポジ
　　　　ュウム発表論文集』(一般社団法人グローバル経営学会、2019)

[29] 拙著「総合知としての AI の意義」『グローバル都市経営学会ハンドブックⅠ』
　　　　(ふくろう出版、2022)

[30] 拙著「AI の経済学的分析」『AI と社会・経済・ビジネスのデザイン増補版』(日
　　　　本評論社、2022)

編集後記

「近者説遠者来」。「近きものよろこび　遠きもの来たる」と読む。君主葉公から政治のありかたについて問われたときの孔子の言葉であり、近臣たちが悦んで仕事をするような環境であれば、外から優秀な人材が集まりさらに良い政治ができるということを示している。

私は、この言葉に「まちづくり事業」に関わっているときに出会った。正直、政治ではなく、まちづくりのための言葉ではないかとさえ感じた。地域活性化は今や、多くの地域が抱える課題である。そしてこの課題を軽減するために、移住や観光という視座から取り組みが多くなされるのであるが、効果をあげているところは少ない。ただ、うまくいっている地域もある。大阪の昭和町エリアや長野の善光寺門前などがその例であろう。それらの地域に共通する要因は何か。私は、この要因が「近者説遠者来」であるのではないかと考えている。つまり、外から人を流入させることで価値を上げるのではなく、もともとその地域に関わる人が、地域に愛着をもつことでエリアの価値が向上するのではないか。その結果、遠き者が来るのである。移住や観光の施策が悪いと述べているのではない。それらも重要であるがその前提として、「近き者よろこび」が十分条件として肝心ではないかということを述べたいのである。

しかも、このことはまちづくりに限ったことでもない。あらゆる企業や組織においても当てはまる。社員がイキイキと働いてこそ、学生や学会員が学びの意義を感じてこそ、そこに人や情報が集まってくるのであろう。そして、より手前に落とし込んでみると、近いところには家族という存在があり、さらに深めれば最後は『自分』という概念にたどり着く。自分が悦んでこそ、他者にも良き影響を与えることができるのではないだろうか。

本書の発刊に当たり、増本貴士編集リーダーをはじめ4名の仲間が、編集作業チームを設置してくださった。心より感謝申し上げるとともに、現学会員の研鑽の場であることが当学会のさらなる拡充になるのだと肌で感じた。まさに「近者説遠者来」である。

まずは私が悦び、充実した今を生きる。これがバタフライエフェクトの原点ではないだろうか。

（編集委員長　阪西洋一）

グローバル都市経営学会 ハンドブック II

2023 年 9 月 30 日　初版発行

監　　修	田村　進一	
編　　著	近　勝彦	阪西　洋一
	辰巳　泰我	鈴木　康宏
	増本　貴士	林　浩一
	但馬　智子	
編　　纂	一般社団法人グローバル都市経営学会	

発　　行　**ふくろう出版**

〒700-0035　岡山市北区高柳西町 1-23
友野印刷ビル
TEL：086-255-2181
FAX：086-255-6324
http://www.296.jp
e-mail：info@296.jp
振替　01310-8-95147

カバーデザイン © 株式会社 百代 HAKUTAI 2022
印刷・製本　友野印刷株式会社
ISBN978-4-86186-890-0 C3034
© 2023

定価はカバーに表示してあります。乱丁・落丁はお取り替えいたします。